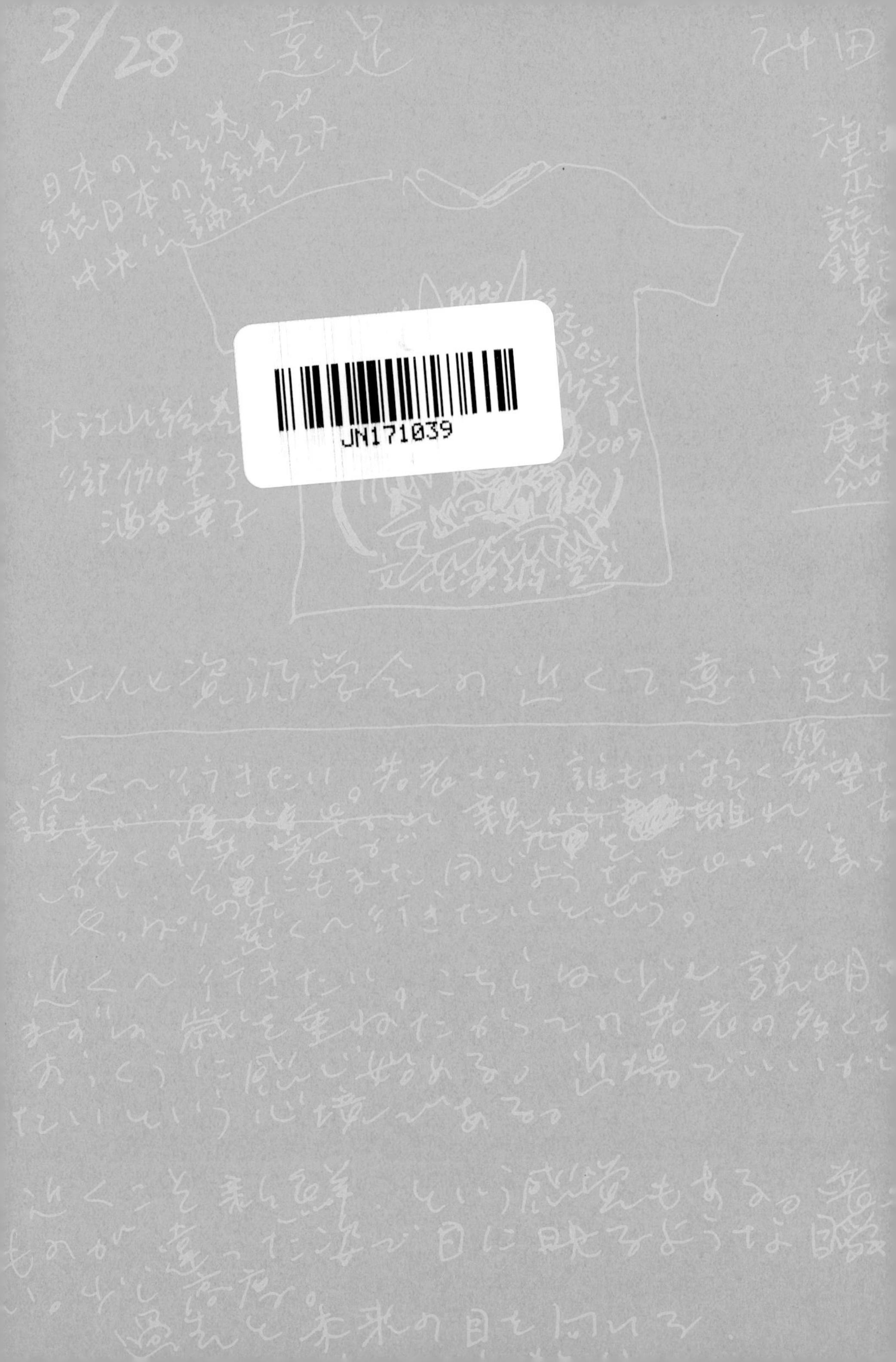
3/28 遠足
大江山絵巻
御伽草子
酒呑童子
文化資源学会の近くて遠い遠足
遠くへ行きたい。若者なら誰もが強く希望する
やっぱり遠くへ行きたいと思う。
近くへ行きたい。
近くこそ新鮮という感覚もある。
過去と未来の目を向ける

近くても遠い場所

一八五〇年から二〇〇〇年のニッポンへ

木下直之

晶文社

装丁　寄藤文平＋鈴木千佳子

近くても遠い場所　目次

三　ひょんなことから　一八五〇〜一九五〇年代ニッポンへの旅のつづき

四　見世物小屋にて

五　靖国神社にて

カバー、九から一七、二二、二四、二六、二八、三〇、三一、三三、三四、三六、三八、四〇、四二、四三、四五、四七、四八、五〇、五一、五四、五八、八七、一七五、一八六、二〇四、二〇九、二一九、二二〇、二四五、二五七、二七七、二九四、三〇七、三二八、三二九ページの写真は著者撮影。

車両

ROMAN
いつも清潔
ロマンクリーニング
コピーデキマス
30
SHARP

サロン
セイ
ユーハイム
実力をつける
セイ美容室
川端酒店
UCC
宅急便
窪田工業株式会社

近くに行きたい

遠くへ行きたい。若者ならば、誰もが抱く願いだろう。この気持ちがあるからこそ、親から離れ、後ろ髪を引かれながらも故郷をあとにすることができる。居ても立ってもいられなくなって、異国へと旅に出る。

近くに行きたい。こちらは少し説明を要するかもしれない。むろん、かつての若者が歳を重ねて遠出が億劫になり、近場ですませようとすることは人生当然の成り行きだが、そればかりでもない。

むしろ、近くに行くことには、見慣れた風景の中に見慣れぬものを発見するという思いがけない喜びがある。見落としてきたものに気づくこともあれば、新たな意味や価値を発見することもある。いったんは見捨てたものを再び評価することにもつながる。近場だって、まんざら捨てたものではないのだ。

遠くがよいか近くがよいかという話ではない。そもそも遠いか近いかの受け止め方は、ひとによっても年齢によっても異なる。幼稚園や小学校のころの遠足を思い出してほしい。出かけた先が、おとなになった今ではびっくりするほどの近場であっても、それはそれは遠い場所ではなかっただろうか。だから遠足と呼んだのだ。

それからまた、こんな旅だってある。屁理屈に聞こえるかもしれないが、一歩たりとも動かない旅。たとえじっとしたままでも、そこから過去へ未来へと足を向けさえすれば、旅は実現する。

今、自分のいる場所が一年前はどうだったのか、十年前はどうだったのか、百年前はどうだったのか、千年前はどうだったのかと考え、調べ、答えを探し、それなりに納得を得るまでには、おそらく何年もかかる長い道のりとなるに違いない。

一方、一年後は、十年後は、百年後は、千年後はどうなると考えれば、頼りになるガイドブックは過去に向かうよりもはるかに少ないはずだ。

未知の土地に未知のものがあふれているのは当たり前、むしろ既知の土地に未知のものを見つける楽しみがより大きいのではないだろうか。いや既知のものにさえ未知のことが見つかる。こんなふうに、近くても遠い場所は無限にある。

＊

というようなことはあとから考えたのであって、若いころは遠くへ行きたくてたまらなかった。でも妻がひとりいて、子どもがふたりいて(さらにもうひとり増えて)、金がなくて、車もなかったので(それでも遠くへ行くことはできたはずだが)、休みの日にはベビーカーを押して家の近所を歩き回る日々がつづいた。

その時に撮った風景を葉書に焼いて、「シオヤライフ」と名づけ、毎号たしか十部印刷し、勝手に友人たちに送りつけた。二十代半ばを過ぎたころにたまたま住み着いたのが塩屋という町だったからだ。

それが何号までつづいたのか、いったい誰に送ったのか、ほとんど何も覚えていない。わたしの手元にも「シオヤライフ」のすべては揃っていない。一九八六年夏撮影というメモが一番古い。

そのうちの何枚かを本書の冒頭に掲げようと思ったのは、この変哲もない風景にわたしの好奇心は刺激され、そこからその後の仕事が生まれてきたからだ。

たとえばこんな風景に出会った。近所のゴミ集積場に出された仏壇が、いつまで経っても回収されずに取り残されていた。単に規格外の大きさのゴミだったからか(当時はたしか粗大ゴミという言葉があった)、それともそれが死者を祀る特別な道具だったからか、いったいこの路上の仏壇にどんな力が働いているのか、見えない力学に魅せられた。

この話を、当時、大阪の朝日新聞に連載していた「街を歩けば」で紹介し(一九九二年から九三年のどこかで)、拙著『ハリボテの町』(朝日新聞社、一九九五年、のち朝日文庫)に「路傍の仏壇」と題して収録した。

その後、新たな職場となった大学の建物の中で、今度はゴミ集積場に取り残されたある教授の銅像を見つけた。

胸から上の半身像がなんと廊下に直に置かれていた。今度は、仏壇とは何かではなく、肖像とは何かというもっと大きな問題を考えるきっかけとなった。

「博士の肖像―ひとはなぜ肖像を求めるのか」（東京大学総合研究博物館）という展覧会を企画していた時だからそれは一九九八年のことで、捨てられた像主の気持ちを考えて写真は長く公開しなかったが、肖像とは何か教えてくれる象徴的な風景だからと思い直し、拙著『銅像時代』（岩波書店、二〇一四年）のあとがきに写真入りで紹介した。

こんなふうに、近くにしか行けなかった日々に考えたことは、三十年後の今にずっとつながっている。あるいは、近くても遠い場所ばかりを好んで歩いてきたのかもしれない。

そんな場所からの報告をここには集めた。

近くても遠い場所

一

近くて遠い旅

「三ツ山」の麓へ

ずいぶん前、姫路にある祭りを見に行った。神社の前に大きな山が三つ出現すると聞いてもピンとこなかった。それが二十年に一度開かれると教えられて、ようやく重い腰を上げたことを思い出す。

当時は神戸に住んでおり、姫路はよく訪れる町だった。いつものように駅前の商店街を抜け、お城が見える広場に出る。それから播磨国総社の方へ向かっても、なかなか山は見えてこなかった。焼きそばの匂いが漂う参道を進むうちに、山は突然その姿を現した。

山と言われてもにわかには山に見えないそれは大きな円筒で、布をぐるぐると巻き付けただけ。手前の山は小

町に忽然と現れる三ツ山、手前から小袖山、五色山、二色山。兵庫県姫路市、2013 年

袖山といい、いわば女の着物のパッチワークで一番華やかだ。その次が五色山、最後が二色山と並んでいる。高さは十六メートルもある。

よく見れば木が生えており、山頂には祠《ほこら》がある。なるほど山だ。原型となった祭りは本物の山をご神体にし、山腹の祠を二十年に一度取り換えてきたのだという。それを城下町という都市で、およそ五百年にわたって抽象的に再現してきたのである。

見慣れた町がいつもとは違って見えたのは、もちろん見慣れぬ山が出現したからではあるが、それだけではなかった。

その日ばかりは、姫路の町に二十年分の時間がゆったりと流れているような気がした。三ツ山の麓で、二十年後の自分を思い浮かべようとした。それは想像もつかなかったけれど、次もまたこの祭りを訪れようと決めた。

しかし二十年は長いね。誰しも明日のことは考える。一週間後も一月後も一年後も考えるけれど、そこまでではないか。日々の暮らしに追われて、次の三ツ山がいつ出現するのかを忘れてしまった。その間に関西を離れ、職場も住み家も変わった。

はたと思い出し、すでに祭りが終わっていたらどうしようと焦ったが、幸いにもそれは次の春に開かれることが分かった。間一髪間に合ったという思いだった。もし見逃していたら、その次の祭りにはもうこの世にいないかもしれない。

人が山をつくるというよりは、山が繰り返し現れる。その麓に集まってくる人の方が次から次へと入れ替わる。人生は短く、祭りは長い。見慣れた町なのに、ずいぶんと遠い場所まで訪れた気がしたものだ。

「神田の祭よっ！」

「江戸っ子だってねぇ、神田の祭よっ」をサブタイトルにうたった展覧会を手伝った。会場は、現代美術の作り手たちが集まるアーツ千代田３３３１。廃校になった区立の中学校を再利用した場所だ。

神田祭の仮装行列「花咲かじいさん」が神田明神に入っていく。東京都中央区、2013 年

「3331」とはいわゆる江戸の一本締め、「お手を拝借、よおっ」で始まる手拍子の数に由来する。開所準備を進めていたときに、神田祭で耳にした一本締めがひとびとの気持ちをひとつにする合図だと知り、これを施設の名前に採用したのだという。いい命名だ。

展覧会では、「神田明神祭礼図巻」（神田神社蔵）を高精度でスキャンし、全巻を展示した。長さ四十四メートルに及ぶ。

江戸時代の祭礼絵巻をこんなふうに目にする機会はめったにない。そこには、地元の人でさえ知らない神田祭の姿が克明に記録されている。現代の江戸っ子たちが驚いたものは、延々と続く仮装行列だった。

氏子たちが浦島太郎、桃太郎、金太郎、大江山の鬼退治といった昔話にちなんだ山車を仕立て、異装に身を包んで練り歩く様子を見て、「えっ！　俺たちの先祖は神輿《みこし》を担いでいたんじゃないの？」とびっくり仰天したのだった。

東京の祭りといえば、神田祭にせよ浅草の三社祭にせよ、それぞれの町内の神輿を威勢よく担ぎ、激しくもみ合うことで知られる。誰もがそれが江戸時代から続く伝統だと思い込んできた。

しかし、絵巻に描かれたものは別世界だ。中国人や朝鮮人、はたまた手長人や穿胸人《せんきょうじん》など空想の異国人、動物や器物にも化けて楽しそうだ。彼らは貢ぎ物を持ってはるばる江戸までやってきたという設定で、江戸の繁栄を寿《ことほ》ぐものであった。

神田明神の神輿渡御に付いて歩いたがゆえに「付け祭り」と呼ばれた。ところが江戸が東京に変わると、祭りはその姿を大きく変え、仮装行列も山車も消えてしまった。

忘れられた祭りの姿を知ってもらおうと神田明神が始めた「付け祭り復元」に、私も二〇〇七年から関わってきた。仲間たちに呼びかけ、二〇一三年の祭りには「花咲かじいさん」の仮装行列を繰り出した。神田祭は二年に一度の開催、前回は東日本大震災で中止となった。

「枯れ木に花を咲かせましょう」という呼びかけには、復興への願いも込められていた。

政教分離もほどほどに

宮城県南三陸町では震災後にいち早く伝統の鹿《しし》踊りが復活し、それが町のひとびとを大いに元気づけたと、民俗学者の赤坂憲雄さんからうかがった。

土地に伝わる祭りや芸能が災害からの復興に大きな力を発揮することは、南三陸町に限らない。震災からの復興にも限らない。それは痛手を被ったひとびとが立ち上がり、生きようとする糧となる。

そうした祭りの拠点の多くは社寺だが、こと宗教に関することになると行政はとたんに及び腰になる。憲法が定める政教分離の原則に抵触するとおそれるからだ。国及びその機関はいかなる宗教活動もしてはならないし、公金を宗教上の組織に投じてはならない（第二〇条・第八九条）。

こうして社寺に行政の支援はなかなか届かず、ひとびととの精神的な復興を遅らせる結果とならなかっただろうか。

もちろん、政教分離は戦前の国による宗教統制の反省に立つ原則であり、新しい憲法に埋め込まれた先人たちの知恵である。しかし、憲法の条文にはひと言も登場しない「分離」という表現は、分離されるべき両者を過度に引き離してしまうようだ。

「分離」と聞くといつも思い出すのは、国によるもうひとつの宗教政策である。明治維新とともに、新政府は神仏分離を命じた。この結果、仏像や仏堂を破壊する廃仏毀釈《きしゃく》が全国で発生した。このときも、神道と仏教を相いれないものとして、強引に引き離してしまった。

神仏習合は千年を優に超える歴史を持ち、一方の神仏分離はまだ百五十年に満たない。

日本社会は、今なおこのふたつの「分離」政策の枠内にある。国や地方自治体が距離を置くべき宗教とは何かを改めて考えるべきだろう。

廃仏毀釈の反動として、明治半ばに国による古社寺保

廃仏毀釈によって首を失った五百羅漢。群馬県藤岡市、2013 年

存が始まり、それが発展して今日の文化財保護制度につながっている。

仏像は破壊されるべきものから、一転して日本文化を代表する文化財となった。彫刻作品として、博物館や美術館の展示室で鑑賞することも当たり前。文化財、美術作品であるがゆえに、たとえ被災したとしても、国や地方自治体が公金を投じて堂々と修復できる。

しかし、それが本当は手を合わせて拝むべきものだということを忘れてはいけない、というとても簡単な話である。

作り物VS作品

祭りを追いかけるようになったきっかけははっきりしている。

もう二十年以上も前のこと、大阪のせとものの祭で、瀬戸物人形を見てびっくり天を仰いだ。焼き物で出来た人形ではない。皿や茶碗を寄せ集めてつくった人形だったからだ。

調べてみると、その祭りは江戸時代へとさかのぼることがわかった。また現代でも、西日本各地の祭りで盛んにつくられていた。

材料は瀬戸物に限らない。金物、荒物、塗り物、履物、青物など、身近な材料で伝説や芝居の場面をつくる。

ただ一点、同じ種類の材料しか使わない、その材料を目録に書き出してすべてを明かすという不文律があった。それは「一式飾り」と呼ばれ（一式は一色に通じる）、これまた江戸時代にさかのぼる。祭りの場ばかりでなく、盛り場で、籠細工や貝細工を見世物に仕立てて稼いだ細工人たちまで現れた。

名もない町のひとびと、里のひとびとによってつくられるそれらは、単に「作り物」と呼ばれた。先に金物、荒物、塗り物などと物尽くしにしてみたが、それらを材料にして出現するものがまた作り物であり、このシンプルな感じがとてもよかった。ユーモラスだし、祭りが終われば消えてなくなる潔さも気に入った。

「つくりもんまつり」では、家々に飾られたつくりもんを見て歩く。富山県高岡市、2011年

おそらく、美術館の学芸員だったそのころの私は「作品」という言葉にうんざりしていたのかもしれない。なぜなら、美術館は美術作品の殿堂であり、いったん「作品」のレッテルが貼られると、その価値を否定することは至難だ。殿堂入りしたら最後、未来永劫守り続けなければならない。美術館の空調は来館者のためというよりは、むしろ作品保護のためにある。

青物一式、すなわち野菜だけの作り物が出現する祭りは、富山県高岡市の少しなまって「つくりもんまつり」である。毎年九月下旬に二日間だけ催される。マップ片手に作り物を見て回る町歩きは、何度訪れても楽しい。

すぐ隣には、バッキンガム宮殿のような公民館、東京駅のようなサイクリングターミナルなどの「メルヘン建築」で知られる町がある。厄介なことに、こちらの作り物はなかなか消えてくれない。

絵馬堂巡礼

午《うま》年だからか馬が好きだ。そういえば、子どものころはよく馬面だといわれた。だから絵馬も好き、といったら飛躍だろう。

もともとは生きた馬を神社に奉納したのだった。馬は神の乗り物だからだ。そのうちに作り物の馬が多くなった。これなら餌の心配も糞の世話もいらない。

絵に描いた馬ならもっと楽だと考えた人がいたのだろう。はじめは馬の絵だったはずなのに、やがてさまざまな願いを込めた絵が、しばしば絵師に頼んで描かれるようになり、しかし絵馬という名前だけは使われ続けた。

現代では、絵馬にはすでに絵が描いてある。既製品を買って（とはいわない、志を納めて）、そこに家内安全、恋愛成就、合格祈願といった願いを書き込む。小さなものだから、掛ける場所も簡単なものだ。

絵馬が大きかった昔は、奉納があいつぐ寺社の境内には受け皿としての絵馬堂が用意された。それは屋根と柱だけの建物で壁がない。その内側にも外側にも絵馬を掛けた。

有名な絵師が描いたと評判になると、見物人が集まった。絵馬堂は公開展示の場であり、現代の美術館によく似ている。

しかし、決定的に異なることは、それが風雨にさらされるという一点で、これがとても不思議だ。色あせて、肝心の絵が見えなくなってしまってもなぜ平気なのだろう。

四国の金刀比羅宮《ことひらぐう》（通称こんぴらさん）で、この疑問に取り付かれた。そこには何も見えなくなった、ほとんど板と化した絵馬が掛かっていたからだ。

成田山新勝寺でも、京都・八坂神社でも、太宰府天満宮でも考えた。しかし、答えは簡単だった。

絵馬は神仏に捧《ささ》げられたものであり、奉納の一瞬が大切なのだ。願いは向こう側に伝わったはずだから、あとは野となれ山となれである。

太宰府天満宮絵馬堂、現代美術家の絵馬も掛かっている。福岡県太宰府市、2011 年

それを収蔵庫に移して保管しようという発想は、絵馬を文化財、あるいは絵画作品と認める別の価値判断に立っている。

美術館も同様で、展示された作品が傷つくことを一番恐れる。作品の前でしゃべってもいけない。触るなんてとんでもない。

ここには神仏がいない代わりに、作者自身が神仏と化している。作品は作者の分身なのである。

エフェメラとモニュメント

エフェメラという言葉をご存じだろうか。ギリシャ語の「わずか一日」を語源にし、一日限りの命を持つカゲロウや春の花の意、転じて、はかないものを指す。

これまで話題にしてきたものは、祭りの作り物といい絵馬といい、はかないものばかりだった。

エフェメラと聞くとついそんなものを思い浮かべてしまうのだが、実は、図書館・博物館・文書館などでこの言葉がよく使われている。

それは本のかたちを持たないさまざまな印刷物をいう。ビラやちらし、ポスターやパンフレットなど、暮らしの中を見渡せばエフェメラだらけである。

電車の中づり広告や新聞の折り込み広告に接しない日はなく、それらが日本社会の今を伝えていることは疑いないが、だからといって、そのすべてを収集して、後世に伝えようとする人はいないはずだ。想像しただけで気が遠くなる、そんな仕事に司書やアーキビスト（文書専門家）が着手している。

エフェメラの対極にモニュメントがある。それは「永遠」を託されて出現する。その心意気やよしだが、たとえば石に言葉を刻んだ石碑が長い歳月にどれだけ耐えられるものか。風雨にさらされて、すっかり文字が読めなくなってしまった石碑を見かけることも少なくない。

記念に実物を残すという方法もある。言葉や人の姿に語らせるのではなく、それ自体の存在に意義を見いだす場合だ。

南三陸町旧防災庁舎はこのままの姿で保存されることが決まった。宮城県南三陸町、2013 年

広島の原爆ドームがよい例だ。戦後しばらくは、廃墟を見れば忌まわしい思い出がよみがえるばかりだから、早く撤去せよという声も上がった。

しかし、もし原爆ドームを取り壊していたら、被爆体験の継承はずいぶんと違っていただろう。モニュメントを残す努力と、それを語る努力の双方が必要である。

それにしても、原爆ドームのような壊れたものを壊れた状態のまま後世に伝えることがいかに困難であるか、石碑や銅像の比ではない。おそらく、同じ問題に、東日本大震災の多くの被災地が向き合っていることだろう。

モニュメントを建ててよしとするのではなく、エフェメラ（たとえば被災地で無数に撮影された写真）をも視野に入れて、語り継ぐ仕組みをつくることが大切だ。モニュメントは案外はかない。

はじめての東京見物

小学校に入った私と弟を、父がはじめての東京見物に連れて行ってくれたのは、まだ東海道新幹線が開通する前だから、浜松から特急こだま号で三時間はかかったように思う。

記憶に残る場所はたったの二カ所、上野の国立科学博物館で人の干し首を見てびっくり仰天し、横網町公園の東京都慰霊堂でなぜか息苦しくなった。もちろん、そこが関東大震災と東京大空襲の死者を祀《まつ》る場所であると知ったのは、大人になってからのことで、その時は「ヒフクショー」という言葉だけが耳に残った。

自分が父親になってみると、それらが息子を最初に連れて行く場所かよ、ヘンな父だったなと思わないでもないが、父の思惑どおりとなったのか、私の関心の根っこを探ると、このふたつの場所に行き着いてしまう。

人までをも展示してしまう博物館という場所に魅力を感じ、死者をめぐって生者たちがつくりだす文化が気になって仕方がない。

だから、今でもよく訪れる。薄暗い部屋におびただしい剝製や標本が並んでいた国立科学博物館は、近年様相

東京都慰霊堂（元震災記念堂）。東京都墨田区、2012年

を一変、どの展示室も美しくディスプレーされている。

昭和初年に成功した南米移民が土産に持ち帰ったという、干し首のようなあやしいものはいつの間にか展示室から引っ込んでいたが、最近、「グレートジャーニー人類の旅」という展覧会で、ひさびさに目にした。いっぺんに子どものころの記憶がよみがえった。

一方の東京都慰霊堂は変わらない。時間が止まったままである。お寺のような神社のようなキリスト教会のような不思議な建物だ。祭壇の背後に、身元不明の遺骨が安置されている。

実は、はじめに遺骨ありきだった。関東大震災が起こった時、陸軍の被服廠《ひふくしょう》跡地が広く空いていたため、近隣住民が避難したところ、周囲から火が迫り、多くのひとびとが焼死したのだった。ゆえに身元不明の遺骨が山を成した。

この地は霊場となるほかなかった。遺骨を守る屋根が架けられ、仮の納骨堂が建てられ、やがて震災記念堂となった。その後に東京大空襲の死者が加わり、現在の名前に変わった。

高層ビルの林立する東京の繁栄ぶりが、ふっと幻影に見えるような場所である。

改名された「ほまれ橋」

傷痍《しょうい》軍人のための国立ミュージアム「しょうけい館」開館、というポスターを目にしてびっくり、一目散に駆けつけた。あんまりあわてたため、それはまだ開館の数日前だった。もちろん、出直すほかなかった。

なぜ驚いたかって、二〇〇六年に国が新たにミュージアムを建設したからだ。ご存じのとおり、二十一世紀を迎えて、国立博物館も国立美術館も独立行政法人となり、直営の施設ではなくなっていた。

行政改革の流れにさからっての開館なのである。それをあえて建設するだけの必要性が、傷痍軍人の周辺にはある。その事情は何か、この目で確かめたいと思った。

日本傷痍軍人会の会員は本人とその妻だけである。こ

あじさい橋（元ほまれ橋）。神奈川県箱根町、2012年

の点が日本遺族会とは大きく異なる。戦争が終わって六十八年になるのだから、会員がつぎつぎと世を去ることは避けられない。昨年の時点で会員の平均年齢は九十一歳を超え、この秋にはとうとう解散だという。

すると、頼りになるのはミュージアムである。ミュージアムこそ、人を立ち止まらせ、忘れていたことを思い出させる場所だからだ。

ともすれば戦死者の慰霊と顕彰ばかりが話題になり、傷ついた心身を抱えて戦後をなお生き続けなければならなかった傷痍軍人の労苦はその陰に回りがちだ。

同じ東京・九段にあるとはいえ、立派な建物の昭和館（日本遺族会の委託運営）とは対照的に、しょうけい館は路地の奥の貸しビルの中にあり、いかにも日陰の存在である。

箱根湯本駅で電車を降りると、すぐ前の早川に赤い橋が架かっている。「あじさい橋」と呼ばれるこの橋が、十七年前までは「ほまれ橋」であったことは、橋を渡った先の小さな説明板を読まなければわからない。三昧荘という旅館が陸軍病院の転地療養所となり、多くの傷痍軍人を受け入れたことに由来する。

「観光地箱根のさらなる発展を願って」、「箱根を代表する花の一つに因《ちな》み」、それを「あじさい橋」に改名してしまうとは、いったいどんな神経なのか。

日陰どころか、そのまま闇に葬ってしまおうとする魂胆ではないか。「歴史的記憶を忘れること」のないようにこの説明板を建てたとは、悪い冗談である。

※日本傷痍軍人会は会員の高齢化により二〇一三年に解散した。

国立動物園を考える

「国立動物園を考える会」があり、二〇一二年からわたしもいっしょに考えることにした。

それは意表を突く名前だった。国立施設の創設を提唱しているのだが、大方の反応は「国立ってなかったの」、もしくは「何を今さら国立なのか」というものだ。

後者の方が少し冷めている。国が少しでも直営施設を減らそうと努めているご時世に、国立動物園がおいそれと実現するとは思えない。わたしだってそう思う。

しかし、傷痍軍人の国立ミュージアム「しょうけい館」が近年開館したように、国が認めさえすれば可能になる。そのためには、なぜ国立動物園が必要であるかを訴え、理解を求め、国よりもまずは国民がその必要性を共有しなければならない。

道は遠そうである。そして、本当にこの道が正しいのかもまだよくわからない。

ただし、呼びかけの根底には明確な危機感がある。このまま行くと、動物園は日本から姿を消してしまいますよ、それでもいいのですか、という問題提起である。「どうして動物園がなくなるの」という質問が、すぐに返ってくるに違いない。

外国の希少動物を飼育し、図鑑のように展示するこれまでのようなやり方が立ち行かない。なぜなら、野生種の収集が難しくなっているからだ。動物園の動物はほと

岡崎市東公園動物園のサル山とヒトのカップル。愛知県岡崎市、2008年

んどが動物園生まれであり、もはや各施設が協力し合って繁殖させるほかない。

大半の動物園は市立であり、戦後間もない時期の開園が多い。子どものための遊園地を併設し、同じような規模、同じようなスタイルで活動してきた。

近年の行政の財政難は、こうした動物園の経営を直撃している。つまりは莫大な税金を投じてまで、それを存続させる意義がどこにあるのかが問われている。

野生動物を都市の中に囲い込む動物園とは、かなり無理な施設であり、簡単には答えの出ない重い問いのはずである。

さしあたって、国立動物園構想はカンフル注射のようなものだ。それが打開策となるかどうかはともかく、少なくもと現状を直視するきっかけにはなる。

いつまでもあると思うな、親と動物園、と思うことにしている。

ゾウのいない動物園

札幌の円山動物園で目にした「ゾウはどうしていないの?」という張り紙は忘れられない。園長自ら、こんなふうに訴えていたからだ。

二〇〇七年にアジアゾウの花子が死んで、ゾウのいない動物園になった。市民からは「ゾウを見たい」という声が寄せられている。しかし、希少動物のゾウを単に展示目的で導入することはできない。繁殖や野生生物保護を目的にする必要がある。そのためには、オス一頭にメス複数頭を入れ、群れ飼育をしなければならない。莫大《ばくだい》な費用がかかるから、その是非について、市民の声を幅広く聞きたい。

札幌市は、飼育施設の建設費に約二十億円、光熱費や餌代に年間二千万円が必要という数字を具体的に示して、昨年から市民アンケートを重ねてきた。単純にゾウを見たいかと問えば、見たいと答えるに決まっている。しか

円山動物園のゾウのいない放餌場。北海道札幌市、2009 年

し、そのための負担を説明すれば、意見は分かれる。あるアンケートでは、賛成六十三人に対し、反対八十人と、反対意見が上回っていた。

札幌市はさらに耳を傾ける一方で導入の可能性を探り、二〇一四年度には最終判断を下したいとしている。

この情報は、円山動物園のウェブサイトに「ゾウ導入の検討調査について」というページを設けて公開しているから、誠実なやり方といえるだろう。

円山動物園は一九五一年のこどもの日に開園した。その二年後に花子はやって来て、半世紀余を札幌で暮らした。戦後各地に相次いで建設された典型的な動物園であり、そこにゾウは不可欠だった。各都市が競うようにゾウを探し求めた。札幌市が手に入れた花子は、たまたま長野で「世界動物博覧会」という見世物に出ていたゾウであった。

しかしいま、動物園は立ち止まり、こんなふうにこれまでの歩みを振り返り、これからの道を探ろうとしている。ただし、市民の意見を踏まえて、札幌市がゾウの導入を決断したところで、ゾウを雪国で飼育してよいのかという問題が待っている。いや、それは問題ではないのだろうか。たまたま、私が円山動物園を訪れたとき、ゾウのいない放飼場は雪でおおわれていただけに、気になり続けている。

※札幌市円山動物園は種の保存や環境教育の推進を目的としてアジアゾウの導入を決めている。

動物園の未来

富山駅前でそばを食べて、それからバスに揺られて富山市ファミリーパークを訪れた。園長に案内された先はそば打ち教室で、またまたそばが目の前に出された。たった今食べてきたばかりとは言えずに、そのままごちそうになった。

そばをすすりながら、本当にここは動物園かと辺りを見渡した。建物を一歩出れば、キリンがいてトラがいる。まぎれもない動物園なのだが、さて、そば打ち教室を開く動物園が全国広しといえどもほかにあるだろうか。

キリンがいてトラがいると書いたものの、ゾウはいないしライオンもいない。ここでは、外国産の珍しい動物は少数派で、クマやカモシカ、タヌキやキツネやイタチ、さらにはカエルやホタルやトンボなど、日本産の動物の飼育展示に力を入れている。木曽馬や野間馬などの在来馬もいて、乗馬体験ができる。

ニワトリならば、二十二品種もそろえている。ニワトリほど品種改良を重ねた家禽《かきん》はいない。それゆえに「日本の文化遺産」であると、ニワトリ舎の前に大きく記している。その脇には、「日本のニワトリ料理アラカルト」という写真入りの解説パネルまで立っている。

こんなふうに園内を歩き回るうちに、ここでは、なぜそば打ち教室が開かれるのかがわかってくるだろう。動物園を、里山における人と動物の暮らしを考える場にしようとしているからだ。

そして、はたと気付くのは、富山市ファミリーパークが動物園を名乗っていないことである。一九八四年の開

富山市ファミリーパークのカモシカ園脇には市民参加の拠点小屋もある。富山県富山市、2009 年

園時からファミリーパークだったから、先見の明ありと言えそうだが、キリンがいてトラがいるように、外国の珍しい動物を図鑑のように配置する普通の動物園を目指した時期もあった。しかし、間もなくはっきりと舵を切った。

これまで三度にわたって動物園の現状を話題にしてきたが、読んでくださった読者には、このファミリーパークが日本の動物園のひとつの未来像を示していると理解できるだろう。

こんな動物園なら、休みのたびに訪れたい。いや、仕事を休んでも訪れたい。「『孫とおでかけ』支援事業を活用すれば、お孫さんとご一緒のおじいさん・おばあさんの入園料はいりません」（同パークウェブサイト）とのこと。至れり尽くせりである。

知られざる明治の文化交流

はじめてスコットランドを訪れた。といってもグラスゴーだけ。町を一歩離れれば、美しい田園風景が広がっているらしいのだが、薄汚れた町を歩いただけで終わった。同行のアメリカ人が、古きよき時代、まだ摩天楼が林立する前のニューヨークに似ていると言った。実際に、しばしばニューヨークに見立てて映画のロケが行われるらしい。

産業革命で栄えて、かつてはロンドンにつぐ第二の工業都市だった。意外なことに、明治初め、日本の博物館が誕生してまだ間もないころに、グラスゴーの博物館と物品の交換を行っている。グラスゴーでは、明治政府が贈ったものを見た。あえて物品と書いたのは、陶磁器や漆器、和紙や文様集などの産業見本が多く、美術品に限らないからだ。

しかし、グラスゴーからの贈り物には二十点を超える油絵が含まれていた。明治十三年、すなわち一八八〇年のことだから、西洋の美術に接する機会のほとんどなかった当時の日本人にとって、それはそれはぜいたくな贈り物だっただろう。残念ながら反響は伝わっていない。

まだ博物館が上野ではなく日比谷のあたりにあった時代である。その後は東京国立博物館の収蔵庫で長く眠り続け、二〇一二年の秋にお披露目があった。

グラスゴー大学を出たばかりのヘンリー・ダイヤーを、明治政府は工学教育の指導者として迎え入れた。一八七三年に来日した若干二十五歳のダイヤーは、工部大学校（東京大学工学部の前身）の校長となって十年間を日本で過ごした。

あるいは、グラスゴーと日本との物品交換に一役買ったのかもしれない。帰国に際して、自らも日本の絵巻や浮世絵や本をたくさん持ち帰ったというので、それらもグラスゴー市立図書館で見せてもらった。ダイヤー・コレクションと呼ばれて大切に保管されてきたが、全貌はまだ明らかになっていないようだ。

「江戸名所図会」は美本で、過ぎ去ったエキゾチックな時代をしのぶ日本土産として買ったのだろう。一方、手あかに汚れた浮世絵の画帖《がじょう》は、浮世絵が美術品などではなく、今なら雑誌のように、暮らしの中に普通にあった

古きニューヨークを思わせる裏通り。英国グラスゴー、2013 年

時代を生々しく伝えてくれた。スコットランドへの旅は、思いがけず、「近くて遠い旅」ならぬ「遠くて近い旅」となった。

博物館は無料

週末に訪れたせいか、グラスゴーの博物館はどこも活気があった。一九〇一年にグラスゴーで催された万国博覧会を機に開館したという壮麗なケルビングローヴ美術・博物館に一歩足を踏み入れると、ゾウの剥製がでんと鎮座し、その頭上には英国空軍の名機スピットファイアが浮かんでいるというシュールな展示で度肝を抜かれた。

隣接するロビーにはカフェが設けられ、休日を楽しむ老若男女でにぎわっている。特段、展示を見ているわけでもない。そこでのんびりと過ごす様子がいかにも楽しげなのだ。そういえばこの町で訪れた博物館がどこも無料であったことを思い出した。

ケルビングローヴ博物館。英国グラスゴー、2013年

日本の博物館も美術館もそれなりに繁盛してはいるが、安くはない入館料を払って特別展を見に行くことが普通で、休日にふらりと訪れる気にはなかなかならない。もし無料であったなら、敷居はぐんと低くなるだろう。日本の博物館法は、公立博物館の入館無料を命じているのに(第二十三条)。

グラスゴーからロンドンに戻って、大英博物館を訪れた。こちらも無料だ。しかし、ケルビングローヴ美術・博物館と大英博物館とでは客層がまったく異なる。前者がグラスゴー市民を相手にしているとすれば、後者は人類を相手にしていると言いたくなるほど、観覧者は世界中から集まってきている。

実は、彼らのお目当ての展示物もまた、世界中から集まっている。そして、それらを本来の場所に戻すべきだという声も各地から上がっている。

アテネのパルテノン神殿から運ばれた大理石彫刻群はつねにやり玉に上がる。それはギリシャのものだと。

これを文化財返還といい、英語では Repatriation という。この語には、祖国へ帰るという意味が含まれる。

しかし、そのまま祖国にあったなら破壊されたに違いない。それを守ったのが大英博物館である。パルテノン彫刻群は人類の宝であって、ギリシャ人だけのものではない。ゆえに、大英博物館は人類のものであって、イギリス人だけのものではない。

このいささか強引な自己主張を続けるためには、大英博物館は世界中のすべてのひとびとに開かれていなければならず、それゆえ無料でなければならない。入館無料の意味は深長なのである。

ロンドンで春画展

大英博物館のマクレガー館長が、二〇一三年秋に「春画」展を開くという記者発表を行った。翌日の英紙タイムズ紙に大きく載った記事には、「日本の遊女に会おう、でも十六歳以上の方のみ」という見出しが躍っていた。

そりゃないだろうと思った。

春画は、ご存じのとおり、主に男女の性行為をあからさまに、というよりもひどく誇張して描いた浮世絵であるが、実はそこに登場する男女は庶民が多い。普通のひとびと、どこにでもいる老若男女であって（ただしふたりの関係は多種多様、じいさんばあさんあり、男と男もあり、女と女もあり、すなわち人生いろいろ）、決して遊女、いわゆる玄人と客ではない。

館長は出品予定の「新吉原玉屋の張見世図屏風《びょうぶ》」を示して、みなさんはこの展覧会で売れっ子の遊女が身につけることになるスキルをご覧になるだろうと語った。

そんなアホな。吉原の遊女がそんなスキルを身につけたら、登楼した客は全員複雑骨折を避けられない。首の骨を折られて絶命という輩《やから》も出てしまう。

春画の世界は絵空事、大半があり得ない光景、非現実的な場面を描いて、笑わせながら、しかし、こんなこともあり得るなと思わせる人生の真実をじわり浮き彫りにするのである。

江戸時代には笑い絵とも呼ばれたぐらいで、ほのぼの

大英博物館では「春画」展が開かれた。英国ロンドン、2013年

とした笑いに満ちている。後味がいい。この点が、後味の悪いポルノグラフィーと決定的に異なっている（もちろん私の主観ではあるが）。

春画が誤解されているのは、実物を目にする機会が極端に限られているからだ。大英博物館は春画展を東京に巡回させようとしたのに、受け入れ館がなかなか見つからないという。どこも春画と聞いて尻込みをする。

これまた、そんなアホな。ロンドンで可能なことが、東京ではなぜ不可なのか。出版は解禁なのに、実物展示はなぜだめなのか。そもそも日本生まれの文化に、なぜ日本で接することができないのか。

春画の展示をめぐって、いったい何が起こっているのか。それを考えることにした。名付けて春画展示研究会。これから一年にわたって考え、最後に公開フォーラムを開こうと思う。そのころに、うまく東京展が実現するといい。

※予定より一年遅れて、二〇一五年秋に永青文庫で実現した。文化資源学会に設置した春画展示研究会は

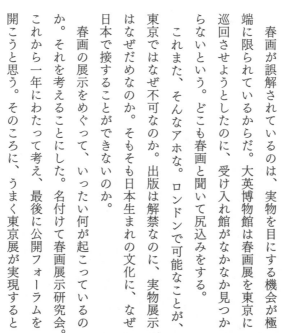

七回開かれた。

鎌倉に姫石を訪ねて

鎌倉の鶴岡八幡宮境内で開かれていた蚤《のみ》の市で、江戸時代の絵図を手に入れた。参詣客相手に売られた墨摺《ず》りの地図だ。三方を山、一方を海で囲まれた中に、神社仏閣がひしめきあい、大仏がぬっと顔を出している。ひときわ大きく描かれた八幡宮の境内に、「姫石」という丸い石が見える。

話が後先になったが、私は姫石を探しに八幡宮を訪れたのであり、来てみると蚤の市が開かれていた。そして、真っ先に、絵図の中に姫石を見つけた。しかし、絵図はまったく役に立たなかった。それが指し示す場所に、姫石の姿はなかったからだ。

それどころか、絵図に描かれた仁王門も護摩堂も、大塔も法華堂も、境内には何ひとつ存在しない。まるで魔法でかき消されたかのように、あとかたもない。

ある意味、それは神仏分離、廃仏毀釈という名の魔法だった。一八七〇（明治三）年に、八幡宮境内にあった仏教系の建物は、八幡宮の意志で、あっという間に、ことごとく破壊されてしまったからだ。現在のいかにも清らかで神々しい境内は、そのあとに形成されたものである。

姫石は女性器をかたどった石で、それを拝めば、縁結び、子宝に恵まれるとされて、古来信仰を集めてきた。「女石」とも、あるいは頼朝の妻北条政子にちなんで「政子石」とも呼ばれた。

明治政府の役人が頭で考えた神仏分離なんぞ、はねのけてしまうような土着的な性にまつわるこのような御神体を性神という。

それが今はどんなふうに扱われているだろうか。境内をぐるぐると歩き回って、源氏池に浮かぶ旗上弁財天社の背後にようやく見つけ出した。

それは弁財天に守られているというよりは、隠されている感じだった。柵に沿って祠の裏に回り、池に落ちる寸前に、はじめて姫石を拝むことができる。現代日本に

鶴岡八幡宮の旗上弁財天社裏にある姫石（政子石）。神奈川県鎌倉市、2013年

おける性神の居場所をよく示す光景だ。

幕末に鎌倉を訪れたアダム・スコットというイギリス人が、絵日記に姫石とそこに詣でるふたりの若い娘の姿を記録した。それはすぐに大英博物館の収蔵するところとなり、先に話題にした同館での「春画　日本美術における性とたのしみ」展に出品される。たのしみだ。

同性愛というカード

ロンドンで泊まるホテルの近くに同性愛の専門書店があって、行けば必ず立ち寄る。

品ぞろえがいい。買っても買わなくても、レジで店主がウィンクしてくれる。日本では、そんなことをされた覚えがないなあと思ったものだ。

専門店でなくとも、普通の大きな書店では、同性愛関連図書のコーナーが充実している。ゲイ研究で書架ひとつ、レズビアン研究で書架ひとつといった具合で、それぞれが棚一段程度の東京の書店と比べると、同性愛研究の厚み、発言者の広がりを思い知らされる。

二〇一二年に『股間若衆』(新潮社)というふざけた書名の至って真面目な本を出した。サブタイトルに「男の裸は芸術か」とうたうとおり、日本における男性ヌードの歴史を振り返ったものだが、追いかけているうちに、同性愛の問題に無関心ではいられなくなった。

女性ヌードは男性の欲望に向けられたものだとよくいわれる。逆もまた真か。もちろん、女性雑誌に載る男性ヌード写真がないわけではない。しかし、戦後すぐに刊行された男性同性愛者のための雑誌を読み解く中で、男性のための男性ヌード写真が、表には出ないところで流通してきたことを知った。

誌面では男性ヌード彫刻も早くから話題に上がっている。男女を問わず、そもそもヌード彫刻が駅前や公園など公共の場に堂々と建てられるようになったのは戦後の出来事である。それらの一糸まとわぬ姿は、勲章をぶら下げた軍人像の対極にあり、戦争の終結、平和や自由の到来を意味した。たとえば皇居のすぐそばに出現したこ

千鳥ケ淵公園に立つ菊池一雄作「自由の群像」、奥に皇居が見える。東京都千代田区、2013年

の彫刻は、ずばり「自由の群像」(一九五五年の文化の日に除幕)と名付けられた。

これらヌード彫刻に、日本人は軍服を脱ぎ捨てた決意を託したのである。これが拙著の結論、公式見解となるはずであったが、同性愛雑誌の誌面からは、「自由の群像」を「写して誌上に御紹介して下さらないでしょうか」(『ADONIS』一九六一年)という地方在住のある読者の声が聞こえてきた。

世の中は主に異性愛者の視点からつくられている。それとは異なる目で見ているひとがいることを、そのかぼそい声は教えてくれた。

脇道にそれる

脇道があればそっちに進むがモットーである。たとえば横須賀に行く。有名などぶ板通りにはもはやどぶもどぶ板もないけれども、もちろん歩く。しかし、一本脇の道にも足を踏み入れる。

坂を登る。神社の玉垣に吊るされた「アメリカ兵立入り禁止」という英語の看板を目にしてびっくりするものの、アメリカ兵じゃないから大丈夫、と境内に入る。昔、神社の裏山には小動物園があったという説明板を読んでさらに驚き、どんどん石段を登る。

脇道に入るというよりは、いつもこんなふうに、何ものかに吸い寄せられてきたような気がする。

なるほど山頂には小さな公園があり、立派な「動物愛護の碑」が建っていた。石に刻まれた「緑深き諏訪山の動物舎跡に人と動物の永久の幸を祈念」するという言葉は、動物園の記憶を伝えてとても丁寧だ。

ほかにも記念碑、というよりも戦争慰霊碑がいくつもある。ひときわ大きな基壇の上には、街灯が一本ぽつんと立っているばかりで、なんとも場違いである。説明板にあった「海軍工廠《こうしょう》殉職職工の招魂塔」に違いない。それがあとかたもないのは、おそらくは金属製で、戦時中の金属回収の犠牲になったからだろう。

まったく対照的に、被弾した鉄板が一枚、公園の片隅

横須賀諏訪山公園の動物愛護の碑の右奥に鉄板の記念碑。神奈川県横須賀、2010 年

に立っている。金属回収を乗り越えて残されたのだからよほど大切な鉄板であったはずだが、今となっては何ひとつわからない。傍らに、横須賀市役所がこんな札を立てたぐらいだ。

「教えてください！　ここの、穴の開いた鉄板の記念碑？　の情報を知っている方は、下記にご連絡ください。由来が分かりましたら、説明板を設置いたします。（後略）」

これに答えようとして、いろいろと調べた。日清戦争で日本海軍の手に渡り、横須賀に回航された清国海軍の鎮遠号の鉄板ではないかと推定まではしたものの、確証を得られないままだ。よく似た定遠号の蜂の巣になった鉄板が、太宰府天満宮境内に保存されている。

この風景は、現代のわれわれがどんなに大切に扱っているものであっても、やがてわからなくなる、ということを教えてくれる。

得体の知れない物体

近所の女の子から「得体の知れない物体」と呼ばれたことがある。その時すでに、私は今の職に就いていたけれど、小学生の彼女から見れば、よほど得体が知れなかったのだろう。人物ではなく物体と呼ばれたことがおかしくて、今でも忘れられない。そうだよ、人物である前に物体だよな。

駅前にある「得体の知れない物体」が気になりはじめたのは、それよりもずっと前からだ。

たとえば近ごろ、私のふるさとの駅に降り立つと、こんな物体が出迎えてくれる。みかんの家紋を付けた着物、ピアノの鍵盤の袴、極めつけは頭の上に載せたウナギのちょんまげ。

どうです、得体が知れないでしょう。それをなぜ「出世大名家康くん」と呼ぶのかがわからない。

いや、わかりますよ。今や地方自治体が競い合ってつ

浜松駅前の出世大名家康くん。静岡県浜松市、2013 年

くりだす御当地キャラクターで、ゆるキャラと呼ばれることは。

人が入る着ぐるみバージョンもあり、おそらくは公務で、あるいは業務命令で、しばしばイベントに借りだされ、めったやたらと動き回る。

今はわかるけれど、先にも話題にしたとおり、われわれはとても忘れっぽいのだから、そのうち間違いなくわからなくなるね。なぜ、こんなものに浮かれたのかと。夢から覚めたように、ふっとブームは終わるだろう。

家康くんは、この町のお城の中にもいる。こちらは鎧に陣羽織という姿で、「若き日の徳川家康公」と刻んだ高い台座の上にひっそりと立っている。一九八一年に、徳川家康公若き日の銅像建設委員会が建てたものだ。

銅像と呼ばれるとおり、それは金属製で、硬くて、黒くて、色彩に欠ける。どっしりとして、微動だにしない。名前まで堅い。

家康を顕彰しようとすれば、こんなふうに銅像を建てることが三十年前の発想だった。しかし、今となっては、建設委員会を組織して浄財を集め、たとえ近所でイベントがあっても駆けつけられない金属の固まりをつくりだすことに骨を折る人は少ないのではないか。

私のみるところ、銅像時代はおよそ百年続いて、終焉を迎えつつある。それは観光地の土産物屋から置物が姿を消し、ストラップやキーホルダーなど携帯可能なものが幅を利かせていることと軌を一にしている。

※二〇一四年に、ずばり『銅像時代』（岩波書店）という本を出した。

法事は楽しい

同窓会もいいけれど、法事もいいなと思った。久しぶりにおじさんやおばさん、いとこたちと再会し、わいわいがやがや話していると、一気に昔に連れ戻される。何十年経っても、相変わらず「ちゃん」づけで呼び合って、誰も不思議に思わない。

それは同窓会も変わらないが、決定的な違いは、法事

若き日の祖母（後列中央）、1927 年

のあとの宴会には死者がいっしょに参加することだ。通夜や葬式では、本人もまだそこにいるのに参加できない。横たわったまま、ぴくりとも動けない。さぞかし無念だろう。

ところが、法事となると、もはや身体を持たないからか、自由自在に動き回る。会話に首を突っ込んでくる、ような気がする。これが楽しい。

祖母の二十七回忌だった。亡くなって四半世紀も経てば、生きていたころのことはうろ覚えになる。思い出の中の祖母は生きたままだが、生身の祖母が実際にどんな人生を送ったのかということはほとんど何も知らない。

本人しかわからない、と言ってしまえばそれまでだが、祖母の人生そのものがまぼろしだったようにも感じられる。

参列したわれわれだって、いずれあの世に行くわけだし、わが身を振り返れば、すでに半分死にかけているようなところもある。

朝起きて学校や会社に行かなきゃならない日常生活を

すとんと断ち切って、生者と死者の境が曖昧な時間を法事はもたらしてくれる。同窓会みたいに、開きたい時に開けないのがまたいいのである。

叔母に頼んで、祖母の写真を出してもらった。そういえば、若いころの写真を見た覚えがなかったから。

祖父は山奥から町に出て一旗揚げた。そして、同じ村の娘を呼んでいっしょになった。私の母を産む一年前に撮られた写真が、見つけた一番古いものだった。

それは私が見たこともない祖母の姿だった。この日、カメラの前で、どんなことを考えていたのか想像もつかない。

その人生さえまぼろしのようだなんて書いてしまったが、この人がいなければ、私は間違いなくこの世にいない。法事に集まった者のほとんどすべてがいないと考えたら、ぼやけた写真の祖母の姿にずしりと重みを感じた。

花房陸軍飛行場跡。熊本県菊池市、2011 年

真っすぐの道

まだ若かったころ、金がないから遠出ができずに、ひたすら近場を歩き回った。そのうちに、曲がりくねった道が、なぜそんなふうに曲がりくねっているのかを考えるようになった。それが「近くて遠い旅」の原点だった。曲がりくねった道へと引かれて行くのは、へそが曲がっているからに違いない。

だから、最後の風景は真っすぐの道にした。へそ曲がりだね。そこには、変哲もない住宅地が広がっている。しかし、歩き回れば、部厚いコンクリートの壁や廃墟になった給水塔が、ぽつんぽつんと見えてくる。

カメラを構えた場所には、ちょうどこの風景を眺めるように、ふたつの記念碑が立っている。ひとつは「開隊記念」、あとひとつは「菊池開拓五十周年記念」という文字を刻む。開隊と開拓。前者は風化が激しく、今から二十年ほど前に、この記念碑が何かを説明する新たな碑文が嵌め込まれた。それによれば、一九四一年の夏、ここには陸軍飛行隊の飛行場が建設され、敗戦後は引揚者や復員者が入植し、畑へと変えた。

曲がりくねった道に歴史があるように、真っすぐな道にも歴史がある。どれほど真っすぐに見えても、それが歩んだ道は曲がりくねっているというべきかもしれない。

ある死刑囚の絵

1

横浜について考えていたところだったので、永山則夫の小説「土堤」には、すぐに引き込まれた。

永山自身を思わせるN少年は、「横浜の桜木町駅を降り、伊勢佐木町へ向かうため、駅前の大きな鉄橋を渡ろうとしていた」。そして、そこで、ドブ河の「臭いヘドロにまみれながら、バシャバシャと一生懸命泳いでいる独りの男」と、やはり泥まみれになりながらも男を必死に追い掛ける若い警官と、それをゲラゲラ笑いながら見ている橋の上の見物人たちとを目にする。

突然、N少年が大笑いをする連中に殺意を感じたのは、「自分のオヤジが、ああして殺されていったのだと思った」からだ。そして、「あのドブ河で泥まみれになりながら泳いでいるアル中の男が、オヤジのように思えた。また近い将来の自分自身の姿でもあると考えられた」。

N少年はいたたまれなくなり、伊勢佐木町へは向かわずに、海の見える山下公園へとたどり着いた。「肩先に日雇い仕事の疲れが溜まり、身体全体がだるかった。身の置き場所が岸壁前のベンチしかないかのように座った」。

そのベンチの絵が、「土堤」を収めた初めての小説集『木橋』(立風書房、一九八四年)の挿絵となっている。それは黒いペンで引っ掻いたように描いた絵で、誰も座ってはいない。片隅に「公園のベンチ、1984.1.28.N画」と記した。

ここには、少なくともふたつの時間が刻印されている。ひとつは、中学卒業後に集団就職で青森から東京に出た永山則夫が職場を転々と変えながら、横浜の寄せ場へと流れついた一九六八年、もうひとつは、『木橋』出版に向けて挿絵を描いていた一九八四年である。間を十六年の歳月が流れている。

2

一九六八年に、永山則夫は十九歳になっていた。横浜で沖仲仕の仕事をし、「土堤」の中の男が泳いでいたドブ河、大岡川沿いの野毛の寄せ場に出入りした。末広町の横浜大勝館という映画館も、しばしば塒《ねぐら》にしたという。川の対岸には福富町・長者町・伊勢佐木町などの盛り場があり、この年には、青江三奈の「伊勢佐木町ブルース」やいしだあゆみの「ブルーライトヨコハマ」が流れていたはずである。黒澤明の映画「天国と地獄」（一九六三年）の舞台もこのあたりだった。

この町が日雇い労働者を引き寄せ、歓楽街を設けた事情は、遠く横浜開港の時代にさかのぼる。横浜の建設は、まず港と外国人居留地から始まった。背後には、広大な新田を抱えていた。とりわけ、大岡川から伊勢佐木町のあたりは沼地のままだった。

やがて埋め立てられた低い土地に貧しいひとびとが住みつくことは、どこの町も同じこと。遊郭もまたこのあたりを転々とし、現代になお尾を引いている。ドヤ街のある寿町をはじめ、黄金町や長者町など明るくておめでたい町名は、逆にこの土地の暗さを語っているのかもしれない。

かつての新田地区を、川は縦横に流れていた。しかし、戦後は水運が陸運に切り替わったため、川は汚れ放題となる。その大半は一九七〇年代のいわゆる高度経済成長期に埋め立てられてしまうが、一九六八年にはまだ往時の風景を色濃く残していた。

N少年が逃れようとしたのは、この町の汚さからだった。山下公園のベンチに救われたのも束の間、今度は海の汚さに吐き気を催す。ブヨブヨと浮かぶ猫の死体は、ドブ河で泳ぐアル中の男を思い出させた。

「どこかきれいなところへ行こう」と思い立ち、逗子へと向かうが、その海もまた油が浮かんで馴染めなかった。さらに先へ、葉山へと足を伸ばすが、どこまで行ってもアル中の男から逃れることはできなかった。「土堤」に

大岡川、左手が桜木町駅。神奈川県横浜市、2016 年

寄せたあと一枚の絵も、その中に忍び込んで野宿をした浜辺の小舟を描いたものだった。

現実の永山則夫は、葉山のさらに先の横須賀で米軍基地に押し入り、拳銃を手に入れる。そして、この拳銃を凶器として、十月から十一月にかけてわずかひと月の間に、東京、京都、函館、名古屋で四人を殺害する。翌年の春に東京で捕まった時もまだ、永山は十九歳の少年だった。

3

一八八四年には、三十五歳になっていた。前年の春に小説「木橋」が新日本文学賞を受賞し、それに「土堤」、「なぜか、アバシリ」、「螺旋」を併せて、単行本『木橋』が刊行された。同書には、全部で十八点の絵が入っている。サインはいつも「N」で、日付まで入れたものは「土堤」に寄せた二点のみだった。「浜辺の小舟」は、「公園のベンチ」の翌日に描いている。

永山則夫が「木橋」や「土堤」を書いたのは、東京地裁の死刑判決を東京高裁が無期懲役に減刑して間もなくのことで、高裁の判決理由は、著述を重ねるそのころの心境の変化にふれている。永山は、現実からの逃避を繰り返していた過去の自分と、ようやく向き合うことができるようになっていた。

なるほど、絵もまたそうした作業の中から生まれてきたものに違いない。「公園のベンチ」にも「浜辺の小舟」にも人影はないが、それをじっと見つめている十九歳と三十五歳のふたりの永山の姿が重なって、絵の中に感じられる。

しかし、最高裁は高裁判決を破棄して差し戻し、一九八七年に高裁が今度は死刑判決を出し、一九九〇年に最高裁で死刑が確定する。それから七年後に死刑が執行され、暑い夏の日の朝に永山の人生は断ち切られた。

永山則夫が獄中から伝えてきたこれらの言葉と絵は、まだ生きる希望を失っていなかった時期、というよりも再び希望が与えられた時期のものであった。死刑が確定すれば、死刑囚の通信は極端に制限され、面会も手紙の遣り取りも肉親と弁護士を相手にしか許されなくなる。あとはある日突然に訪れる刑の執行を怯えながら待つだけの暮らしの中で、それでもなお、ひとり永山にかぎらず、少なからぬ死刑囚が言葉と絵による表現を続けている。

現代の日本において、死と向かい合うこれほどの極限状態から発せられる言葉と絵は、ほかに比べるものがないのではないか。

4

言葉と絵、とここに並べ立ててはみたものの、両者の性格はかなり異なる。

言葉は物質性が希薄で、メモ用紙、原稿用紙、ノート、手紙、コピー用紙、書物という具合に、媒体を軽々と乗り換えてゆくことができる。どこにあっても、それは同じ言葉である。

一方の絵は、なかなか紙という媒体を離れることができない。絵は物体であり、読み上げれば伝わる言葉は物体ではないといえるだろう。

ところで、死刑囚が暮らす拘置所の独房とは、本人の身体をはじめとする物体の移動を厳しく制限する場所だから、いうまでもなく、言葉が絵よりもより外へと伝わりやすい。

死刑囚の俳句や短歌を目にする機会が多いのは、このためでもある。どんな媒体に綴られていようとも、それらは彼らの遺した言葉なのであり、一方の絵は、永山則夫の『木橋』の挿絵が印刷物であるように、結局はコピーに過ぎない。ほかにも、帝銀事件の平沢貞通や連合赤軍事件の永田洋子らの絵は、書物を通じて見ることが容易だが、実物を目にする機会は滅多にない。絵という物体は、拘置所の高い塀をなかなか越えられないのである。

それにもかかわらず、絵が言葉よりも雄弁な場合がある。たとえば、一九四九年の逮捕、一九五二年の死刑確定から一九八三年の釈放まで、免田栄は冤罪を晴らすのに三十五年という気が遠くなるような長い時間を費やした。この間、拘置所の中で、自分は「無実」であると百万言を語ったはずだが、裁判官の耳にそれはなかなか届かず、さぞかし言葉の無力を味わったに違いない。『免田栄獄中ノート』(インパクト出版会、二〇〇四年)に付された絵は、いずれも稚拙なものとはいえ、言葉に代わる力を絵が有していることを教えてくれる。

死刑囚に与えられる筆記具は鉛筆かボールペンだけで、なんと絵に色をつけてはいけないのだという。死の淵に立たされた人間の持つ最小限の表現、もしそれが自分だったらという想像を簡単には許さない境遇の中から、言葉が綴られ、絵が生まれてくる。

永山則夫の絵もまた、そのようにしてわれわれに遺された。

二

ひょんなことから
一八五〇～一九五〇年代
ニッポンへの旅

ふたつの星条旗の間で

――一八五三〜一九四五年

これから振り返ろうとする時代を、ひとことで表現するのはとても難しい。「幕末明治大正昭和前半の時代」ではいくら何でも長すぎるし、「十九世紀後半と二十世紀前半の時代」では様にならない。ところが、私個人にとっては、「私が生まれるまでのちょうど百年」とでも定義すればぴったりくる。それで十分だ。

私は一九五四年に生まれた。百年前は一八五四年。ペリーが前年夏の約束どおりにまたやってきて、日米和親条約を結んだ年だ。半年遅れて、イギリスとの間でも和親条約が結ばれた。夏が始まるころに上方で、秋が終わるころには東海道で大地震が起こった。そのあおりを食らって、下田にいたロシアの軍艦が大破したので、戸田へ引っ張っていこうとしたら一本松沖で沈没してしまった。そこで戸田で新たに軍艦を一艘造り、ヘダ《へだ》号と名付けたことはよく知られている。そうこうしているうちに、日露間でも和親条約が結ばれた。

ひょんなことから、誰もが中学生で習うこの和親条約というものを調べてみる気になった。

日米和親条約は、正式名称を日本国米利堅合衆国和親条約、Treaty of Peace and Amity between the United States of America and the Empire of Japan という。第一条に日本語でいわく、「日本と合衆国とは其人民永世不朽の和親を取結び場所人柄の差別無之事」(『大日本古文書幕末外国関係文書之五』〈東京大学資料編纂所〉を参照)

「永世不朽の和親」、せっかく結んだこの約束を八十七年後にはめちゃくちゃに踏みにじってしまうことを、われわれはよく知っている。そんなことを知っていて申し訳ないような気さえする。むろん、老中首座阿部正弘ら関係者はもちろん、当時のすべてのひとびとに対してである。一九四一年の真珠湾攻撃を指揮した連合艦隊司令長官山本五十六ら関係者はもちろん、当時のすべてのひとびとに対してでもある。つぎに何が起こるかを知っているというだけで、われわれは過去に対して優位に立っている。それは全智全能の神の座に似ているのかもしれない。

しかしながら、なぜわれわれは過去の出来事を知っているのか、というよりも、なぜそれを知っていると信じて疑わないのかを疑ってみる必要はあるだろう。確かにわれわれは何ごとかを知っているかもしれないが、日米和親を演出した阿部正弘のようには、あるいは日米決裂を（止むを得ず）演出した山本五十六のようには、体験者ではない。それが決定的に違っている。知っているのは、ほんのわずかなことだ。

「つぎに何が起こるかを知っている」と簡単に書いてしまったが、「つぎに」も問題がある。なぜなら、まず何かが起こり、その結果としてつぎの何かが起こるという具合に、因果関係をつい描いてしまうからだ。この図式から外れた出来事はどんどん忘れてしまうのも現実で、そうでなければ人間をやってはいられないだろう。要するに、全智全能の神の足元にはとうてい及ばない。

もっとも、出来事の因果関係を図式化したいという思いは誰もが持つ。それは自分たちの現在地を過去との関係の中に知りたいという歴史意識であり、現代人の専売特許ではない。現代人は現代にいるという特権をわずかな期間だけ与えられている者にすぎず、そのあとはつぎからつぎへと過去に向かって送り込まれてゆく。言うまでもなく、過去のひとびともまたそのときどきにおいては現代人であった。

一九四五年のミズーリ号の甲板

一八五四年を私は私の生まれるわずか百年前ととらえ、それを短いと感じる。でも一九五四年の私の記憶はゼロであるから、そこを起点に百年間の長短を感じるという言い方にはうそが、といって悪ければ錯覚がある。本当は、そう感じている自分は、さらに五十年近くも後にいるからだ。

それに比べれば、一九四五年九月二日、戦艦ミズーリ号の甲板に立った重光葵《しげみつまもる》五十八歳のペリー来航への時間的距離ははるかに近い。ここで読者は、あまりにも唐突に、重光が引き出されてきたかに感じるだろうが、重光は重光で、アメリカに対する(正確には連合国に対する)降伏文書調印の場所で、あまりにも唐突に、ペリー来航の史実を突き付けられたと感じたに違いない。一枚の写真がそれを端的に語っている。

調印の場は右舷上甲板に用意された。日本側の全権は外務大臣重光葵と参謀総長梅津美治郎のふたり、随員九人。連合国側はマッカーサー元帥が連合軍最高司令官として各国を代表して降伏文書に署名し、ついでアメリカ、中華民国、イギリス、ソ連、オーストラリア、カナダ、フランス、オランダ、ニュージーランドの代表者がそれぞれの国名の上に署名を行った。調印式は午前九時に始まり、わずか二十分で済んだという。

さて、この調印の場には、額に入った一旒《いちりゅう》の星条旗が飾られていた。歴史的場面を記録するカメラマンの姿が映っており、ガラスが塡《は》められ、大切に扱われていることがわかる。

旗はわざわざこの日のために、アメリカ本国の博物館から運ばれてきた。星の数は三十一。現在の星条旗よりも十九少ない。それを目にした重光葵は、「ペルリ提督日本遠征の際に檣旗《しょうき》として掲げた星条旗を博物館から持つて来て、ミズーリ号式場に飾つたのは、占領政策の政治的意義を示す用意に出でたものと認められた。」(『重光葵手記』中央公論社、一九八六年)と回想している。実際、調印に先立ってマッカーサーは自らをペリーになぞらえた演説を行った。

なんとも手の込んだ演出だと、現代の読者もまた感じるに違いない。博物館はアメリカ海軍兵学校博物館(U.S. Naval Academy Museum)。よく出来た複製が、横浜開港資料館にも、ガラスケースの中に折り畳まれたままで展示されている。

旗はペリーが乗る旗艦に翻っていた。ほかに蒸気船一艘、帆船二艘を従えて、初めて浦賀沖に姿を現したのが、嘉永六(一八五三)年六月三日。矢のような速さで進む船

1945年9月2日、太平洋戦争の降伏文書調印式。戦艦ミズーリ号に掲示された星条旗。（写真・AP／アフロ）

は、はじめどこの船かわからずに「異国船」と表現された。浦賀奉行には昼過ぎに知らせが入り、すぐに与力と通詞らが御用船に乗って接近、ようやくアメリカ船と確認した。それから六月九日の九里浜でのアメリカ大統領の国書受け渡しまで、受け渡しのスタイルをめぐって交渉と調整のあわただしい日々が過ぎる。急遽設けられた九里浜応接所には、日本で最初の星条旗が翻った。

誰がどんな服装を身にまとって出席するかなども、幕府中枢での重大な協議事項だった。ミズーリ号にまで誰が行くかがなかなか決まらず、とくに梅津参謀総長は渋り（駄々を捏ねたという証言さえある）、天皇から直々に諭されたこと。文官は天皇の詔書を伝達するがゆえにモーニング姿で臨んだことなどを髣髴とさせる。

アメリカの要求を検討するために、ペリーが幕府に与えた時間は半年しかなかった。阿部正弘は諸大名の意見を求め、いったんは国書の諾否を明答せずに退却させる方針を立てるが、いざペリー艦隊が再来すると、一転して和親条約の締結となる。

この時点で、日本は九十一年後の日本のように敗者ではなかったが、もし戦端を開けばたちどころにやられただろう。軍事力の差は圧倒的であり、また力に訴えることをアメリカ側はいささかも辞さなかった。日本は必ず負けるから、そうなったらこの旗を掲げるようにと、前年には白旗を置いて帰ったほどだ。ここでも用意は万端である。後に福沢諭吉は、的確にも、この交渉を「其事実のみを直言すれば、我と商売せざる者は之を殺すと云うに過ぎず」（『文明論之概略』）と評した。

＊

そんなふうに半ば脅されて結んだ条約が平和条約などであるはずがない、という意見はもっともだ。実際に、十二条から成る条約の大半は、アメリカ船に対する薪水食料石炭の提供や漂流民の処置など現実的で切実な問題を扱っている。先に紹介した第一条のみが、逆に高邁で非現実的な理想をうたっているというべきかもしれない。

しかし、どれほど非現実的な理念であっても、そこに“people”（英語正本第一条）という言葉が盛り込まれたという現実は否定できない。"people"は、一八五四年の日本でいったいどのように受け止められただろうか。とりあえずは「人民」と翻訳されたが、一方で「異国船の注進並《ならびに》人民立退方の件」(町奉行から若年寄への上申)といった使われ方をしたことからも明らかなように、身分というものが骨の髄まで染み込んだ社会において、町奉行も若年寄も、将軍も天皇も、日本人すべてをひっくるめた「人民」はありえなかった。

これ以後の百年間を、"people"がどう受け止められていくかという観点から眺めてみたい。なぜなら、一九四五年九月二日のミズーリ号での降伏文書調印にも、この問題は潜在していたからだ。降伏文書の"the Japanese people"は日本語正文では「日本国臣民」と訳され、調印に先立って連合国に渡された天皇詔書の「朕カ臣民」は、もともとアメリカが用意した"Proclamation by the Emperor of Japan"の"all my people"を"all our people"に修正し、翻訳されたものであった。当時の憲法(「大日本帝国憲法」)の用語では、国家の構成員は「臣民」であるから、少なくともこの時点で翻訳は間違ってはいない。その後すぐにアメリカの指導下に作成準備が始まった新しい憲法(「日本国憲法」)においては、"people"は「国民」と訳され今日に至っている。

しかし、いつまでたっても、"people"は訳し切れないという印象をぬぐい切れない。「国民」としか訳しようがないのは、百年をかけて築き上げてきた社会の質に関わる問題だろう。ふたつの星条旗にはさまれたこの時代を、これからゆっくりと振り返ってゆきたい。

真っ平ごめん
――一八五五年

二〇〇一年の夏、井上ひさし原作、鵜山仁演出のこまつ座公演「父と暮せば」を見た。舞台は広島、原爆で死んだ父と死なずに生き延びた娘の二人芝居である。父は娘の「恋の応援団長」としてこの世に現れる。娘を叱り、励ます。なぜなら、娘はひとり生き残ったことに罪悪感を抱き、自分だけが幸せを求めてはいけないと、希望を閉ざしたまま暮しているからだ。

そんな娘が恋心を抱き、でも好きになってはいけないと悩む相手が、第三の人物として登場する。とはいえ、最後まで彼は舞台に姿を現わさない。名前を「木下さん」という。なんだか、他人とは思えない。若い娘に惚れられる役だから悪い気はしない。

「木下さん」は、原爆によって一瞬のうちに溶けた屋根瓦やガラス瓶やお地蔵さんを集めている。下宿のおかみさんに嫌がられ、追い出されそうになる。保管の場所を求めて、娘の勤める図書館にやってきたが、そこでも断られる。結局、娘が自宅に預かることになるのだが、それはすでに小さな博物館である。

博物館とは、放っておけば忘れてしまう記憶を、後世の無関係な人たちに伝えることを可能にする場所である。そんな「木下さん」の博物館づくりが、私には他人事と思えなかったのだ。博物館は、いずれこの「ニッポンへの旅」の重要な話題となるだろう。

さて、娘が希望を閉ざそうとする決定的な理由が、幕切れ近くになって明らかになる。「うちはおとったんを地獄よりひどい火の海に置き去りにして逃げた娘じゃ。そよな人間にしあわせになる資格はない（なー）……」（井上ひさし『父と暮せば』新潮文庫、引用は以下同）

父は、爆風によって倒壊した家の柱や梁や横木やらに、仰向けになって組み敷かれてしまった。そこへ火の手が迫る。娘ひとりの力では、どうにも父を引っ張り出すことはできない。父は娘に逃げよと命じる。娘は逃げない。

じゃんけんで決めようということになる。父はグーを出すと宣言、ところが娘もまたグーを出し続ける。「親に孝行する思うてはよう逃げいや。（血を吐くように）おとったんに最後の親孝行をしてくれや。たのむで」「こよな別れが末代まで二度とあっちゃいけん、あんまりむごすぎるけえのう」「わしの分まで生きてちょんだいよオー」これが父の最期の言葉となった。

さすがに当代一の芝居作者、身の毛もよだつような話を芝居の要に的確に配している。おそらく、ここで心を動かされない観客はいないだろう。どんなに疎遠な父と娘でさえも……実は私はこの芝居を娘と見に行った。生きたまま焼かれる父の立場にも、それを見殺しにする娘の立場にも、観客は容易に立つことができるからだ。生死の別れを語る哀話として、それは完成の域に達しており、いじりようがない。

ところが、この手の哀話は早くからすでに完成されていた。「こよな別れが末代まで二度とあっちゃいけん」という父の言葉に反して、広島以後にも広島以前にもいくらでもあった。

すぐに思い出すのは一九九五年の阪神淡路大震災で、新聞や雑誌は好んで（としか思えないほどしばしば）こうした哀話を報じた。私自身、神戸でこの地震を体験したから、もしそれが我が身だったらと戦慄を覚えつつも、そのひとつひとつに心を動かされた。

少し意地悪をいえば、記事は読者を感動へ感動へと導くようにとまとめられている。柱や梁の下敷きになった人物は、ただ単に焼かれっ放しにはならない。誰の目にもふれずにひとり焼け死んだ人もきっといるはずなのに、当然のことながら、それは記事にならず話題にも上らない。

哀話となるためには、まず会話の記録か目撃者の存在が不可欠であり（したがって生存者を必要とする）、ついで悲劇を乗り越えるような希望や教訓が最後に求められる。その会話を記者が本当に耳にしたのかどうかは問題ではない。そもそも、そんなことはあり得ないだろう。また、最後の希望や教訓への展開は、いったんは浮き足立った読者に着地点を与えるのである。

『父と暮せば』は、悲劇をこんなふうに昇華させていた。もはや死者となったあとの父が娘の家に現れて、娘を励ます言葉である。「おまいはわしによって生かされとる」「あよなむごい別れがまこと何万もあったちゅうことを覚えてもろうために生かされとるんじゃ」。

広島、神戸、そして本所へ

さて、われわれの旅はようやく一八五〇年代へと向かう。そこでも同じ哀話が待っている。

本所中の郷弁天小路八百屋新助は妻が梁の下に挟まれた。火の手が迫る。救い出そうと必死の夫に向かって妻は「妾《わたし》を赦《すくわ》んとて時うつれバ御身を始《はじめ》三人の子迄《まで》危し」と諭し、夫は「成仏せよ」と手を合わせ、ようやくその場を離れた。ただしこのあとで、彼女は奇跡的に助かる(『安政見聞誌』)。

あるいはまた、深川冨川町柏屋何某夫妻は、日頃親しくしていた大工何某の娘を泊めた晩に地震に襲われ、娘だけが桁《けた》の下敷きになった。たちまち火が迫る。娘は髪に差した櫛《くし》と簪《かんざし》を抜き取り、母に渡してくれと夫婦に託して焼け死ぬ。死際に及んでなお父母を思うとは孝行な娘なことよ(『安政見聞録』)。

あるいはまた、無縁坂下角升酒屋湊屋の親子三人、家を飛び出したところ、十七歳の娘だけが逃げ遅れ、片足をはさまれて身動きが取れない。そのうちに火が燃え広がり、両親は娘のからだに着物をかぶせ見殺しにした(『藤岡屋日記』)。

これらを読むと、百五十年の時間はわれわれをあまり変えていないと感じる。

一八五三年から五五年にかけて、日本列島はぐらぐらとよく揺れた。まず五三年に、小田原城下に大きな被害をもたらす相模国大地震が起こった。ついで五四年には、上方、東海道、南海道で立続けに地震が起こった。運よく被害を免れ続けた江戸も、翌五五年、すなわち安政二年十月二日の晩に、とうとう魔の手にかかった。

安政大地震の様子を描いた『安政見聞録』1856 年（早稲田大学図書館）

安政大地震は阪神淡路大震災に似ていたという。どちらも大都市を襲った直下型地震だった。地盤の弱い下町がやられた。倒壊した家々の上から、今度は火の手が襲いかかり、炎で舐め尽くし、被災者の数を増やした。

とはいえ、いったい江戸で何人が死んだのか、死者の数が正確につかめない。むろん、混乱のためもある。それは阪神淡路大震災でも、被害の全貌がなかなか明らかにならず、当初報じられた死者の数はわずかで、その後うなぎ上りに増えていったことを思い出せばよい。

しかし、一八五五年の江戸では、さらにふたつの事情が混乱に拍車をかけた。第一に、個々には把握された死者の数を合計するという発想が希薄だった。第二に、個々には明らかになった死者の数を公表するという発想に欠けていた。

言いかえれば、現代のように社会が均質ではない。江戸の町は、少なくとも武家社会と町人社会という異質な社会が合わさって出来上がっていた。両者の間には、越え難い溝があった。被害に対する幕府による調査、藩による調査、町人による町内の調査、家族による家内の調査(というまでもなく当然の行動)はあっても、それらを合わせた被害全体が像を結びにくい。たとえば江戸城の中で、あるいは大名屋敷の中で、どのような被害があり、何人が死んだかを、外部の人は知りようがない。地震全体の情報を社会で共有しようという考えが露ほどもなかったのだ。

武家社会の情報は町人社会に向かって流れなかった。流れるとすれば、それは達しや触れのかたちをとり、流してよいと判断されたもののみの一方的な通告である。したがって、町奉行は、現代の警察のようには被害情報を公表しない。そんなことを町人に知らせる義務があるなど、想像すらできなかったに違いない。

また、いうまでもなく、当局発表を求める新聞社もテレビ局もなかった。だからこそ、かわら版登場の余地があった。かわら版は無届け出版だった。災害時に数多く出回ったのは、災害によって情報から孤絶し、安定した日常生活をひっくり返されたひとびとが、まずは自分の身に何が起こったのかを知りたいと願ったからだ。それらは被災した地域名や死者の数を報じ、一見客観的な様相を呈している。できるかぎり多くの情報を伝えようとする努力、情報を更新する努力も見せる。しかし、あくまでも個別情報であり、個別情報の寄せ集めであった。

むしろひとびとが共有を望んだものは、先に挙げたような哀話であり、教訓談であっただろう。それは根強く、明治(たとえば濃尾大震災)、大正(たとえば関東大震災)、昭和(井上ひさしばかりでなく井伏鱒二の『黒い雨』も参照)を経て、現代にまで続いている。

*

今よりよかったものは水と空気ぐらいだと考えている私には、江戸時代がよかったなどと口にする人の気が知れない。それどころか真っ平ごめんと思うのは、殺人事件の処理が現代とはあまりに違ったからである。

もしわれわれが人を殺せば、刑法で裁かれる。現行の刑法は第百九十九条で、「人を殺した者は、死刑又は無期若しくは三年以上の懲役に処する」と簡潔に定める。

年配の人ならば、今は削除された第二百条が、「自己又は配偶者の直系尊属を殺したる者は死刑又は無期懲役に処す」であったことを思い出すだろう。親殺しの罪は一段と重かった。

江戸時代の法はそれをもっと複雑にしたものだった。すなわち、誰が誰を殺したのか、どの身分の者がどの身分の者を殺したのかがまず問われた。主《しゅう》殺しはもっとも刑が重く、古主《こしゅ》殺し、親殺しがそれについだ。忠孝というもっとも重視された社会秩序を、それらの犯罪は破壊するからだ。逆に、忠孝を立てるがゆえの仇討という殺人は許された。

ちなみに、主殺しは二日晒一日引廻鋸挽之上磔、親殺しは引廻之上磔という厳罰に処せられた（『御定書百箇条』第七十一条）。また、罰せられるのが犯罪者ひとりではないという点も現代とは大きく違っている。罪に応じて、家族や親族までもが連座した。

ところが、それらを規定した法はあくまでも幕府内部の「御定書」であり、藩には藩の法があり、そもそも公布された法というものがなかった。禁令は一方的な通告でよく、それがどんな罪でどんな罰を受けるのかをいちいち町人百姓に知らせおく必要はないと考えられたからだ。ここからも、情報が共有されない社会が垣間見える。それを私は真っ平ごめんと思うのだ。

一八五〇年代から今日までの日本は、地続きの部分とそうではない部分とがある。武士も華族も消滅して、なるほど社会は均質の度合いを高めたかもしれないが、事実に関する正確な情報よりも、哀話をすみやかに流通させる体質はあまり変わってはいないかもしれない。

「行政機関の保有する情報の公開に関する法律」、通称「情報公開法」が一九九九年に公布され、二〇〇一年に施行された。ようやく手に入れたこの道具を、さてわれわれはうまく使いこなせるだろうか。

ただの人とただではない人

——一八六〇年

『福翁自伝』の中から、私の大好きなエピソードを紹介しよう。

一八六〇年二月、福沢諭吉は初めてアメリカの土を踏んだ。一年半ほど前に調印した日米修好通商条約批准のために、幕府が派遣した使節団に潜り込んでの渡米だった。

旅先の福沢に、初代大統領ジョージ・ワシントンの子孫は今どうなっているかという疑問がふと浮かんだ。尋ねたアメリカ人からは、「ワシントンの子孫には女がある筈だ、今如何《どう》しているか知らないが、何でも誰かの内室になっている様子だと如何《いか》にも冷淡な答」が返ってきた。

これには福沢も呆れた。「勿論私もアメリカは共和国、大統領は四年交代ということは百も承知のことながら、ワシントンの子孫といえば大変な者に違いないと思うたのは、此方《こっち》の脳中には、源頼朝、徳川家康というような考えがあって、ソレから割出して聞いたところが、今の通りの答に驚いて、これは不思議と思うたことは今でも能く覚えている」（引用はいずれも富田正文校訂『新訂福翁自伝』岩波文庫）。

大統領もまたただの人であることを、頭では理解しながらも、それを当然視する社会になかなか納得できない様子が伝わってくる。ホワイトハウスで面会した現役大統領の身なりも態度も簡素なことに驚いたという話は、ほかの団員たちが書き残している。

たとえば仙台藩士玉虫左太夫の『航米日録』によれば、使節が初めて大統領に面会した時のこと、「御奉行・御目付ハ狩衣ヲ服シ、両組頭ハ布衣ヲ服ス、調役ヨリ徒目迨ハ素袍ヲ服ス、外皆熨斗目麻上下ナリ」という具合に、身分と役職に応じた礼装で（とはいえ日本にある時に比べれば軽装で）、ホワイトハウスに乗り込んだところ、彼らの前に現れた大統領は「威ヲ張ラズ、衣服ハ黒羅紗ニシテ

「5月17日、ホワイトハウスでブキャナン大統領と会見する使節」『ハーバーズ・ウィークリー』1860年5月26日、ピーボディー・エセックス博物館蔵（「日米交流のあけぼの」展図録、江戸東京博物館、1999年より）

格別ノ飾リナク、出入ノ時モ警蹕《けいひつ》セズ、平人ニ同ジ」であった。

むろん、玉虫のような従者はそばに近寄れなかったが、「其応接ハ予等居リシ所ノ傍ニテ、少シク頸ヲ伸セバ悉《ことごと》く見ユ。尤《もっとも》衆人戸外ニ立チ見聞スルト雖《いえ》ドモ誰アリテ制セズ、親戚私覿《してき》ノ礼ニ異ナラズ」と驚いてしまう。

江戸城の奥深くに居住する将軍を思い浮かべれば、それは当然の印象であっただろう。玉虫も福沢も、殿様の御前で首を伸ばすだなんてとんでもない、逆に深く垂れ、畳の目を間近に見ることを強いられる国からやってきたからだ。玉虫がホワイトハウスを評して、「貌列志天徳《ぷれじでんと》ノ居宅ナレドモ、城郭ヲ経営セズ」と感心するのももっともなことだ（引用はいずれも沼田次郎・松沢弘陽校注『西洋見聞集』岩波日本思想体系六六、一九七四年）。

現代のわれわれも、玉虫や福沢らの違和感はなんとなく追体験できる。なぜなら、テレビを通じて、アメリカ大統領のすぐそばまで接近できるからだ。彼はわれわれひとりひとりの目をじっと見ながら話をしてくれる。そのフランクな態度とホワイトハウスの開放的な雰囲気は承知している。

テレビ中継の画面を通して見るホワイトハウスには、なるほどお濠もなければ石垣もない。垣根が低いから庭が丸見え。すぐ前を自転車に乗った人物がのんびりと横切っていったりする。江戸城も空からの攻撃には備えていなかったが（ただし一九四五年の宮城は御文庫という名の防空壕を建設して少しだけ備えたが、明治宮殿を焼失させた）、ホワイトハウスも同様で、二〇〇一年九月十一日のテロで空襲を免れたのはもっけの幸いであった。

一方、江戸城の内部も、しばしば映画やテレビの時代劇でおなじみである。そこでは、身分と役職に応じて、将軍までの距離が厳密に決められていた。本丸御殿大広間の場合、将軍の座る上段を筆頭に、中段、下段、二の間、三の間という具合に序列化されている。謁見者はそのどこへ座ったらよいのか、将軍への距離を示す最小の目盛りは畳目であった。すなわち、大名の座る位置や献上品の目録を置く位置が畳目で定められていた。

上段、中段、下段では、さらに床の高低差がこれに加わる。中段でも下段でも、そこに座れば、横一文字の黒漆塗りの框《かまち》が目に入り、天井からは長押《なげし》が下がって、序列をはっきりと目に見えるものにしていた。むしろ多くの時代劇は、その現実に追いつけない。「事実は小説よりもジョーダンなり」とつい口にしたくなる。

ホワイトハウスの映像は本物、時代劇の江戸城は偽物、とりあえずはそう言えるだろう。しかし、ホワイトハウスにおける大統領の一連のパフォーマンスは計算づくである。大統領がただの人であるがゆえに、任期中のみ大統領を演じ続けなければいけない事情は、当時から現代まで、あまり変わってはいない。国民もまた大統領を守り立て、任期が終わればきれいに忘れる。対テロリズムを旗印に、こぶしを振り上げ、陣頭指揮をとる大統領が芝居がかって見えるのはこのためだ。

人民とpeople

王虫左太夫のいう「御奉行」は正使新見正興と副使村垣範正、「御目付」は小栗忠順である。彼らが批准のために携えていった日米修好通商条約（正式名称は日本米利堅合衆国修好通商条約、Treaty of Amity and Commerce between the United States of America and the Empire of Japan）は、そうした社会のそうした住人を相手に結ばれたものであった。日米間では人間の概念がまるで違っている、と考えた方がよさそうではないか。

一八五四年の日米和親条約（正式名称は日本国米利堅合衆国和親条約、Treaty of Peace and Amity between the United States of America and the Empire of Japan）に比べれば、この日米修好通商条約は「通商」という具体的で恒常的な関係を想定したものである。したがって、生身の人間同士の接触とそれに伴うトラブルをさまざまに想定し、犯罪者に対する裁判権（第六条）、アメリカ人の行動範囲（第七条）、信仰の自由（第八条）などを規定する。

こうした点が、「日本と合衆国とは其人民永世不朽の和親を取結び場所人柄の差別無之事、There shall be a perfect, permanent, and universal peace and a sincere and cordial amity between the United States of America on the one part, and the Empire of Japan, and between their people respectively, without exception of persons or places」（第一条）で始まる日米和親条約が理念的、抽象的であったことと異なる。

ところが、日米修好通商条約の第一条はつぎの言葉に始まる。「向後日本大君と亜米利加合衆国と世々親睦なるべし、There shall henceforward be perpetual peace and friendship between the United States of America and his Majesty the Tycoon of Japan and his sucessors」。

なんだかヘンではないか。アメリカ合衆国に対して、大統領日本国ではなく大君が出てくる。大君に対して、大統領が出てこない。おまけに、大君にだけその後継者がくっついている。日米和親条約の第一条にはあった「人民、

People」が消えている点は、第一条に関していえば、むしろこちらの方がより理念的、抽象的であるかに見える。

しかし、それこそが当時の現実に即していたのだと考えた方がわかりやすい。すなわち、ただの人を大統領として擁し、その後継者は認めないアメリカと、ただではない人を擁し、その子が当然のごとく後継者となる日本とが結んだ約束を、この第一条はよく示しているのだと。

当時の日本の常識に従えば、「人民、People」がこんなところに登場する理由も必要もまるでなかった。むろん将軍は人民の代表ではなく、人民とは将軍の経営する城郭の外側に存在する民にほかならない。いわば官位をもたないただの人々の集合である。官に対する民、この感じは「官民」という言葉に今も生き残っている。アメリカ側が"People"を持ち出してくるから、それには「人民」を訳語として当てざるをえなかったのである。

＊

福沢諭吉や玉虫左太夫らが日本に戻ると、日米修好通商条約締結を推進した大老井伊直弼がテロに遭い殺されていた。これを機に幕府の権威は失墜、社会は加速度的に安定を失ってゆく。「攘夷」を合言葉にテロが吹き荒れた。エスカレートして、薩英戦争(一八六三年)や下関戦争(一八六四年)へと至り、お陰で薩摩藩と長州藩は少しだけ早く目が覚めた。

一八六〇年代とは、政治的には崩壊の時代であるが、外交的には多様な圧力に翻弄されながらも(アメリカは使節団訪問の翌年に始まった南北戦争で、英仏露はその前のクリミア戦争で十分な圧力をかけられなかったがゆえに)、なんとか乗り切り、文化的には異文化との接触を余儀なくされた時代であった。

先にふれた日米修好通商条約第八条は、たとえ開港地ではあるが、国内にキリスト教会が建設されるという、当時の人民にとっては信じがたい状況を想定したものである。一八六七年のパリ万国博覧会への正式参加も象徴的な出来事であった。

周知のとおり、幕府瓦解後の福沢は「仕官」しなかった。理由を『福翁自伝』の巻末、「老余の半生」と題した一章で、四つ挙げている。そのひとつに、「日本国中いらざるところに上下貴賤の区別を立てて、役人と人民と人種の違うような細工をしている」新政府役人の「殻威張り」を指摘する。一方、「全国の人民、政府に依らねば身を立てるところのないように思うて、一身独立という考えは少しもない」「とにかく政府に近づいて何か金儲けでもしようと熱心で、その有様は臭い物に蝿のたかるようだ」と、人民に対しても手厳しい。

福沢が取り組んだ課題とは、この人民に独立心を養うことにほかならない。一八六八年の「御一新」の前と後で、人民が性格をがらりと変えるわけはなかった。『西洋事情』(一八六六〜七〇年)、『学問のすゝめ』(一八七二〜七六年)、『文明論之概略』(一八七五年)と続くこの時期の福沢の旺盛な執筆活動は、人民の啓蒙へと向けられた。『学問のすゝめ』第四編、および『文明論之概略』巻之五第九章にいわく、「日本には政府ありて国民《ネーション》なし」。

一八七〇年代を迎えて、人民を呼び変える、というよりも新たに括り直す言葉「国民」がようやく登場した。

そのためには一八七一年の廃藩置県が決定的に重要だ。なにしろ、三百余藩が「瞬間に瓦解」(『文明論之概略』)したからだ。ついで一八七三年、藩のシンボル、君臣上下関係を可視化させる装置であったあの城郭の存廃が決まった。こうして、全国で城郭は無用の長物と見なされ、その多くが破却された。

では国民が独立心を有した人民から成り立ちえたか、それはもうしばらく見守る必要がある。はっきりといえるのは、江戸城の代わりに、ホワイトハウスは出現しなかったことである。急がれたのは、やがてアメリカ軍によって焼かれてしまうことになる宮殿の建設であった。

人間普通の権義
——一八七二年

ひょんなことから、職場の同僚たちと、なんでUnited Nationsを国際連合と訳したのかという議論になった。なるほど字義は、国家もしくは国民国家の連合であり、そこに国際という意味はない。

皮肉なことに、国連と省略すると正しい呼び名になってしまう。つまり、国連とほぼ同時に発足したInternational Monetary Fundを国際通貨基金と呼ぶこととは、同じ国際を用いながらも、ずいぶんと違うはずなのである。

国連の前身ともいうべきLeague of Nationsも、日本では国際連盟と訳されてきた。その国際連盟を脱退したのが一九三三年、国際的な孤立に陥った日本は、翌一九三四年に国際文化振興会を設立し、対外宣言に努めた。英語ではSociety for International Cultural Relationsと訳したが、名前をそのままローマ字で綴ってKBSと自称することが多かった。同振興会は戦後も存続し、一九七二年になって国際交流基金に改組される。こちらはThe Japan Foundationと称していることは周知のとおりだ。

おそらく日本語の「国際」とは何かを考えることが、冒頭の疑問を解く鍵である。この言葉には、いったい何が期待されてきたのだろうか。

辞書をひもとくと、「『万国公法』の中に使用された「各国交際」というフレーズから造語された和製漢語。当初Diplomatic intercourse（諸国家、諸国民間の交際）の訳語として使用されることが多かったが、明治三十年代から「国際紛争」「国際法」「国際的」などの用法が見られるようになり、internationalの地位を獲得」していった」（『日本国語大辞典』第二版、小学館）とある。

そのことを確かめるために、こんな方法を採った。まず、前近代に発行された書籍を網羅する『国書総目録』と『古典籍総合目録』（いずれも岩波書店）に、「万国」と「国際」

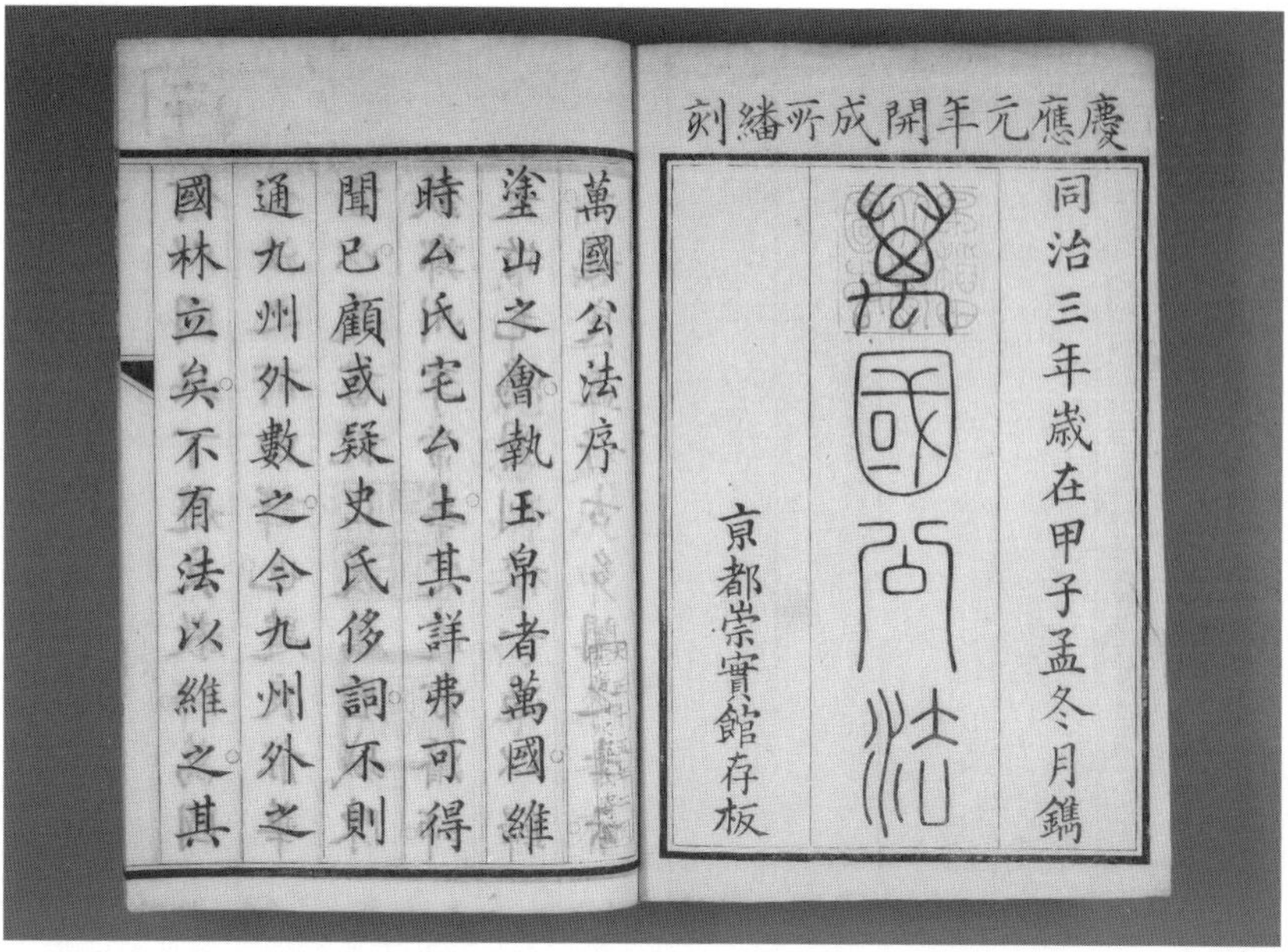

西周訓点『万国公法』の表紙とはじまりの部分、1865 年（早稲田大学図書館）

を冠した書籍がどのくらい収録されているかを調べる。

その結果、「万国云々」書は、前者において古屋野《こやの》意《い》春《しゅん》『万国一覧図説』から石橋助左衛門訳『万国和解』まで百件、後者においては志筑《しづき》忠雄訳『万国管闚』から司馬江漢『万国略説』まで二十五件、これに対して「国際云々」書は、どちらにおいてもまったくのゼロであった。「万国」という言葉は古く（『日葡辞書』には「Bancocu = Yorozzuno cuni」とある）、「万国云々」書の出版は、言うまでもなく江戸時代後期に海外に関する情報収集が大きな関心事になるにつれ盛んになった。

ついで、明治期の出版物を調べるには、国立国会図書館の蔵書に当たるのが目安になるだろう。そこで『国立国会図書館所蔵・明治期刊行図書目録・書名索引』（国立国会図書館）を調べる。「万国云々」書は、原口松太郎『万国暗射地図符合解』からジョン・ロード『万国歴史問答大全』まで三百九十三件を数えるのに対して、「国際云々」書も、保利真直編『国際医学会ニ関スル報告』から陸羯《くがかつ》南《なん》『国際論』まで九十四件が登場して、なるほど明治期になると、「国際」が台頭してきたことがわかる。

さらに、現代ではどうなっているだろうか。ここでの手掛かりは『imidas2002』(集英社)の項目索引。「万国云々」が「万国著作権条約」「万国博覧会」「万国郵便連合」のたった三件(!)であるのに対し、「国際云々」は「国際圧力団体」から「国際ワールドゲームズ協会」まで百三十五件、これに「国連」から「国連ボランティア」までの「国連云々」六十四件が加わる。

両者の関係は、完全に逆転したようだ。そして、今ほど「国際化」の風に煽られている日本はないかもしれない。

万国から国際へ

このように「国際」が「万国」に取って代わるという事態は、まさしく日本社会に「各国交際」の必要が生じたことを示している。「万国」という見取り図を描いて、警戒しつつもそれを遠くから眺めて済んだ時代は終わり、「万国」から外国人たちが続々と上陸してきたのが一八六〇年代の日本であった。そこは生身と生身の人間同士、「交際」には、当然のことながらさまざまな軋轢が生まれ、それらはしばしば犯罪へと発展した。

そうした問題から自国民を保護するために、すでに欧米諸国が編み出していたのがInternational Lawである。当然、適用を迫られる側にも、法律の知識は不可欠となった。

中国で『万国公法』が出版されたのが一八六四年だった。中国在住のアメリカ人宣教師ウィリアム・マーティン(William Martin/丁韙良)が、ヘンリー・ホイートン(Henry Wheaton/恵頓)の"Elements of International Law"の第六版(一八五五年)を漢語訳した。それを江戸幕府の開成所が訓点と振り仮名を付しただけで(和訳もせずに)出版したのが翌一八六五年だから、いかにこの法律に関する情報を得ることが急務であり、切実な問題であったかがわかる。

なにしろ相手の手の内を知らなければ、いいようにされてしまうからである。その後も、オランダ留学生だった西周《にしあまね》訳の『和蘭畢洒林氏万国公法』（一八六八年、畢洒林は西がオランダで学んだフィッセリング）、薩摩藩士の重野安繹《しげのやすつぐ》の和訳『万国公法』（一八七〇年）などの出版が相次いだ。ここに「公」という文字が登場する背景には、儒教的な自然法に結び付けた理解があったからだという。

一八七三年になって箕作麟祥《みつくりりんしょう》が『国際法』（原著はセオドール・ウールジー／Theodore Woolsey の“Introduction to the Study of International Law”）を出版したあと、次第に「万国公法」ではなく「国際法」が定着したといわれるが、私の手許には司法省蔵版『海氏万国公法』（一八七七年、原著者はベルリン大学法科専門正博士海弗得）があり、そう簡単に「万国」が「国際」へと切り替わったわけではなかった。その事情は、つぎのように学校教育でInternational Lawがどう扱われたかを追いかけることでも窺い知れる。

すなわち、明治政府の最高学府であった大学南校（一八七〇年）で万国公法が、東京開成学校（一八七四年）になると平時交際法、戦時交際法、交際私法が、さらに東京大学（一八七七年）になると列国交際法が、一八八一年以降は国際法が教えられた。一八九三年から国際公法が外交官・領事官試験の二次試験に加えられたことも、この言葉の定着を促進したに違いない。そして、翌一八九四年に始まった日清戦争は、国際法という呼び名を完全に定着させた。なぜなら、対外戦争以上の軋轢はなかったからだ。

そもそも万国公法とは人間の権利を保護しようとするものだから、必然的に人間の有する権利とは何かが語られた。利害の対立は、双方の社会で異なる人間観の調整を必要とした。

先の『海氏万国公法』は、その第五十八条でずばり「人及人権ノ大旨」を説く。そこにはこんな一節がある。「夫レ人ハ生レテ其身ニ天然ノ権義ヲ固有スルモノナレハ既ニ群居シテ国ヲ成スヤ其人ノ本国ニ属スルト他国ニ属スルト或ハ之ニ属セサルヲ問ハス均シク常ニ其各々有スル所ノ天然ノ権義ヲ犯サヽルニ注目セサル可ラス」。そして、それは「人間普通ノ権義」だと言い換えている。

われわれにはあまりにも普通の言葉と化した「普通」が、この条文の中ではきらきらと輝いて見えないだろうか。普通とは普く通ることにほかならない。

万国博覧会へ行こう

さて、『imidas 2002』にかろうじて踏み留まる万国博覧会は、一八七〇年代当時の最先端のイベントであった。それは文字どおり「万国」が一堂に会する場であり、会場狭しと並んだ各国の物産は「万国」を可視化しただろう。すでに一八六二年のロンドン万国博覧会に日本の物産は展示されたが、国を挙げての本格的な参加は六七年のパリ万国博覧会からである。ついで、七三年のウィーン万国博覧会、七六年のフィラデルフィア万国博覧会、七八年のパリ万国博覧会と、途中で政権が入れ替わろうが、万国博覧会への参加は続いた。日本が文明開化を遂げる上で、これほど有益な催しはなかったからだ。

万国博覧会の国内版がさっそく開かれた。一八七二年に文部省が主催し、湯島聖堂を会場に開かれた博覧会は、最初の大規模なものであったし、七七年から始まる内国勧業博覧会は回を重ね、全国の産物を一望できる場が生まれた。一八七〇年代は博覧会の時代と呼んでも過言ではない。

一八七二年に文部省が博物館の名で一般に配付した摺り物には、博覧会開催の意義がつぎのように謳われていた。「博覧会ノ旨趣ハ天造人工ノ別ナク宇内ノ産物ヲ蒐集シテ其名称ヲ正シ其用法ヲ弁シ人ノ知見ヲ広ムルニ在リ」。そしてそのために、蒐集物を「世人ノ放観ニ供セント欲ス」るのである。

われわれの関心に引き付ければ、世人の誰もがそれを見ることができたということが画期的である。江戸時代にも、不特定多数の観客を集める物産会や開帳はすでにあったが、政府主催であるという点が違っている。さらに、ここでの「普通」という主題に引き付ければ、会場として湯島聖堂が開放されたことの意味は大きい。

湯島聖堂とは孔子廟であるが、幕府がそこに昌平坂学問所を開設した一七九七年以来、官学の中心として明治維新を迎えた。江戸の征服者たる官軍に接収されたあともなお、昌平学校の名で、医学所、開成所と並んで最高学府と見なされたものの、儒学派は、国学派、洋学派との主導権争いに破れ、命脈を絶たれる。一八七〇年には廃校に追い込まれてしまった。

博覧会の開催はその翌々年、孔子を祀った聖なる建物に「天造人工ノ別ナク宇内ノ産物」が持ち込まれたのである。そこには人間(の骨)すら含まれていた。

聖堂への通行の自由を許された民衆は、展示物を通して「知見ヲ広ムル」自由をも許されたということになる。主催者が目論んだ博覧会の効果とは、何をおいても殖産興業であったはずだが、それはやがて精神の通行の自由へとつながることになるだろう。なにしろ、人間(の骨)を観察する機会さえもが用意されたのだから。

江戸時代の江戸の町には町ごとに木戸があり、夜間は自由に歩くことさえできなかった。木戸がなくなり(街道からは関所がなくなり)、城門の通行もつぎつぎと許され(たとえば一八七〇年に竹橋門、雉子橋門、清水門、田安門、半蔵門の五門が開放)、さらに城門の取り壊しまで始まった。

博覧会開催の一八七二年は城門撤去の最盛期でもあり、聖堂に押し掛けた民衆は、通行の格段の自由という追い風を受けていたといえそうだ。

そういえば鉄道開通のあまりの早さには(やっぱり一八七二年!)、年表を見るたびに驚いてしまうのだが、汽車もまたこの追い風を受けて走り出したのだった。

情報の通行も大きな自由を獲得した。前島密によって導入された郵便制度は、早くも一八七二年には全国的なネットワークへと発展する。翌七三年に全国均一料金としたことの意義は大きい。まさしく普通郵便となったからだ。ここでいう「普く」は外国をも含むべきで、そのため、七七年には万国郵便連合に加盟することになる。いうまでもなく、それは『imidas 2002』に今なお残る「万国云々」の三つの言葉のひとつである。

とはいえ、一八七〇年代のニッポンをどれほど「普通」の風が吹き抜けたからといって、「人間普通ノ権義」だけはそう簡単に受け入れられなかった。

なりふりかまって
——一八八八年

旧江戸城へ行く

ひょんなことから、皇居の奥深く、旧江戸城天守台にのぼってみる気になった。このところ、諸国行脚の旅すがら、お城があれば決まって天守の天辺へとのぼっているが、私にとってのお膝元（こちらの「お」はいらないか）、江戸のお城は見逃してきた。

天守は今から三百四十五年前、一六五七年の明暦の大火、いわゆる振袖火事で焼け、それ以来再建されることはなかった。五階建てという当時としては超高層建築を支えた石垣だけが残っている。ここにもバリアフリーの風は吹き付けて、バリアの最たる天守台に車椅子のままのぼっていける。

振袖火事は、本丸も二丸も三丸も焼き尽くした。というよりも、江戸の町を焼いた火事が城をも飲み込んだのである。すぐに復興工事が始まった。二年で本丸御殿が完成した。天守の再建計画図（「御天守絵図」国立公文書館内閣文庫蔵）も残されてはいるものの、実現しなかった。早くも十七世紀後半には、天守は無用とする判断が必要論を上回ったからだ。そして、無用論はずっと現代にいたるまで有効だった。

ところが興味深いことに、戦後になって天守再建論が起こったという。皇居新宮殿の造営部長を務めた高尾亮一が著書『宮殿をつくる』（求龍堂、一九八〇年）の中で明らかにしている。とはいえ、それはまともな計画ではなく、皇居の開放を進める中で上がった声のひとつにすぎない。

さらに、江戸東京博物館が建てられる際、建築デザイン候補に江戸城天守が挙がったという話を聞いたし、実際に採用された奇怪なデザインは、高さを江戸城天守のそれに合わせたというから（設計者菊竹清訓の証言『江戸東京博物館』鹿島出版会、一九八九年）、天守再建論は根が深い。

旧江戸城天守台から見た本丸御殿跡、2007 年

さて天守台に立つと、足元には本丸が広がる。かつてはそこに建物がびっしりと建ち並んでいたが、今は芝生の広場しかない。天守台寄りの半分が「奥」、西丸寄りの半分が「表」と呼ばれた。「奥」はさらに「中奥」と「大奥」とに分かれた。

仕事と住まい、公務と私生活、昼と夜を「表」と「奥」で呼び習わすことは、私の個人史に照らし合わせても納得がゆく。生家は小さな薬屋で、店は「表」、そこから一歩入ると、日の当らない「奥」で、一家七人がテレビと卓袱台を囲んで暮らしていた。子育てに懸命だった母も、「表」の人たちから見れば、立派な「奥」さんだった。

再建された本丸御殿は奇跡的に火事にあわず、一八四四年まで二百年近くも存続した。ところが、幕末を迎えるころからたびたび火災に見舞われる。建てては焼け、建てては焼けを繰り返す。

天皇の住まい

一八六八年、徳川家が官軍に城を明け渡した時、江戸城の中心は西丸の仮御殿であった。したがって、はるばる京都からやってきた天皇にとっても、ここが東京での新しい住まいとなった。江戸城は東京城と改称された。

天皇はふた月ほど滞在して、いったん京都に戻る。翌一八六九年春に再び東京に引っ越すと、京都には特別な用事のないかぎり帰らなかった。しばらくは単身赴任に甘んじたが、半年後に「奥」さんを京都から呼び寄せた。東京城はさらに皇城と名前を変えた。

外国の皇族や大使と会う時には、御学問所か小御所、大使、公使の新年参賀には大広間が使われたことがわかる。ただし、宴会の場所がなかったので、その時には芝の延遼館が使われた。そもそも将軍の御殿だったのだから、使い勝手は悪かっただろう。いずれ、新築のマイホームを持つ必要があった。

火事は江戸の華とはよくいったものだ。一八七三年五月五日未明の火事で、西丸の皇居はあっけなく灰燼に帰してしまった。仮の住まいを赤坂の元紀州藩邸に求めた。

ただでさえ一八七〇年代は、新政府にとって問題山積の時代であった。最大の危機は一八七七年の西南戦争であっただろうが、九州で戦争を遂行しつつ、東京では最初の内国勧業博覧会を断行することで殖産興業というスローガンを高く掲げて、現代でいうインフラ整備のための手をつぎつぎと打った。道路、鉄道、航路、灯台、電信、郵便、工場、学校、博物館などなど。

西南戦争を収めて、ようやく明治政府にとっての「戦後は終わった」。むろん戊辰戦争の「戦後」である。皇居造営の優先順位が浮上した。いや、一八八〇年代最大の国家事業は宮殿造営であっただろう。

道路や鉄道をいくら整備し、官庁舎や学校をいくら建設したところで、それらをつなぎ止める中心がなければ、国家の姿は見えてこない。国家を言語化するものが憲法であり、視覚化するものが憲法に基づいて開設されることなる国会議事堂のはずであった。実際、国会議事堂の建設は近代日本の大事業で、いくつかの仮議事堂をリリーフ投手のようにつなぎながら、明治大正では終わらずに、完成は昭和にまでかかってしまった。

それよりは手っ取り早く、かつ効果絶大な方法が、皇居造営であった。天皇とは憲法を国民に授ける人物であり、そのための立派な舞台を用意することが必要となった。なりふりかまわずに西洋化を打ち出してきた一八七〇年代は終わり、なりふりにかまわなければいけない時代に入っていた。

一八八二年に皇居造営事務局が設置された。イギリス人建築家ジョサイア・コンドルが当初の造営事業に深く関わった。洋風建築による宮殿造営が想定されていたからだ。西洋諸国の仲間入りを果たすためには、洋風建築でなければならなかった。すでに一八七六年十月三日、ロシア皇帝より贈られた冬宮殿の写真と図面を天皇が見たという記録がある（『明治天皇紀』吉川弘文館、一九七五年）。

また、京都を中心として歴史を重ねてきた皇室の体質改善のためにも、御所とは異なった環境が必要だった。そもそものために天皇は東京への引っ越しを余儀なくされたからである。

そして洋風建築を建てるのであれば、当時の日本で、コンドルの右に出る者はいない。同じ一八八二年に上野博物館、翌八三年には鹿鳴館を完成させていたし、有栖川宮邸、北白川宮邸など皇族の大邸宅も相次いで手掛けた。

ただし、天皇の邸をどんなスタイルの宮殿にするのかでは紆余曲折があった。ここでの議論でも、「表」と「奥」の区分は相変わらず有効である。

まず表謁見所と奥向御殿の建設が決まる。「奥」は木造の和風建築で建てることは一貫していたが、「表」は石造の洋風建築から木造建築へ、再び石造洋風建築に、さらに木造建築へと一転二転した。この経緯は小野木重勝『明治洋風宮廷建築』（相模書房、一九八三年）に詳しい。石造洋風建築案の不採用は、それが政府に莫大な財政負担を強いるからであった。こうしてコンドルは外された。

最終的には、西丸・山里地区に木造仮宮殿と煉瓦造の宮内省庁舎を、吹上地区に木造賢所、神嘉殿を建設する案に落ち着いた。「仮」が取れなかったのは、いずれ本丸に洋風の宮殿を建てることを想定したからだが、それは実現せず、木造仮宮殿がそのまま本宮殿となる。これがいわゆる明治宮殿で、一九四五年のアメリカ軍による空襲で焼けるまで使われた。

一八八四年着工、八八年竣工。表宮殿は謁見所である正殿と饗宴所である豊明殿、そのつぎの間である千種ノ間から成り、それらを回廊が結び、中庭が形成された。車寄、広間、正殿を結ぶ線を中心軸として左右対称に展開している。豊明殿のみ少し右にずれている。

また「天子南面」の原則に従い、表御殿は南に向かっている。平面図は京都御所のそれを踏まえてシンプルだ。中庭（中壺）の中心には、加藤清正が朝鮮から持ち帰ったと伝わる青銅製水盤が噴水盤として据えられた。

このように建物の外観は和風で装飾は控えめだが、内部は一転して、洋装の天皇の振るまい（謁見や饗宴、それが公務だった）に合わせて洋風が折衷され、過剰な装飾と家具で異様な雰囲気をつくりだしていた。

これに対して、表宮殿の左側、すなわち西側からすぐに居住空間である奥宮殿が展開する。座敷が延々と連なるが、それでも江戸城の御殿に比べればはるかに小さい。

座敷にはめた杉戸に、当代一流の日本画家たちによる絵が描かれた。画家の人選は一八八五年春には始まっており、四十人が制作に従事した。洋画家は選ばれていない。杉戸絵の大半が焼失を免れて現存する。これらについては、関千代『皇居杉戸絵』（京都書院、一九八二年）に詳しい。

落成は一八八八年十月二十七日、この日から皇城は宮城と呼ばれることになった。天皇の新居への引っ越しは、年が明けた一月十一日に行われた。「是の日天気晴朗にして蒼天藍の如し、市民懽喜して、挙りて盛儀を賀したてまつる」（前掲『明治天皇紀』）。当日はお天気に恵まれて何より。しかし天皇にも宮殿にも、紀元節に予定された大日本帝国憲法発布という大仕事がちょうど一月後に迫っていた。

無理がたたったのか、天皇は二十一日から二十八日まで風邪で寝込んでしまう。藍の如き蒼天を眺めるぶんには気持ちがいいが、空気は身を切るように冷たい。建ったばかりの人気のないだだっ広い宮殿は、さぞかし寒かったことだろう。

　ようやく起き上がれるようになった二十八日に、七年に及んだイタリア留学を終えて前年の秋に帰国したばかりの洋画家松岡寿《ひさし》から、制作を命じていた油絵が届いたという記録がある。一点は「縦四尺余、横三尺の額面に兵士銃を杖つきて独り立つの図」、もう一点は「戦図に巧なる仏画工ヲラスベルネーの画ける千八百四十四年モロッコ人討伐図中の一部、仏将ロゼット中尉の負傷せし状を模写し」たものである（前掲『明治天皇紀』）。前者は「ベルサリエーレの歩哨」、後者は「仏将シウショウ氏摩洛歌人討夷セツ図中中尉負傷ノ図」の名で、ともに宮内庁三の丸尚蔵館に現存する。

　実は、留学の最後の一年、松岡はローマではなくパリで暮らした。その時期、ヴェルサイユ宮殿での模写が宮内省から命じられたという。詳細は不明だが、松岡の遺

松岡寿旧蔵写真、ヴェルネ「イスリィの戦い」（ヴェルサイユ宮殿）を模写した部分が切り取られている。
（「松岡寿とその時代」展図録、松戸市教育委員会、2002 年より）

品の中にヴェルネ「イスリィの戦い」の複写写真があり、その一部が松岡によって切り取られている。大画面のその部分をのみ模写したのだという。

空白の部分こそ、「仏将ロゼット中尉の負傷せし状」と思われる。なぜそんな光景が選ばれたのか、なぜその模写が天皇のもとに届けられたのか。それは宮殿の新築とどのように関わっているのか。どこに飾られてきたのか。興味は尽きないものの、ほとんど何もわからない。

明治宮殿の室内写真には、油絵が飾られている様子はない。正殿背後の廊下の東西両端に位置するふたつの控室、東溜と西溜には、それこそヴェルサイユ宮殿の壁画を想起させるような大画面の絵が掛かっているが、それぞれ「四季花鳥図」「富士巻狩図」の綴織《つづれおり》であった。

ヴェルサイユ宮殿のほんの一部の絵画のそのまたほんの一部の模写とは、ヨーロッパの宮殿を宮殿建設のモデルとした明治政府の、この時点での精一杯の努力を象徴するかのようだ。石造洋風建築による宮殿を手に入れるには、赤坂離宮（現在の迎賓館）が建つ一九〇九年まで、まだあと二十年も待たねばならなかった。

人形を超えるもの
——一八九五年

桐生の織姫神社

群馬県桐生に円盤型の巨大なＵＦＯが着陸したのは一九九七年のことである。桐生市市民文化会館はそうとしか言い様のない奇抜な姿で、桐生の町に屹立している。建設に百四十億円が投じられたという（同館ホームページ）。

隣の市役所とを併せた広大な敷地には、もともとは織物工場が建っていた。古くから桐生は織物業で栄えた土地だが、幕末維新の激動期を、洋糸の使用、洋式技術の積極的な導入で乗り切った。一八八七年に、ここに建設された日本織物株式会社は洋式織機を揃え、それを自前の水力発電で動かした。市民文化会館の裏手には、少し時代の下ったものではあるが、水力発電のためのタービンが一基保存されており、そこが昔は確かに工場であったことを教えてくれる。

一方市民文化会館の正面にも、当時の面影を偲ばせるものがある。それは工場の敷地内に祀られていた小さな祠だ。いかにも織物会社らしく、織姫神社と呼ばれた。

そもそも日本織物株式会社の創設は、清国から流入する安価な「南京繻子《しゅす》」への対抗のためであった。同社は製品を「織姫繻子」と名付けるや攻勢に転じて、逆に清国に輸出するまでに至った。商標には、同じ桐生の白滝神社に祀られている「機神白滝姫御真影」を借りて、織姫の姿とした。

二代目市川左団次一座により織姫繻子宣伝劇「白滝姫恋物語」が東京の明治座で興行されたのが一八九四年、織姫神社建立が一八九五年だから、まさに日本が清国相手に戦争を挑んだそのころが、同社にとっても絶頂期であっただろう。

しかし、翌一八九六年に親会社の佐羽商店が破産、一九〇〇年に創業者佐羽喜六《さばきろく》が清国出張中に事故死するなどの不幸が相次ぎ、一九〇二年に至って、会社はあっけなく倒産してしまった。

その後、工場は、桐生織物株式会社、日本製布株式会社、東洋織布株式会社、富士紡績株式会社という具合に経営者を変え、戦争が激しくなると中島飛行機製作所に転用された。戦後、織物工場としての復興はならず、土地と建物は桐生市に譲渡された。この時、敷地内にあった織姫神社がいっしょにくっついてきたのである。

ところが、桐生市はこの物件を扱いかねた。戦後の新憲法は政教分離をうたい、地方自治体と宗教の関係を厳しく断ったからだ。桐生市が神社の運営に直接携わるわけにはいかない。

そのせいか、織姫神社の前に立つと、境内がどことなく荒れていることに気が付く。鳥居がないので間が抜けた感じであるし、本来なら玉垣であるべき境界が文化会館に合わせてデザインされ、神社らしさを弱めている。

神社らしさ、とつい口にしたが、神社ほど「らしさ」に頼っている場所はない。寺と比べると、それがよくわかる。寺は新建材による新しいスタイルの建物を容易に受け入れるが、神社は木造であるべきだという一線をなかなか譲らない。仮に鉄筋コンクリート造に譲っても、伝統的なスタイルだけはできるかぎり踏襲しようとする。

寺は建物の内部に人を入れるが、神社はしばしば建物の外から拝ませる。したがって、前者は現実的にならざるをえない。今どき、たくさんの信者を受け入れる建物を木造で建てようとすることが非現実的だからだ。逆に後者は、建物が大きかろうが小さかろうが、スタイルの踏襲こそが優先され、その意味で現実を超えている。

神社建築には、建物と置物の区別がつかないようなところがある。どんな小さな祠でも、それは本物の神社であって、神社の模型がそこに置かれているわけではない。

さて、織姫神社もそれほど大きな建物とはいえない。人ひとりぐらいならば中に入れるだろうが、入ることを想定してはいない。参拝者は祠の前にたたずんで、手を合わせるだけである。その時の感じを、読者の多くは共有しているに違いない。すなわち、どんな具体的なイメージをも祠の内部に思い浮かべることはない。参拝者は、ただ、姿のない漠然としたものへと向かっている。それが、寺で仏像を拝むこととは決定的に違っている。

むろん、神仏習合の長い歴史の中で、仏像に倣って神像も数多く生み出されてはきたが、われわれが今その前に立っているのは、明治政府による神仏分離政策が徹底的に実施されたあとに建立された織姫神社である。

ところが、佐羽喜六は白滝姫を等身大の彫像につくることを思い付いた。それは、少なくとも、自社製品の商標に用いた白滝姫像の、いわば画像から立体像への延長線上に発想されたものだろう。しかし、佐羽がそれを織姫神社の御神体と考えたのかどうか、もしそうだとしたら、織姫神社は等身大の御神体を有するかなり特異な神社だということになる。

佐羽喜六は白滝姫の製作を東京の人形師安本亀八に依頼した。世の中に仏師という職業はあっても、御神体師という職業はないからだ。幸いなことに、完成記念に、浅草の江崎礼二写真館で撮った写真が残っている。まだ四十歳前の若い佐羽自身がいっしょに写っている。完成させたばかりの人形と誇らし気に並んでいるというよりは、少し後ずさりして、予期せぬものの出現に恐れおののいている感じが伝わってくる。人形の製作を頼んだはずなのに、出来上がったものは人形を超えていた。

ご神体は生人形

どうやら、仕事を頼んだ相手が悪かった。安本亀八（一八二六～一九〇〇）は、当代一の生人形《いきにんぎょう》師《し》としてならしていたからだ。亀八のつくる人形はまるで生きるが如くであったがゆえに生人形と呼ばれた。

熊本の生まれ。同郷、同世代の松本喜三郎（一八二五～一八九一）が早くも一八五四年の大坂で生人形の見世物「鎮西八郎島廻り」を興行して大当たりをとり（この時には亀八の父である安本善蔵がいっしょに組んだ）、幕末維新期の江戸・東京で一世を風靡したのに対し、亀八は一八七〇年代に入ってようやく頭角を現してきた。見世物「東海道

生人形白滝姫と佐羽喜六（個人蔵）

五十三次道中生人形」(一八七〇年)、「七福神生人形」(一八七二年)という具合に、初めは大坂で評判を上げ、一八七五年に東京に移った。喜三郎は一八七九年に東京を離れ、故郷熊本に戻る旅へと出ているから、ちょうど入れ違うように登場した亀八は東京を代表する生人形師となる。

当時は彫刻という新しい芸術の揺籃期であり、彫刻を論じる場に、それまでに立体的な造形に取り組んできた仏師、彫り物師、人形師、西洋彫刻を学び始めたばかりの者たちが参入していた。安本亀八もその一隅に席を与えられたことは、たとえば一八八〇年の第一回観古美術会で判者を務めていることからも明らかだ。七七年、八一年の内国勧業博覧会にも積極的に参加している。

しかし、それも束の間、一八九〇年代に美術学校や美術展などの制度が整備されてゆく中で、生人形は美術作品としての認知を得られなかった。高村光雲が仏師をやめて東京美術学校の彫刻科教授になったようには、亀八は見世物の世界を離れることはなかった。なるほど、海外での博覧会に亀八の人形も出品されたようではあるが、美術作品としての出品というよりは、日本の歴史や風俗をテーマにしたジオラマ展示の装置、いわば衣装を着せるためのマネキン人形のような存在であった。

近年になって白滝姫の御開帳が行われたため(二〇〇〇年十一月三日)、人形の詳細が明らかになった。衣装を着せても外から見える頭と手は木造、胴と足は紙を何枚も重ねた張り子である。こうした製法は、亀八の子で三世を名乗った安本亀八の「活人形の話」(『趣味』一九〇六年十月号)をそのまま裏付けるものだった。

興味深いのは、人形を立たせるための木製台座の裏面に、「JAPAN BLOOC TOKIO 大日本帝(国東)京、活人形(師)、(安本)亀八」〈( )は一部木材を差し替えたため推定〉と墨書されていることである。もし「JAPAN BLOOC」が「JAPAN BLOCK」だとすれば、そのような表示を必要とした場所へ出品された人形の台座のみの転用か、あるいは人形自体が、新作ではなく、白滝姫へと転用されたものかもしれない。そうであっても、写真が白滝姫誕生の記念写真であることに変わりはない。

もうしばらく、安本亀八の活躍ぶりを振り返ってみよう。確かに、亀八は見世物の世界に留まった。しかし一八九〇年代に、見世物の世界は大きく変わろうとしていた。この時代に、パノラマと活動写真が相次いで登場したからだ。それは、生人形という迫真性を売り物にしてきた見世物の危機であっただろう。

生人形は、人形の身体、それも衣装から露出している部分でのみ勝負しているところがある。したがって、人毛や玉眼まで動員した身体の本物らしさばかりでなく、表情や仕草もまた重要な見所となる。しかし、あとは観客の想像力に任せるしかなかった。だから、誰もが知っている伝説や物語に依存するし、それを観客に橋渡しする語り、口上が欠かせないのはこのためである。

パノラマも活動写真も、この構造を揺るがした。観客が抱く臨場感の質と規模を変えてしまった。一八九〇年に上野、浅草と相次いで開館したパノラマ館は、それが再現した場面の中に観客を取り込んでしまう仕組みだった。三百六十度すべての周囲が再現された風景であるばかりか、空も地面もまた切れ目がないかのように見せる工夫が仕組まれていた。

そこには生人形も配置されたが、もはや小道具のひとつにすぎなかった。観客が突然に別世界へ迷い込んでしまったという幻惑感は、現代人にとっては、むしろ映画のそれに似ているかもしれない。

映画、当時の呼び名でいえば活動写真は、パノラマに少し遅れて、一八九七年から日本全国で爆発的な人気を博す。最初期の映画は不鮮明な白黒の映像を小さな画面で見せるものではあったが、それが動くという何ものにも代え難い魅力を有していた。だからこそ、「活動写真」の名前で定着したのだし、「活」の字を生人形と共有していた。生人形は、しばしば活人形と書いたからだ。

では、生人形の活路はどこに見出されただろうか。そのひとつは現代の出来事を出し物にすることだった。一八八九年十月八日の東京日日新聞は、ある賄賂事件の関係者たちを安本亀八が生人形につくることになったというニュースを伝えている。

市井の出来事を見世物にすることは、伝説や物語とは違う臨場感を観客に与える。しかし、そのぶん鮮度はすぐに落ちる。そのバランスを考える必要があった。

こうして浅草で実現した亀八親子共作の大掛かりな見世物が「鹿児島戦争活人形」(一八九三年)である。戦争はわずか十六年前の近過去に属し、そのうえ西郷隆盛は天皇から罪を許され、名誉を回復したばかりであった。戊辰戦争で開館した上野パノラマ館、南北戦争で開館した浅草の日本パノラマ館などの成功、いわば戦争見世物ブームに遅れまいとしたのだ。

このころ、生人形は菊細工とも盛んに組み始めた。亀八もまた、菊人形の仕事を多く手掛けるようになる。菊細工は本物そっくりの人形を手に入れることで、菊を楽しむというよりは、もっと別の奇妙な楽しみ方を観客に教えた。見立て細工の世界に根を張っていたはずの菊細工が、一八九〇年代のパノラマや活動写真に通じる迫真性を追求し始めたといえるだろう。

とはいえ、菊人形が本物の人間らしく見えるはずはなく、ここでもまた、出し物には現代の出来事が持ち出されることになる。なんと磐梯山噴火(一八八八年)や福島中佐のシベリア横断(一八九三年)や日清戦争(一八九四~九五年)が菊人形になった。こうして、同時代の出来事が伝説や物語に取って代わった。言いかえれば、それら事件や災害や戦争が、伝説や物語と同様に、観客から広く共有されたことを意味している。それを支えたものが新聞に代表されるメディアであり、さらにそれを交通・通信・印刷・出版・写真などの技術革新が支えた。

生人形にせよ菊人形にせよパノラマにせよ、国家的な出来事に目を見張ることで、見世物の観客は国民へと成長する。

佐羽喜六が商標の白滝姫の立体像を欲しいと望んだのも、新たな迫真性が面白がられた時代の気分を伝えているようである。ちなみに、桐生には、松本喜三郎の生人形も現存しており、同郷にして同世代、もし人形師番付をつくるならば、疑いなく東西両横綱となるふたりの生人形がそろって残っている。

板と泥

――一九〇〇年

アラカンと川上音二郎

これから訪ねようとする一九〇〇年代に比べれば、四半世紀ほど下った時代の思い出ではあるが、アラカンこと嵐寛寿郎が、竹中労相手にこんなことを語っている。

当時、映画俳優は河原乞食のもう一つ下やった。「板から泥におりるとは、どういう了見や」、叔父はいきなりワテの横面を張りました。ばあさんも反対ダ、ふだん縁のないような親戚まで目クジラを立てよる。母親は現実主義者ダ、一人だけ賛成した。というのは、「清正堂」の持ってきた条件が月給八百円、当時の八百円ゆうたら家が一軒買える、目ン玉が飛び出た。

（竹中労『鞍馬天狗のおじさんは』ちくま文庫、一九九二年）

アラカンの横面を張った叔父とは嵐徳三郎、一九二三年に東京宮戸座で「大衆歌舞伎」を旗揚げ、一座に二十一歳のアラカンも加わった。ところが、その直後に東京は大地震に見舞われ、京都へ引き上げるはめとなる。そこで再出発を果し、しばらくたったころに、アラカンに映画入りの話が飛び込んできたのだった。叔父の説得に耳を傾けず、アラカンは巡業先からドロン、マキノ映画へと走った。一九二七年のことである。

なるほど、映画とは、「板から泥におり」て、地べたで演じられる芝居であった。

「鞍馬天狗横浜に現はる」（一九四二年）での伊藤大輔監督の注文は、「寛寿郎クンご苦労ですが、全力疾走して下さい。右に左に、バッタバッタと斬り倒しながら一気に……」（前掲『鞍馬天狗のおじさんは』）。

走らされた距離はなんと三百メートルを超えた。むろん、こんな芸当は舞台ではできない。

地べたの芸はまた、大道芸人のそれと変わらない。古来、無数の芸人が地べたで芸を売ってきた。その中で、地べたから這い上がり、板の上で演じるようになったのが歌舞伎役者であった。

しかし、役者がどれほど華やかな衣装に身を包んでも、どれほどの大金をつかんで「千両役者」と呼ばれようとも（アラカンの八百円もそれに匹敵か）、彼らが河原乞食と見なされ続けたことに変わりはなかった。それは芸人を社会の外側に置く呼び名であった。

「映画俳優は河原乞食のもう一つ下やった」というアラカンの先の思い出は、そうした芸人の間にもさらに階層が出来上がっており、お互いに差別し合っていたことを教えてくれる。

＊

アラカンとは逆に、泥から板に上がった男についての話をそろそろ始めよう。一八九五年五月、その男が歌舞伎座の檜舞台を踏んだ時、九代目市川団十郎は激怒の余り、「板を削れ」と命じたという（大笹吉雄『日本現代演劇史　明治・大正篇』白水社、一九八五年）。まるで板が泥で汚されたように感じたのだろう。

男の名前は川上音二郎、博多の生まれ。いったんは巡査になったが、自由民権運動に身を投じて、政府批判の演説でたびたび検挙された。そこで川上が選んだ方法は、寄席芸人になることであった。講釈、俄《にわか》、落語などで運動を続けるうちに、陣羽織、鉢巻姿で、軍扇を手にして唄うオッペケペー節が生まれ、人気に火がついた。この人気を背景に、川上は一座を組んで、壮士芝居の旗を揚げる。そして、一八九一年六月には、中村座で「板垣君遭難実記」を上演して東京進出を果した。いわば素人集団による芝居であるが、歌舞伎にならって男だけで演じた。

川上音二郎の出発点は自由民権運動にあった。政府批判は次第に鳴りを潜めるが、もともと川上には現代の社会を演じることに強い関心がある。一八九三年の降って涌いたようなパリ旅行は、ヨーロッパ演劇に対する知識を広め、現代劇、社会劇への関心をますます高めることになった。

その成果は翌年に開花する。まず浅草座で、「諷俗写真意外」「諷俗写真又意外」「諷俗写真又々意外」を立続けに上演したあと、夏になって日清戦争が勃発するや、たちどころに「壮絶快絶日清戦争」を仕立て上げた。そして、自ら戦地を視察したあと、十二月には市村座での「川上音二郎戦地見聞日記」上演に至った。

会期中の十二月九日には、上野公園を会場に開かれた東京市祝捷大会に出張し、博物館の前で、芝居の一場を野外劇として演じた。その時の写真が残っているが、敵味方入り乱れてのチャンバラを見るようで、地面に切られた清国兵のつくりものの首がごろりところがっている。当時、もし映画技術があったならば、そのままでそれはチャンバラ映画になっただろう。この野外劇を、博物館の二階から皇太子が見ている。すなわち台覧劇であった。

勢いに乗った川上一座が歌舞伎座に乗り込んだのが、翌一八九五年五月の「威海衛陥落」だったのである。川

上野博物館前で川上音次郎一座が上演した野外劇（土田政次郎『東京市祝捷大会』非売品、1895 年）

上の活動が政府批判演説に始まり、祝捷大会での余興のごとく地べたで演ずることも辞さないのであれば、歌舞伎座への進出を「泥から板に上がった」と呼ぶのは、必ずしも比喩だとはいえない。

歌舞伎座もまた、前年十月末より「海陸連勝日章旗」を上演していたが、歌舞伎役者の身体はとうてい現代の戦争を再現するようには訓練されていなかった。「かれらは太刀や槍を持っての立廻りには馴れていても、銃や剣を把るに馴れていない。現代の戦争というものに対しても何の知識も持っていない」(岡本綺堂『明治劇談 ランプの下にて』岩波文庫)。こちらは、はなはだ不評だったという。

九代目市川団十郎が川上一座を許せない大きな理由は、彼らが素人集団であったからだ。歌舞伎役者は、自らが玄人集団であることに自負がある。役者の子しか役者になれない世界をつくり、それを保護してきた。その仕組みは、内側にあっては芸能の継承という利点を持つが、外側から新しい血が入らないという欠点を持つ。事態は現代もあまり変わらない。

アラカンの時代もむろんそうだった。映画界入りの理由を、冒頭に引いた言葉に続けて、つぎのように語る。「歌舞伎や古典やと偉そうにいうけれど、阿呆でも名門のセガレは出世がでける。才能があっても家系がなければ一生冷飯食わされる、こんな世界に何の未練もないと思うた」(前掲『鞍馬天狗のおじさんは』)。

アラカンはそこを立ち去ったが、川上は逆に土足で踏み込んできたのである。

川上一座の外遊

この年、川上音二郎は葭町の芸者奴《やっこ》と結婚する。奴の本名は貞《さだ》、のちに貞奴《さだやっこ》の名で舞台に立つ。川上夫妻の転機は一八九九年に始まる欧米巡業であった。一座を率いてアメリカ各地を回ったあと、翌一九〇〇年、ロンドンを経て、万国博覧会で沸き立つパリへと入った。そこで「マダム貞奴」の名は一躍高まった。一座の何人かの芸はパリで英国グラモフォン社によって録音されており、それが奇跡的に残っている（CD『甦るオッペケペー～一九〇〇年パリ万博の川上一座』東芝EMI）。

その後、一座はいったん帰国するが、再び一九〇一年から二年にかけて三たび一九〇七年から八年にかけてヨーロッパを巡業した。こうした体験はヨーロッパ演劇に対する理解を深め、それを日本での精力的な活動に反映させせることになる。もはや歌舞伎はモデルでも目標でもなかった。

川上音二郎は自分たちの芝居を「正劇」と称した。簡単にいえば、それはセリフ主体の対話劇であった。その意味では、目標はむしろ歌舞伎の対極におかれた。歌舞伎は舞踊に依存しており、セリフもどこまでが誰のセリフであるのかよくわからないところがある。

一九〇三年二月「オセロ」（明治座）、同年六月「ヴェニスの商人」（明治座）、同年十一月「ハムレット」（本郷座）、一九〇六年二月「モンナワンナ」（明治座）、一九〇九年十一月「ボンドマン」（本郷座）という具合に、その演目からは川上の関心がよくわかる。いずれもが、シェークスピアをはじめとするヨーロッパ演劇の翻案であった。

「オセロ」上演時に、舞台に白木の額縁（プロセニアムアーチ）を取り付けたという興味深い話が伝わっている。演劇とは社会の真実を映し出す「写真鏡」であり、額縁は鏡の枠だというのだ。そういえば、最初のヨーロッパ視察から戻ったあとの演目には「写真」の文字が入っていた。その思いは、のちに一九一〇年になって、大阪北浜に後援を得て建設した帝国座に結実した。舞台には装飾を施したプロセニアムアーチが取り付けられたからだ。

この点でも、川上音二郎のめざす演劇は歌舞伎と正反対に向かっている。歌舞伎の舞台には額縁がないどころか、役者は花道やスッポンをはじめ、舞台以外のいたるところから出現する。そして、観客が舞台を三方から取り囲んでいた時代の記憶を、近代に入っても相変わらず残していた。

歌舞伎では舞台と客席の境界線が曖昧であり、現代でいう「インタラクティブ」であり（観客が舞台に向かって声を掛けたりする）、川上の求める演劇は、椅子席で姿勢を正された観客が飲み食いせずに正面の舞台を正視すべきものであったといえるだろう。だから「正劇」を名乗ったわけではあるまいが。

貞もまた、日本の演劇界の改善に積極的だった。一九〇八年に帝国女優養成所を開設し、第一期生として九人の女を迎え入れた。ここでもまた、素人の、しかも女を、役者に育てようとする行動が、歌舞伎の世界とは相容れない。やがて、養成所は帝国劇場附属技芸学校へと発展する。

東京では初の椅子席の洋式劇場、舞台にはプロセニアムアーチを備えた帝国劇場が開場するのは一九一一年三月のことであった。ところがその年の秋に、川上は四十八歳の若さで急逝してしまった。

＊

さて、ここでのもうひとりの主役九代目市川団十郎は、一九〇三年に六十五歳で先立っている。同じこの年には団十郎と並び称された五代目尾上菊五郎も亡くなり、団菊の死は「暗夜にともしびを失ったようだ」と惜しまれた（前掲『明治劇談　ランプの下にて』）。

実はふたりの演じた「紅葉狩」が映画に撮影されている。先に、川上音二郎の一八九四年十二月の野外劇を論じて、「もし映画技術があったならば」と書いたばかりだが、そのちょうど一年後の一八九五年十二月にリュミエール兄弟がパリでシネマトグラフを公開、さらに一年後の九七年正月には日本上陸という具合に、映画は世界に瞬く間に広がっていった。

一八九九年にはすでに日本人カメラマンによる撮影が可能だった。歌舞伎座での興行が千秋楽を迎えたあと、十一月二十八日に「紅葉狩」の撮影が行われた。光量の関係で室内撮影は不可能である。撮影は歌舞伎座の裏、芝居茶屋の前に幔幕《まんまく》を張り、舞台を組んで行われた。

「団十郎の更級姫が二本扇を使うところで、あの名優が風のために扇を落し、一世一代の失策をしましたが、撮り直しなどはやりませんでしたから、後にはかえって御愛嬌になりました」というカメラマン柴田常吉の話を、直接インタビューした田中純一郎が伝えている（『日本映画発達史』中央公論社、一九八〇年)。

たとえ地べたでの演技ではなかったにせよ、檜舞台を下りた役者の映像はしばらく寝かされた。生前には公開しない約束が交わされていたという。一九〇三年、菊五郎の死後に、その葬儀の実況映画と抱き合わせて大阪中座で、団十郎が亡くなると、翌年に東京歌舞伎座で、ようやく「紅葉狩」は日の目を見た。

同じころ、大阪の中村雁治郎を土屋常二が撮影した「鳰《にを》の浮巣」も現存する。撮影は、名古屋御園座近くの寺の境内で行われた。花魁道中の場面が滑稽に演じられる。まだカメラを固定したままで、カットせずに撮影する時代である。役者の動きを長く撮ろうとすれば、役者は画面の奥からカメラに向かってゆっくりと歩いてくるしかない。彼らは間違いなく地べたで演じていた。

この「鳰の浮巣」は、撮影後間もなく、一九〇〇年八月末に東京春木座で公開されている。一九〇二年に本郷座と改称されたこの劇場こそ、川上音二郎が「正劇」の拠点とした場所にほかならない。板と泥とが交錯している。

共楽と集古
——一九一〇年

世紀のはじめの戦争

これから訪れる一九一〇年代の日本は、二十世紀が始まったばかりだというのに、いろいろなことがつぎからつぎへと終わりを告げた時代だという印象を拭い切れない。

もちろん、何ごとも終わりがなければ始まりはないわけだが、一九一二年七月三十日に明治天皇が六十一歳で、一九一三年十一月二十二日に最後の将軍徳川慶喜が七十七歳で相次いで世を去ったと知れば、片方が席を譲り、片方がそこへ担ぎ上げられて始まったひとつの時代がとうとう終わったと受け止めざるをえない。ついでにいえば、前回の主人公川上音二郎も、一九一一年十一月十一日に、四十八歳の若さで足早に立ち去っていった。

その少し前、一九一〇年五月二十五日に、やがて大逆事件と呼ばれることになる出来事の最初の逮捕者が出た。爆弾製造の嫌疑だった。それから夏にかけて、全国各地で「犯人」たちがつぎからつぎへと検挙され、刑務所の中へと姿を消した。彼らの多くは、そのまま二度と出て来なかった。そのさなか、五月二十九日に、東京万世橋のたもとに日露戦争の英雄広瀬中佐と杉野兵曹長の巨大な記念碑が姿を現した。

一九一〇年における「大逆犯」と「忠臣」の交代劇は、なるほど安普請ではあったかもしれない明治の国家建設が、それなりに竣工の日を迎えたことを象徴している。

同じ夏に、韓国が日本に併合され、十四世紀末から続いてきた王朝が滅亡した。隣の清国では、翌一九一一年に革命が起こった。年が明けて間もなく皇帝が退位し、およそ三百年続いた王朝が姿を消した。

さらに目を東洋から西洋へと転じよう。一九一〇年代とは、何よりも「大戦」の時代であった。英語で Great

War という。何ゆえに、それが“Great”であったのか。

おそらく、当時の日本人はそれを対岸の火事のように眺めながら、東アジアでの権益を拡張する好機ととらえ、戦争景気に舞い上った。現代の日本人は、世界史の勉強でそれを習うものの、第二次世界大戦のひとつ前の戦争ぐらいに考えて、それが「大戦」と呼ばれたことの意味を改めて問わずとも済んでしまう。

“Great”と呼ばなければいけないほど、一九一四年に始まり一九一八年に終わる戦争は古いヨーロッパを消し去り、同時にまた、それまでの戦争の在り方を変えてしまった。

決して、規模だけの問題ではない。戦争が兵士にもたらしたものが違っている。ヨーロッパ戦線での膠着した持久戦は兵士の精神を侵し続けた。それは、戦車のような怪物を人間が相手にしなければならない戦争だった。空からは、戦闘機という怪鳥も襲いかかってきた。

兵士たちはモグラのように大地に穴を掘り、身を潜めた。塹壕を英語でトレンチという。トレンチが縦横に張り巡らされた。道に迷わないように、あちらこちらに標識が取り付けられた。要塞とまではいかなくとも、ちょっとした地下都市、いや地下横丁がこうして戦場に出現した。

ひょっとすると、読者の中には、トレンチと聞いてトレンチコートを目に浮かべた人がいるかもしれない。あるいは、タンスの中に、それを今も吊るしたままの人がいるかもしれない。最近ではとんと見かけなくなったあのファッションを格好良いと思い、ほかならぬ私も学生時代に身に付けていた。いうまでもなく、デザインはこの大戦の軍服に由来する。

しかし、コートではなくアートを思い浮かべた読者は皆無に違いない。たまたまロンドンの本屋で Nicholas J. Saunders “Trench Art: A Brief History and Guide 1914 – 1939” (Pen and Sword Books, 2001) という本を見つけ、手に取り、驚き、なるほどと膝を打った。

「トレンチアート」の定義は困難だが、簡単にいえば、戦場の兵士や捕虜が身近な材料を転用して作り出したさまざまな道具や装飾品である。薬莢や廃物と化した兵器で作った十字架やタバコ入れや置物を思い浮かべればよい。

何よりもそれは戦争の産物であり、異常な状況下に置かれた人間の恐怖や苦痛や希望が、そこには表現されている。用いる材料は金属が圧倒的に多いが、木材や布や骨もある。

同書には、トレンチに放棄されたドイツ軍戦車の写真が「金属製トレンチアートの原材料」という説明とともに掲載されている。

「我が意を得たり」と思ったのは、日清戦争の際に大本営が置かれた広島で、明治天皇が自ら作ったという兵器製の花瓶の行方を、私はしばらく追いかけていたからだ。『明治天皇御伝記史料　明治軍事史』（原書房、一九六六年）によれば、それはつぎのようなものであった。「九連城附近の戦闘に於て我軍の鹵獲せる騎兵の鐙、砲弾の信管、歩兵銃の朔杖及工兵用の電線を巧に御組合せの上一の花瓶を御考案あり日夕玉座に御供へありて親しく四兵を観るの思ある旨を宣はせ給ひしこともありたりと伝へらる」。

その後、それが宮城内に建設された分捕品の倉庫である振天府に納められたことまでは突き止めた。写真は見つからないが、複数のスケッチは手に入れた。現存するに違いない。

それからまた、京都の立命館大学国際平和ミュージアムでは、ベトナム戦争の際にベトナム人たちが撃墜されたアメリカ空軍機の残骸で作ったさまざまな道具を目にし、気になっていた。一般に、日本の博物館の戦争展示は、このようなものまでを視野には入れない。

しかし、それらを「トレンチアート」と総称すれば、戦争のある現実、言い換えれば、兵士たちの戦場での日々が見えてくる。「トレンチアート」は特定の戦争を超えた普遍性を有する用語となり、それが“Trench Art”の著者の主張でもあるのだが、それにも関わらず、それを「トレンチ」という言葉で表現するところに、逆に「トレンチ」で象徴される「大戦」が、彼らヨーロッパ人にとってはどれほど重い意味を持つ経験であったかがうかがわれる。

「大戦」は、持久戦というその特性から、前代とは比較にならないほど大量の「トレンチアート」を生み出した。「トレンチアート」を生み出すものは、兵士たちの精神にほかならない。

一九一〇年代の日本人は、ヨーロッパ戦線で繰り広げられた「大戦」の苦悩を、ほとんど何ひとつ理解しないままに過ごしたのではないだろうか。

それが遠い対岸の火事にしか見えないほど、こちら岸では戦争につぎつぎと勝利をおさめ、明快な戦争像を築き上げてきた。たび重なる戦勝は誇るべきものであり、それなりに大きな果実をもたらした。

実際には、日露戦争もまたトレンチが戦場で兵士が身を守る最後の砦であり、そこから突撃を余儀なくされた幾万の兵士たちが、そのまま帰って来なかった。「大戦」に連動したシベリア出兵での兵士たちの日常生活も壮絶なものであっただろう。


この時代の戦争を振り返る時に、新田次郎『八甲田山死の彷徨』新潮文庫版に寄せた山本健吉の解説の、実は高橋誠一郎の発言であるつぎの言葉を忘れることができない。「世間ではよく明治というとよかった時代のように言うひとがあるが、私の印象では少しもよくはなかった。それは暗い時代だった」。

そうした戦場の現実に根差しているはずの、しかしそうではない輝かしい戦勝の記念碑として、広瀬中佐と杉野兵曹長の銅像が一九一〇年の東京に出現したのだった。多くの日本人にとって、「大戦」はさまざまな意味での好機でしかなかった。

コレクションを公開する

川崎造船所社長の松方幸次郎も好機をつかんだひとりである。「大戦」によって不足した船舶の売り込みのために、松方は一九一六年に渡欧し、ロンドンに社長室を構えた。そして手に入れた巨万の富を、惜し気もなく西洋絵画の蒐集に充てた。

一九一九年から翌年にかけて日本に送り出した絵画は、総数千二百点に及んだという。しかも、それがすべてではなく、コレクションはロンドンにもパリにも分散していた。

早くから美術館建設の夢を抱いており、ロンドンで知り合った画家ブラングィンに、日本に建設すべき美術館の設計を依頼した。そして、その建物には「共楽美術館」の名が与えられるはずだった。

しかし、松方の夢は実現せず、コレクションはつぎの「大戦」に翻弄された。一九五九年になってようやく、コレクションのほんの一部をもとに国立西洋美術館が東京上野公園に開館したことは周知のとおりだ。

「共楽」という命名に、松方の期待がよく示されている。今の言葉に直すならば、松方は美術品が共有財産であり、美術館が公共施設であることを認識していた。そして、それはひとり松方の認識ではなかった。

たとえば、一九三〇年になって岡山県倉敷に開館する

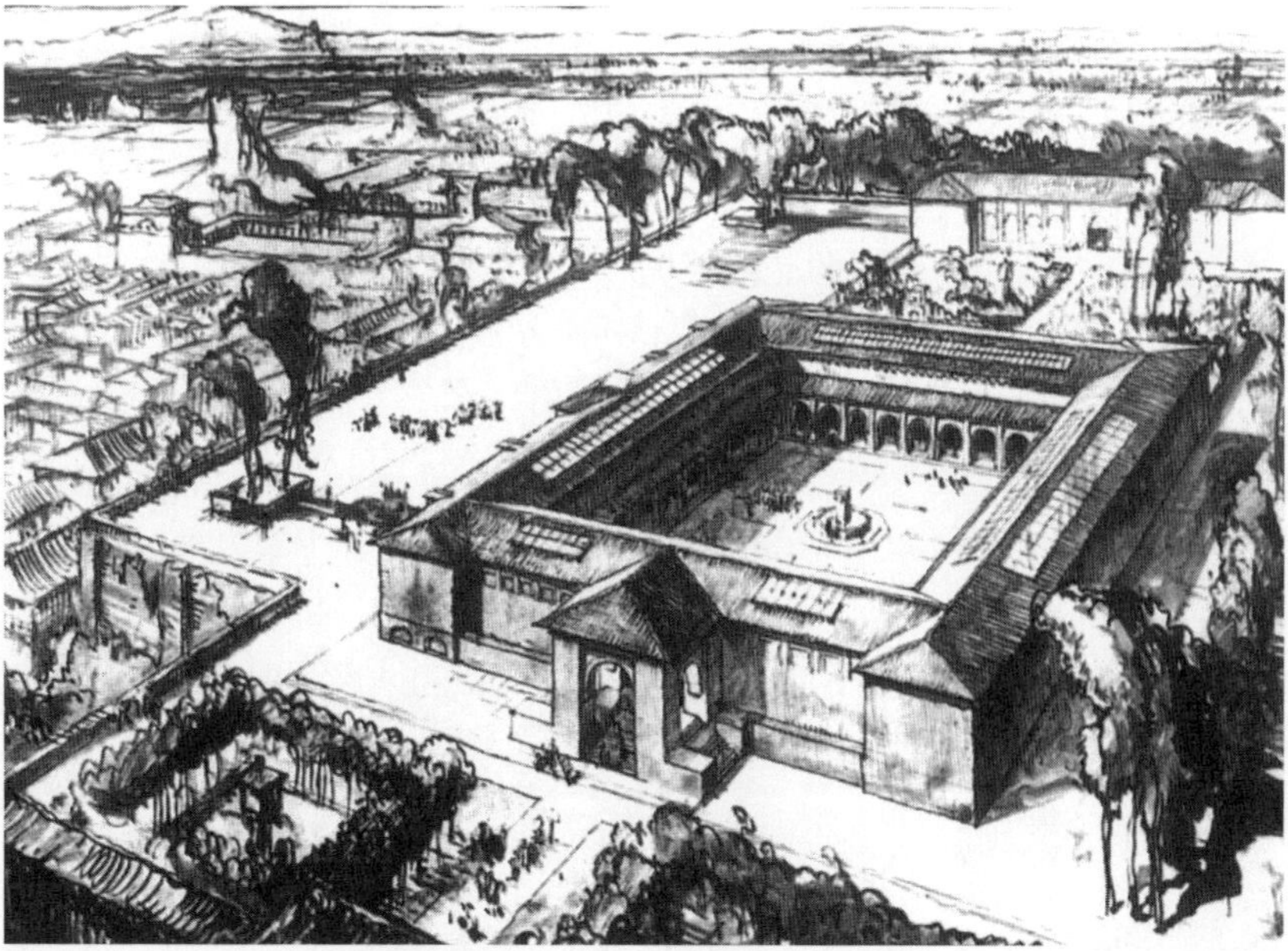

共楽美術館全景（"The Building News" 1922）

大原美術館も、コレクションの開始は一九一二年にさかのぼる。創立者大原孫三郎の命を受けて、ヨーロッパに留学中の画家児島虎次郎が最初の西洋絵画、アマン＝ジャンの「髪」を購入した。

一九一〇年に雑誌『白樺』を創刊した白樺派は、その直後から盛んに西洋美術展覧会を開催した。とはいえ、展示物の多くは版画か複製画であった。だからこそ、本格的な西洋美術にふれることのできる美術館が熱望された。白樺派が白樺美術館建設運動を開始するのは一九一七年である。しかし、共楽美術館同様に、これも実現しなかった。

こうした美術館への期待の高まりは、西洋美術のそれに限らない。コレクションを私蔵するのではなく公開すべきという考え方が広がり、美術館はそのための装置として有効視された。

旧大名家のコレクションが、この時期になって公開の施設を開いたことも、一連の動きである。旧広島藩主浅野家の観古館、東照宮宝物館（久能山、日光）、旧三田藩主九鬼家の三田博物館などの開館が一九一〇年代に相次いだ。

＊

美術館が強く望まれたということは、美術館がなかったことを意味する。『明治四十三年度日本美術年鑑』（画報杜、一九一一年）は、一九一〇年の日本の美術界を概観するが、美術館をわずか五館しか挙げていない。すなわち、東京帝室博物館、京都帝室博物館、奈良帝室博物館、府立大阪博物場、私立大倉美術館である。ただし、最後の大倉美術館は「館主宿年の志を果さんが為め、今や大に整理を加へ将来公開の企てあり目下その準備中に属す」とあり、まだ開館前であったことがわかる。

大倉美術館館主とは、いうまでもなく大倉喜八郎である。やがて一九一七年八月に至って財団法人大倉集古館を設立、翌一九一八年五月四日に開館した。集古館という名前にだまされがちだが、財団法人による最初の美術館であった。

建物は第一号館、第二号館、第三号館から成り、ほかに徳川綱吉の生母桂昌院の霊廟を増上寺から、朝鮮王家の東宮が用いる資善堂を京城の景福宮から移築した。財団創設時に、大倉が寄付した美術品は三千六百九十二点、書籍は一万五千六百冊に上る（『大倉集古館要覧』大倉集古館、発行年不詳）。

その『寄附行為』の前文はつぎのように始まる。「喜八郎生レテ昌代ニ遭遇シテ叨《みだ》リニ叙爵ノ恩命ヲ辱《かたじけの》フシ感泣已《や》ムナク……」（『大倉集古館列品要略』大倉集古館、一九二〇年）。

なるほど、大倉喜八郎ほど「昌代ニ遭遇」した人物はいない。実業家としての大倉の成長は、明治国家が遂行した戦争とともにあったからだ。新発田から江戸に出て、日本橋の乾物屋の小僧から出発した大倉は、戊辰戦争では早くも武器商人となり、台湾戦争、西南戦争、日清戦争、日露戦争と関わりつつ巨万の富を築いた。「大戦」時には、とうとう男爵にまで上り詰めた。

コレクション形成の大きなきっかけも、一九〇〇年の義和団の乱である。戦争は美術品を移動させる。おそらく、松方幸次郎のずっと先を、はるかに凌駕するスケールで歩いていたのが大倉だろう。間髪を入れずに行動に出るという若いころからの変わらない性格も、日本最初の私立美術館建設につながっている。

喜寿の祝いに、大倉は自らの銅像を作らせ、敷地内に置いた。和服姿で長椅子に腰を掛け、片方の草履を脱いでいるという風変わりなポーズを取っている。彫刻家武石弘三郎の仕事である。建立当初の写真を見ると、背後に大理石の壁を廻らせた堂々たるものだ。

ところが今訪れると、背後の部分が失われているのみか、さらに背後がホテルオークラの駐車場と変わり、貧相な環境の中に、老人がひとり取り残されてしまったという感じを受ける。

大倉集古館は開館から五年で、関東大震災に襲われる。建物もコレクションも大きな被害を受けた。桂昌院の霊廟も景福宮の資善堂も焼け落ちた。資善堂の礎石はそのままに残されていたが、近年になって韓国に返還された。資善堂は別に復元されており、礎石は景福宮の一番奥にひっそりと置かれている。

資善堂が大倉の手に渡った経緯はよくわからないが、景福宮からの撤去は、一九一五年に、朝鮮総督府による始政五周年を記念した朝鮮物産共進会が開かれた際に、資善堂があったその場所に朝鮮総督府博物館を建設したからであった。

一九一〇年代の美術館や博物館の公共性を口にするのは簡単でも、それがどの範囲内の公共性であったかを疑う必要があるだろう。東京に運ばれ公開された資善堂は、大倉の私蔵に止まらず、日本人に共有されたかもしれないが、朝鮮人にとっては喪失以外の何ものでもなかった。

バラック御殿と無縁寺回向院
——一九二三年

火事と大地震

これまでに私が数多く目にしてきた集合写真、記念写真の中で、これほど忘れられない一枚も珍しい。なにしろ一家九人の全員が仮装である。

このような場合を「仮装」と呼ぶのが適切なのか自信はないが、正装でもなければ普段着でもない。とりわけ左端の老人の格好は奇妙奇天烈だ。

写真を撮ったこの日からちょうど一年前の一九二三年九月一日、突然に襲いかかってきた大地震にあわてふためき、取るものも取りあえずに逃げ出した時の一家の姿がこれだった。それから一年間の無事を祝い、再びあの日の格好に身を包んで、カメラの前に勢揃いしたのである。残念ながら、この写真はここに掲載することはできなかった。

写真の裏に撮影の動機が墨書されており、一家の被災の様子を知ることができる。主はこの時六十三歳、火事場装束を身にまとい、おそらくは貴重品を詰め込んだカバンを肩からぶら下げ、手に大きなバスケットを持ち、捩り鉢巻で家族の先頭に立っている。家族を守るのだという強いリーダーシップを感じる。

おそらくは、避難時の格好で記念写真を撮ろうと言い出したのも、この主に違いない。成人した三人の息子たちは後ろの方で、しぶしぶ付き合っているという気がしないでもない。それでも、男たちにはさまれて、母と幼い妹や弟は守られているという感じがよく出ている。

背後の建物を「一年を過ごせるバラック御殿」と呼ぶ。石造りの倉庫の壁が残ったので、そこに手製の屋根を渡して雨露をしのいできたのだという。

震災以前に一家が住んでいた家は、築七十年近かった。なにしろ一八五五年の安政大地震の前年に建築したという。およそ七十年を隔てたふたつの大地震の近さと、なるほど関東大震災が江戸の面影を一掃したのだということがわかる。

ところで、中央の十七歳になる娘も、父同様に、大きなバスケットを手にしている。それらバスケットのひとつには二匹のネコが、もうひとつには二羽のニワトリと二羽のハトが入れられ、いっしょに生き延びた。すなわち、これは一家九人とネコ二匹、ニワトリ二羽、ハト二羽の無事を記念する写真なのである。

しかし、一家に不幸がなかったわけではない。住み慣れた家と家財道具とを失ったのは仕方がないとしても、三十二歳になる長女が嫁いだ先で亡くなっている。対照的に、一家全滅だった。夫と義母とまだ幼いふたりの子どもがいっしょに死んだ。大きな災害では、しばしば一家全滅が起こる。死者は何よりもまず後に残された家族によって悼まれるものだが、一家全滅は、それさえ不可能な絶対の不在、彼らがこの世に存在したという記憶の断絶さえもたらす。

＊

話はくるりと変わる。世を挙げて御開帳流行りである。私がこれを書いている二〇〇三年五月、信州善光寺では七年に一度の前立本尊御開帳がふた月にわたって、京都清水寺では実に二百四十三年ぶりの奥之院御本尊御開帳が十一カ月にわたって開催中である。そのいずれのパンフレットも通勤途中の駅の構内で手に入れた。そのいずれの寺院もホームページを開設し、ウェブ上に御開帳に関する情報を精力的に発信している。そこに旅行業者や観光業者が加わり、参詣者を引き寄せることに躍起だ。

東京国立博物館は、二〇〇三年に入ったとたんに、あたかも「国立御開帳場」と変貌したかのようだ。年明けから「立教開宗七百五十年記念大日蓮展」、「御影堂平成大修理事業記念西本願寺展」と続き、間もなく「建長寺創建七百五十年記念特別展鎌倉―禅の源流」が開幕する。こちらにはマスコミが加わり、博物館関係者といっしょになり、「開帳」や「秘仏」の代わりに「文化事業」や「文化財」を口にして（とはいえ売店では数珠や線香や経のCDを売っていた)、やっぱり参詣客ならぬ来館者を引き寄せることに躍起である。

さて、善光寺御開帳のうたい文句は「七年に一度だけのありがたい結縁のひととき」、清水寺御開帳のうたい文句は「生涯一度のご結縁」であり、御開帳とは「結縁《けちえん》」、すなわち秘仏と信者とがその場かぎりの縁を結ぶことだとわかる。御開帳とはそうやって長い歴史を重ねてきた。たまに帳を開いて、信者にその存在を示さなければ、秘仏も秘仏ではいられない。

むろん、縁とは神仏と人の間にのみ結ばれるものではない。人と人との間にこそ張り巡らされているものであった。この世を立ち去った死者でさえも、縁者によって供養がなされ続ける。そう考えると、縁が無くなってしまうことに対して過去のひとびとが抱いた恐怖感を、いくらか理解できるような気がする。

現代でたとえを探すならば、船外活動中に何かのはずみでロープが外れ、宇宙船から離されてゆく宇宙飛行士の気持ちといったらよいだろうか。この恐怖心からは、無縁の死者、無縁仏を放置できない、祀らなければいけないという心情が生まれる。

*

しばしば「一家全滅」をもたらす災害と戦争が、大量の無縁仏を生み出すことはいうまでもない。一五九〇年の徳川家康入府以来人口の増加が続いた江戸にとって、最初の大災害とは、一六五七年の明暦大火、俗にいう振袖火事である。

振袖火事のいわれはぞっとするほど怖い。湯灌場で若い娘の遺体から剥ぎ取られた振袖が古着屋に流れ、それを知らずに買って身に付けた娘が急死を遂げる。するとまた、その振袖が剥ぎ取られ、別の娘の手に渡り、同じような不幸が繰り返される。そこで祟りだということになり、本郷本妙寺の境内で振袖を焼いたところ、火がたちまち本堂に燃え移ったという。この伝説には、死者を粗末に扱ってはいけないという教訓があり、一方で、死者は粗末に扱われるという現実が垣間見える。

火事は二日続けて起こり、江戸の町の大半を焼いた。

江戸城の天守も焼け落ちた。火の手は隅田川に至っても止まらず、対岸の深川にまで及んだ。死者は十万人を超えたという。武蔵国と下総国の境の牛島と呼ばれる地域(現在の墨田区東両国)に遺体を集め、大きな穴を掘って葬った。そして塚を築き、諸宗山無縁寺回向院が建てられた。不特定多数の死者に応じたがゆえの「諸宗山」、身元不明の死者に応じたがゆえの「無縁寺」であった。

その性格が、やがてこの場所を、諸国の寺院が江戸に秘仏や宝物を運んで公開する御開帳のメッカとする。火災発生からこの回向院建立、さらには江戸の復興までの一部始終を、浅井了意が『むさしあぶみ』(一六六一年)で生々しく報告している。

回向院と慰霊堂

およそ十万人(浅井了意によれば「をよそ十万二千百余人」)という死者は、冒頭で紹介した一家が体験した関東大震災のそれに匹敵する。東京の住民にとって、安政大地震はそう遠い出来事ではなかったが(一家はそのころに建てた家に住んでいた)、二百六十六年前の明暦大火もまた必ずしも遠いものとはいえない。少なくとも、『むさしあぶみ』は江戸時代を通じて版を重ね、広く読まれ、そして関東大震災に際してもしばしば引き合いに出された。

たとえば東京市は、一九二三年に帝都復興叢書の刊行を企画、第一輯『大詔を拝して』、第二輯『復興と児童問題』に続き、第三輯『明暦安政及大正の難』(一九二四年二月)を発行し、その中で『むさしあぶみ』を紹介している。

ちなみに、地震直後の九月十二日に早くも、「善後策は独り旧態を回復するに止まらす進んで将来の発展を図り以て巷衢《こうく》の面目を新にせさるへからす」という大詔が出され、天皇より復興の方針が示された。名代として、摂政宮(皇太子)が被災地を視察したのは九月十五日のことであった。

それらを「聖恩」と受け止める発想は、「あまねき君の御めぐみに、程なくもとのごとく江戸中治り繁昌して、高家貴人は礼儀厚く、あやしの庶民も財産の利に飽

本所被服廠跡の焼死者の白骨の山。当時の絵葉書
（木村松夫・石井敏夫編『絵葉書が語る関東大震災』柘植書房、1990 年より）

て、めでたくさかふる事日々に百倍せり」として、災害のあとの将軍の仁政と江戸の復興ぶりを讃えた『むさしあぶみ』のそれと、天皇と将軍の違いはあるにせよ、あまり変わらない。東京が「めでたくさかふる事日々に百倍」となったことを祝い、盛大に帝都復興完成式典が催されるのが一九三〇年三月二十六日である（『帝都復興祭志』東京市役所、一九三二年）。

『大正むさしあぶみ』（報知新聞社出版部、一九二四年）という絵本も出回った。川村花菱が文章を、山村耕花が絵を描き、被災地の五十の情景を伝える。もともとは報知新聞に連載されたもので、耕花は、地震の起こったその日から、余震さめやらぬ中をスケッチブック片手に飛び回っている。浅井了意の『むさしあぶみ』を所持していたのも耕花で、それを書名に用いようと言い出したのは花菱のようだ。その理由を、花菱はこんなふうに述べている。

「題して、『大正むさしあぶみ』としましたのは、一夜に数万の命を奪つた本所被服廠跡に無縁寺回向院建立の議があると伝へられたのに因んで、今も昔も変りなき天変の恐ろしさを、永く記念する為に他なりません」(前掲『大正むさしあぶみ』序)。

そのころ被服廠跡は広大な空き地になっており、都市公園を建設する工事が始まったばかりだった。当然のごとく、多くのひとびとはそこに逃げ込んだものの、無事を喜びあったのは束の間、周囲から迫った大火焔に包まれて、ここだけで六万人もの死者が出た。

明暦大火の時のように、各地から遺体を運んだのではない。はじめから、そこには遺体の山が築かれた。まだ残暑の厳しい時期である。遺体を荼毘に付すことが何よりも急がれる措置であり、したがって、ついでそこには白骨の山が出現した。遺族が駆け付け(とはいえ大半は身元がわからず一家全滅も多い)、さまざまな宗派の慰霊祭がなされ、そのまま納骨堂の建設が求められるのは自然な流れだった。公園予定地は霊場と化した。確かにそれは、川村花菱のいうとおり、新たな「無縁寺回向院」の建立にほかならない。

まずはバラックの仮納骨堂から始まった。生者ばかりでなく、死者もまた雨露をしのぐ必要があったからだ。ついで、慰霊施設らしい納骨堂に代わり、紆余曲折を経て、一九三〇年に震災記念堂が建設された。

帝都復興記念式典に先立つ「復興帝都御巡幸」では、天皇は地震の起こった午前十一時五十八分を、この記念堂の納骨堂の前に立って迎えた(拙稿「被服廠跡と震災記念堂」参照、小沢健志編『写真で見る関東大震災』ちくま文庫、二〇〇三年)。

無縁寺回向院と震災記念堂(東京大空襲の身元不明の死者を合わせて祀ったため一九五一年からは東京都慰霊堂)とは目と鼻の先にある。それは決して偶然ではない。大量の死者、無縁仏が発生せざるをえないように、あるいはそこに彼らの遺体を運ばざるをえないように、江戸と東京がつくられてきたからだ。

皇帝溥儀の東京見物
――一九三五年

帝都の復興

人生や戦争は、それを始めることよりも終わらせることの方がはるかに難しい。

災害の場合も、たぶんそうだろう。気付いた時にはすでに渦中にあり、無我夢中のうちに災いは通り過ぎるものの、そのあとに、被害と向き合わねばならない長い時間が待っている。それをずるずると引きずらないためには、どこかで終止符を打つ必要がある。

一九二三年九月一日に起こった関東大震災に対し、東京が、正しくは内務省・東京府・東京市がそろって終結を宣言したのは一九三〇年三月二十六日である。この日、宮城外苑二重橋前に式殿を仮設し、天皇を迎え、三者主催による帝都復興完成式典が開かれた。

天皇は、自宅から歩いてもすぐなのに二頭立ての馬車に乗って現れ（「天子出ずるには車駕次第あり」）、およそ五万六千人の参列者を前にして、復興が官民協同の努力で短期間に達成されたことを喜び、さらなる発展を望むという趣旨の勅語を下した。

そこでの「朕今親シク市容ノ完備大ニ旧観ヲ改ムルヲ覧テ」という発言には、二日前に市内各所を巡覧した（この時には自動車を使った）際の実感がこもっている。地震発生の午前十一時五十八分という象徴的な時間を、本所被服廠跡地に建てられた震災記念堂（現在の東京都慰霊堂）で迎えたことは、先にふれたとおりである。

もっとも、震災記念堂の方は、その時点でまだ完成していなかった。落成式が行われたのは九月一日になってからである。それは死者たちの七回忌に合わせたからであり、大震災から七年目の復興宣言には、死者たちとの決別の意味合いも含まれていただろう。三回忌ではまだ記憶が生々しく、十三回忌では逆に薄れ過ぎる。

帝都復興完成式典は、長い時間を準備にかけ、神経をすり減らすような関係者の努力にもかかわらず、午前十時三十分から四十七分までのわずか十七分間で終わった。天皇が式殿に姿を現したのは午前十時三十二分だから、滞在時間はさらに短くたったの十五分間である。とはいえ、そこで行われたことは、百字に満たない勅語を下すことと内務大臣の式辞奉読のほかは、参列者による三回の最敬礼と一回の万歳三唱にすぎないのだから、それで十分なのである。

天皇に長くいられたらいられたで困る。その後、参列者の一部は日比谷公園に移動し、帝都復興完成祝賀会に臨んだ。

ところで、復興祭そのものは、すでに三月二十三日から市内各所で、舞踊会、演奏会、映画会、体育大会、提灯行列などさまざまな催しを繰り広げていた。町は旗や提灯や作り物(造り物)で華やかに飾り立てられた。また、「音楽車→聖寿万歳→天の岩戸→光輝→花咲く春→復活→復興踊」、以上七両から成る花電車が出て、市内を縦横に走り回った。

それは、電化された祭礼の山車にほかならない。花咲か爺さんが桜の大木を満開にしている「花咲く春」のつぎに、ニューヨークの摩天楼を思わせるような高層ビル建築群を満載した「復活」が登場するという演出をいっそう効果的にするためには、それらの二両前の「天の岩戸」の中から同じような高層ビル建築群を出現させるべきではなかった。

このような祝典のたびに都市を飾り立てることには、すでに半世紀近い歴史がある。東京の場合でいえば、大典二十五周(一八九四)年、日清戦争の祝勝と凱旋(一八九四~九五)、奠都三十(一八九八)年、日露戦争の祝勝と凱旋(一九〇四~〇五)などを記念するたびに、大掛かりな飾り物、門、塔などが祝典の期間に建てられ、終わればきれいに姿を消した。これに加えて、度重なる博覧会の開催が、仮設の建物や飾り物の技術水準を高めた。どんな注文にも応じることのできる業者が育った。それは、博覧会の建設業者ゆえに「ランカイ屋」を自称した中川童二『ランカイ屋一代』（講談社、一九六九年）に詳しい。

もっとも、回を重ねるごとにデザインが洗練されたかというと、必ずしもそうではないだろう。明治時代の洋風、大正時代のモダニズムが影を潜め、一九三〇年代に入ると次第に重苦しさが増す、勿体ぶったものになるという印象がある。

ここでは、一九三〇年と一九三五年の作例を見ることにしよう。それらはどちらも奉迎塔と呼ばれた。「迎え奉る塔」というのだから、すでに名前からして軽快ではない。前者は「復興帝都御巡幸」から戻る天皇を、後者は初めて日本を訪問した満州国皇帝溥儀《ふぎ》を、「迎え奉る塔」であった。

一九三〇年の帝都復興祭では、宮城外苑から丸の内へと抜ける馬場先門跡に建てられた奉迎塔がひときわ大掛かりな仮設建造物であった。

『帝都復興祭志』（東京市役所、一九三二年）によれば、「本塔は高さは総高六十六尺五寸、小脇の高さは二十九尺五寸とし、本塔の前後には三連の幡旗を立て、本塔の中央部は総て杉縁張腰は高さ四尺の松皮付丸太張黒の棕櫚縄巻とし、本塔の正面には垂直に紅白幕を張上け、中央に「奉迎」の文字を押絵にて取付く、上層は三層とし八角形太鼓形のものを二層、其の上に朝顔形装飾一層、最上部は八角錐形、総て木製又は『ブリキ』製とし、特に色彩の調和に意を用ひ、之か文様は紅黄緑色のペンキにて装飾を施し」たとある。

塔の大きさや、木製とブリキ製、それにペンキによる塗装という材料と工法がよくわかって興味深いのだが、そのデザインが何に由来するのかについてはわからない。

一方、一九三五年の奉迎塔は、宮城外苑と東京駅とをまっすぐに結ぶ行幸道路に建てられた。ちなみに、幅七十三メートルのこの行幸道路が帝都復興事業のもっとも重要な成果のひとつである。

『満州国皇帝陛下東京市奉迎志』（東京市役所、一九三六年）によれば、「本塔ノ高サハ旗檣尖頂迄二〇・九米、小脇門ノ高サハ棟頂上迄九・七米トシ」、「本塔竝小脇門及小門ノ腰ハ板張ノ上『ペイント』塗ヲ為シ、石粉ヲ吹付ケ江戸切積ノ凝石様トシ、中央部ハ総テ杉緑葉ヲ張リ上部ニ『奉迎』、下部ニ『東京市』ノ文字ヲ額付押絵ニテ取付ク」とある。

五年前の奉迎塔とほぼ同じ規模である。そして、デザインについても、つぎのように説明する。「門ノ様式ハ満州国古代建築ヲ基調トシタル近世東洋式ヲ表現スルモノトス」。

溥儀が見た奉迎塔

一九三五年四月六日朝に横浜港に上陸した溥儀は、昼前には東京駅に降り立った。いったん赤坂離宮に旅装を解いたあと、宮城を訪れ、天皇と対面した。東京駅から赤坂離宮に向かう際に、早くもこの奉迎塔を通過している。馬車の窓から真っ先に飛び込んできた「満州国古代建築」風の塔が、さて溥儀にはどのように見えただろうか。

東京に九泊したあと関西に移り、京都、奈良、神戸で過ごし、さらに宮島を見物し、そのまま帰国した。往復

溥儀を迎えた東京駅前の東京市奉迎塔、1935年
（東京市役所編纂『満州國皇帝陛下東京市奉迎志』1936年より）

の航海を入れると二十六日間に及ぶ日本への初めての旅だった。東京では、明治神宮、聖徳記念絵画館、靖国神社、歌舞伎座、多摩御陵、湯島聖堂、陸軍衛戍病院、関西では、桃山御陵、京都御所、二条離宮、金閣寺、正倉院、帝室博物館、東大寺、武庫離宮などを見物した。この時の思い出を、溥儀はつぎのような印象的な言葉で語り始める。

「私がついに最大の錯覚を起こし、みずから至高の権威を持ったと思うようになったのは、一九三五年四月、日本を訪問したことによってだった」、「私はこの目のくらむような、思いがけない鄭重なもてなしを受けた航海中に、へつらいの四言詩を書いたのをおぼえている」、「日本の東京に着くと、裕仁天皇はみずから駅まで私を迎えに出、また私のために宴会を開いてくれた。私が彼に礼を行ったあとで彼も私に答礼に来た。私は日本の元老・重臣を引見して祝賀を受け、また裕仁天皇といっしょに軍隊を閲兵した。私はさらに『明治神宮』に参拝し、日本の陸軍病院に、中国を侵略して負傷した傷兵を慰問した」、「日本皇室のこのもてなしによって私はますます熱にうかされ、皇帝になってからは空気さえ変ったように感じた」（愛新覚羅溥儀『わが半生』ちくま文庫、一九九二年）。

満州国がまぼろしの如く崩壊し、日本への亡命を果たせず、ソ連軍に捕らえられ、中華人民共和国の撫順戦犯管理所に収容されたあとの回想であるがゆえに、日本への旅の思い出は悔恨に満ちている。東京での日々とは、「へつらい」の連続であったようだ。

しかし、現役時代の溥儀は、儀礼やもてなしに弱かったようだ（強ければ皇帝は務まらない）。同じ『わが半生』の中で、満州に迎えられた時の印象をこんなふうに振返っている。「長春駅頭の竜旗と軍楽、就任式のときの儀礼、それに外人客との会見のときのほめ言葉が、私に深い印象を残し、私は多少うきうきした気分にならざるをえなかった」。

満州国執政の就任式は一九三二年三月九日に長春（一週間後に新京と改称）で執り行われた。建国宣言より八日目のことだ。

それから二年後の一九三四年三月一日に皇帝となった

溥儀は、さらに「自己陶酔」を高めていく。六月六日は秩父宮が天皇の親書を携えて東京からやって来た。そして、大勲位菊花大綬章を溥儀に捧げた。七月に入って父が満州国の「帝宮」を訪ねて来た。その晩の宴会で、弟の溥傑が「立ち上がって杯をあげ、『皇帝陛下万歳、万歳、万万歳！』と高唱し、私の家族がいっせいに声を合わせた。父も例外ではなかった。私はその叫び声を聞いて、酒の酔いならぬ自己陶酔に達した」。

「彼ら（日本人）が私のために定めたいろいろな格式ばった行事が、私の虚栄心を大いに満足させ、私をまた迷いに陥らせたことだった。もっとも私を陶酔させたものは、『御臨幸』と『巡幸』だった」（前掲『わが半生』）。

一年後に迎える日本への旅、いわば日本「巡幸」において、自己陶酔は頂点をきわめた。先の発言の「最大の錯覚」とはそのような意味合いでなされた。おそらく、そのことに、東京駅頭の奉迎塔は一役買ったに違いない。

＊

奉迎塔の建設は戸田利兵衛が請け負い、三月十一日に着工、四月三日に竣工させた。工期はおよそ三週間、溥儀来日の三日前になんとか間に合った。

この前年に行われた溥儀が皇帝に就くための即位礼では、「天壇」なるものが不可欠だった。清朝の歴代の皇帝はそこに立ち、天に向かって即位を報告してきた。しかし、新京では、それを新たに造ることから始めなければならなかった。

「直径十八メートル、高さ二メートル、砂によって造られた三層の基壇は、満州在住の土木業者福井高梨組がわずか一か月で完成させたものだった」という（村松伸『中華中毒』ちくま学芸文庫、二〇〇三年）。

「満州国古代建築」風を演出した急拵えのこのふたつの建造物は、一九三〇年代にばたばたとでっち上げられた満州国にいかにもふさわしい。

防空都市と焼け野原
――一九四五年

空を護る

ひょんなことから、『明治三十七八年戦役陸軍凱旋観兵式写真帖』（陸軍大臣官房編、小川一真出版部発行、一九〇六年）というものを見た。表紙をめくると真っ先に飛び込んできた写真は、日露戦争から凱旋した軍隊が青山練兵場に勢揃いした様子を空から撮影したものだ。

軍隊の戦闘場面ばかりでなく、その編成や行軍の様子を空からの視点で描き出すことは、古来、絵巻や屏風や兵法書でしばしば行われてきた。しかし、そのいずれもが空中に設定された架空の視点に立った、いわば空想の光景であった。

ではなぜ、この写真帖では空中撮影が実現できたのか。

「答えは顔に書いてある」と言いたくなるほど、写真は、カメラの位置と地上とを繋いだ一本のロープを平気で写し込んでいる。すなわち、カメラマンは繋留された気球に乗っていたはずであり、真下にカメラを向ける限り、ロープを避けることはできなかった。

しかし、この邪魔なロープが消えてなくなる日はすぐそばまで迫っていた。自由自在に空中を飛行すること、それが人類の長い間の夢だったが、ドイツではツェッペリンによる飛行船の開発が進行中であり、日本でも一九〇九年に、勅令により、臨時軍用気球研究会が設置された。翌一九一〇年九月に、山田猪三郎製作の山田式一号飛行船が初飛行に成功している。同じこの年の暮れには、ドイツ製のハンス・グラーデ機に搭乗した日野熊蔵大尉とフランス製のアンリ・フォルマン機に搭乗した徳川好敏大尉とが代々木練兵場でそれぞれ初飛行に成功しており、飛行船と飛行機の時代がほぼ同時に訪れたことになる。

「飛行船にて復興の帝都へ」（文部省、一九二六年）、「帝都復興シンフォニー」（東京市政調査会、一九二九年）といった記録映画が残っている。関東大震災でいったんは壊滅した東京の復興の様子を、飛行船から、間近かに、まるで舐めるように眺めていく映像だ。

現代のわれわれも、羽田空港に離陸した直後、あるいは着陸する直前に、同じ視点から東京を眺めることができるが、速さと高さがまるで違う。ゆったりとしていて、たとえていえば、空に浮かんでいるトンビの感じなのだ。いかにも東京の復興を寿ぐにふさわしい視点である。

一九二九年には、ドイツのグラーフ・ツェッペリン号が、世界一周の途中、日本の空にその巨体を現した。寄航地は霞ケ浦飛行場、そこには、皮肉にも、第一次世界大戦の賠償としてドイツから得た大格納庫が移設されていた。

この出来事を、第二の黒船来航、ただし空からの、と考えたらどうだろうか。七十五、六年前、アメリカ艦隊の出現に、江戸は騒然となった。神奈川ではなく横浜を開港地としたことも、将軍のお膝元から外国人を少しでも遠ざけようとする苦心の策であった。

しかし、飛行船という船が水面を離れて大空に浮かんだ今となっては、もはやそんな小細工は通用しない。グラーフ・ツェッペリン号が軍事飛行であったとしたら、敵の侵入を一気に許したことになる。それほど空は無防備であった。

こうして、「防空」が新たな国家的課題として浮上してきた。地上での防備には、柵や壕づくりに始まる古代以来の長い長い蓄積がある。海防は、蒙古襲来時の防塁築造などの先例はあるものの、一般にはずっと遅れて、外国船がしばしば姿を現すようになる江戸時代後期になってようやく現実味を帯びてきた。黒船来航のあと、あわてて江戸湾に台場を築いたことは周知のとおりだ。

新たな兵器として飛行機が導入された第一次世界大戦は、戦争の在り方を大きく変えてしまった。頭の上から敵が攻めてくるという、攻められる側から見ればこれまでに考えられないような事態、しかし、攻める側には夢にまで見た事態が、現実のものとなった。

五年の準備を費やして、一九三三年八月九日から十一日にかけて、東京、神奈川、千葉、埼玉、茨城の一市四県で行われた関東防空大演習は、ひとりのジャーナリストによって「嗤」われたがゆえに、記憶されている。「吾等の帝都は吾等で護れ」をスローガンに、前年に組織された防空団を中心に一千万人を超える国民が参加したという。演習の具体的な中身は、対空監視活動、救助活動、治安維持活動、灯火管制などである。

『信濃毎日新聞』の主筆桐生悠々が演習の最終日に「関東大防空演習を嗤ふ」という記事を書き、それが何の役にも立たないと厳しく批判した。

論点は、「敵機を関東の空に、帝都の空に、迎へ撃つといふことは、我軍の敗北そのものである」という言葉に尽きる。すなわち、そうなったらもはやおしまい。「阿鼻叫喚の一大修羅場を演じ、関東地方大震災当時と同様の惨状を呈する」ことが目に見えており、そこに至る前の防御策をしっかり講じよというもっともな意見であった。関東大震災の焼け野原はほんの十年前の現実である。「嗤」いたくなる「滑稽」を、悠々はこんなところに感じている。敵機の夜襲時には電気を消してじっとしていよというが、今日の科学を以てすれば「ロボットがこれを操縦していても、予定の空点において寧ろ精確に爆弾を投下し得る」のだから、「却って市民の狼狽を増大する」ばかりだ。なるほどひたすら念仏を唱えながら、災いの通り過ぎるのを待っているひとびとの姿が浮かんでくる。

破局は間近に迫っていたが、それを想像でき、ましてそのことを口にできたのは、悠々のようなほんのひとにぎりの人間にすぎなかった。一九四〇年代は紀元二千六百年で始まり、その最初の年はさまざまな記念事業で明け暮れた。神武創業以来の「二千六百年」という悠久の時間は、人間のまともな想像力を麻痺させたといえるだろう。

天皇のための防空壕

一九四一年十二月に日米戦の火ぶたが切られ、その半年後には、東京が早くも最初の空襲を受けている。本格化するのは一九四四年十一月からで、それはサイパン島、テニアン島、グアム島などマリアナ諸島に米軍の飛行場がつぎつぎと建設され、戦略爆撃機B29による本土攻撃が可能になったからである。

翌年八月の二発の原爆で日本の息の根を止めるまで、米軍の戦略爆撃は三段階を踏んで実施されたといわれる。すなわち、第一に軍需工場を標的とした精密爆撃、第二に大都市に対する焼夷弾爆撃、第三に中小都市への焼夷弾爆撃である。後二者がジェノサイド（大量虐殺）であることはいうまでもない。

こうした空からの攻撃に、航空写真は不可欠だった。米軍によって航空写真の軍事的重要性が認識されたのは、自業自得のようなところがあるが、真珠湾攻撃がきっかけになったという。すみやかに写真撮影と管理と利用のシステムが軍内部につくられ、膨大な数の航空写真が撮影された。戦端を開いた日本軍の空からの最初の一撃は、米軍の本土空襲によって、百倍、千倍にして返されたといえそうだ。

一九四四年十一月一日に、B29を改造した二機の写真撮影用偵察機が東京上空に侵入、撮影された写真は七千枚に上る。攻撃目標に番号が付され、これをもとに十一月二十四日のB29百十一機による空襲が実施された。

その直後に、「真珠湾爆撃という屈辱的記念日を華やかに祝ったらどうかと、ひとつの具体案」、すなわち「皇居大爆撃」がワシントンで検討されたが、それは日本人をますます怒り狂わせ、逆効果をもたらすという判断から実現しなかった（E・バートレット・カー『東京大空襲―B29から見た三月十日の真実』光文社NF文庫、二〇〇一年）。

焼け野原と化した東京の航空写真を眺めると一目瞭然だが、ジェノサイドが行われた隅田川両岸とは対照的に、宮城をはじめ、国会議事堂、霞ヶ関官庁街、少し離れて本郷の東京帝国大学、上野の東京帝室博物館などが焼かれていない。戦後の占領政策を円滑に進めるために、必要な施設を温存したといわれるが、なるほど宮城には爆弾が落とされず、天皇もまた、日本人を狂暴化させないという理由で戦争責任を問われなかった。強要されたのは「人間」になることと、皇室財産の大規模な没収であった。その結果、一九四七年五月三日に日本国憲法施行と同時に、帝室博物館は国立博物館に変わる。

しかし、東京に爆弾や焼夷弾が雨あられと投下される中で、宮城だけは安全だなどと、当事者は知る由もなかった。もともと東京は江戸城を中心に出来上がっていたから、上空から見れば、そこはまるで弓矢の的の中心、隠しようがない。隠れる先は地下しかなかった。

そこで建設されたのが、「御文庫」という名の防空舎である。厚さ三メートルの屋根で覆われ、その上から土をかぶせたが、地下壕ではない。そして、それも危ないという判断から、さらに頑丈な避難所が地下に建設され、両者はトンネルで結ばれた。本来の住まいである宮殿は、五月二十五日の空襲の際、濠の外からの飛び火で焼失してしまった。

日々破壊されてゆく東京を目にしながら、濠の中のひとびとが何を考えていたのか、天皇自身の証言『昭和天皇独白録』（寺崎英成他、文春文庫、一九九五年）のほか、高松宮、侍従長藤田尚徳、侍従徳川義寛、侍従入江相政、内大臣木戸幸一らの日記や手記からいくらかは復元できる。

なかでも、侍従長という役職がら、もっとも天皇の近くにいた藤田は、一九四五年を迎えて次第に激しくなる空襲を避けるために宮城内に地下壕を建設する話から、その回想を始めている。

三月十八日には、八日前の大空襲の被災地を天皇が視察した。まだ摂政宮であった時、関東大震災の被災地を同じように巡見しているが、「今回の方がはるかに無惨だ」「侍従長、これで東京も焦土になったね」と藤田に語ったという（藤田尚徳『侍従長の回想』講談社、一九六〇年）。他人事ではなく自らの宮殿を失うのはそのふた月後である。

もっとも、天皇はなかなか地下壕に入らなかった。賢所の御神体や皇太后・皇后の安全を優先させたからだと藤田はいう。天皇が皇太后の安否を気遣うのは、子が母を、夫が妻を気遣う当たり前の人間的な行為である。しかし、御神体への気遣いは、人間的というよりは、天皇

御文庫附属庫の会議室と北側事務室の鉄扉（宮内庁ホームページ：http://www.kunaicho.go.jp/kunaicho/koho/taisenkankei/obunko/obunko-h27-ph.html#h27-07）

的というほかない行為だろう。

「人間宣言」(一九四六年元旦)を発するまでもなく、天皇はひとりの人間であるが、天皇から離れれば離れるほど、遠景の中のそれは人間の姿をした天皇(現人神)にしか見えなくなる。まさしく、幕末の薩長が明治天皇を「玉体」として扱い、政治的都合に合わせて京都から江戸へと連れ出したように、昭和天皇を東京から連れ出そうと企てたひとびとがいる。万一、天皇の頭上に爆弾が落ちたら、破壊されるのは天皇の肉体ばかりでなく、日本もだと考えたからである。

むろん、空襲を避けるためだから、行き先は地下でなければならぬ。こうして選ばれた土地が信州松代であった。三方を岩山に囲まれた真田十万石の城下町である。その岩山に突貫工事で地下壕が掘られた。天皇・皇后を移し、大本営を移し、さらに政府機関、日本放送協会などをそっくり移して、松代から戦争の指揮を執り続ける構想だった。

天皇の耳にもその話は届いたが、天皇も側近も東京を離れるつもりは微塵もなかったと、藤田は断言している(ただし木戸幸一はその逆を証言する)。「皇居に陛下がいますという国民の安心感は、何ものにもかえがたいものだ」(前掲『侍従長の回想』)がその理由のひとつだった。それはそうかもしれない。しかし、天皇は空襲に苦しむ現在の国民にだけ目を向けていたわけではない。好意的にいえば未来の国民のことをも、批判的にいえばむしろ先祖伝来の宝物のことを気遣っていた。

その証拠に、米軍の本土上陸が迫る中で、何よりも三種の神器の行く末を心配しているからだ。「敵が伊勢湾附近に上陸すれば、伊勢熱田両神宮は直ちに敵の制圧下に入り、神器の移動の餘裕はなく、その確保の見込が立たない、これでは国体護持は難しい」(前掲『昭和天皇独白録』)、「爰《ここ》に真剣に考えざるべからざるは三種の神器の護持にして、之を全ふし得ざらんか、皇統二千六百有余年の象徴を失ふこととなり、結局、皇室も国体も護持〔し〕得ざることとなるべし」(『木戸幸一日記』一九四五年七月二十五日条、東京大学出版、一九六六年)。

信州松代の「ロ壕」と呼ばれた地下壕には、地上部分に天皇と皇后の住まい(御座所)が建設された。そして、いざ空襲となれば、地下壕に駆け込むための通路もそのままで、現在は気象庁精密地震観測室によって使われている。先ごろ、その通路を通って地下壕にまで入ってきたが、大日本帝国のどん詰まりに立った気がした。

ちょっと飛びこむ美術館
——一九五二年

描かれた肉弾三勇士

往復の航海を含めて二十六日間に及んだ満州国皇帝溥儀の「ひょんなことから——一九三〇年代ニッポンへの旅」は『満州国皇帝陛下東京市奉迎志』（東京市役所、一九三六年）によって詳細にたどることができる。

ところで、同書には、一枚の奇妙な写真が収められている。奇妙な、というのは、東京市芝区青松寺を皇帝が訪れた記録も、その前を通過した記録もないのに、同寺境内に建立されて間もない記念碑の前で、赤穂浪士の討入り姿をした子どもたちがにこやかに日の丸の小旗を振っているからだ。

おそらく、子どもたちの前に皇帝の姿はあったのだろう。それなら皇帝の目にとまったかもしれない記念碑は、日本が中国との戦争を仕掛けていくなかで（それは皇帝を追放した中国であったが）戦死し、勇士に祭り上げられた三人の兵隊の忠臣ぶりを讃えたものであった。それゆえに、子どもたちが「忠臣蔵」の討入りの格好をさせられたことは、単に泉岳寺が芝区にあるということを超えて、理に叶っている。

上野英信の『天皇陛下萬歳—爆弾三勇士序説』（ちくま文庫、一九八九年）は、一九三二年の上海事変における廟巷鎮の戦いで敵陣突破を図って自爆した三人の工兵が、たちまちのうちに「爆弾三勇士」、あるいは「肉弾三勇士」とされ、いかに日本国民を熱狂させたかを検証している。

その中にこんな話が出てくる。三勇士の壮挙に感動した石橋正二郎が、出身部隊の久留米工兵十八大隊に三勇士記念館を建設して寄贈、坂本繁二郎に百五十号の壁画「肉弾三勇士」の制作を依頼したというのだ。

勇壮な戦争画は、馬の画家として知られた坂本の好むところではなかったが、断り切れずにしぶしぶ引き受けた様子を、上野は西日本新聞社の記者だった谷口治達がまとめた『坂本繁二郎の道』(求龍堂、一九六八年)から引いている。しかし、坂本自身が制作の苦心をつぎのように回想している。

馬ばかり追い求めていた私ですがこの時ばかりは、国中の熱っぽい雰囲気に気押されてしまいました。しかし描く以上は腰をすえねばなりません。背丈が足らずに兵役を免れたほどの私に、飛びかう弾丸の光も、硝煙の模様もわかるはずがありません。翌年から三年間、二月になると、薄暗いうちにアトリエの庭にわら人形をすえ、軍服を着せてイメージを出すのにつとめました。動の中の静、静の中の動、死の中の生、生の中の死、数分後に起こり得る結果を知りながらなお戦い進まねばならなかった三兵士の心境と宿命をいかにカンバスに定着させたらよいのか――昭和十年になってやっと三百号の作品が完成しました。あまり勇ましい絵ではないといわれたものです。(『私の絵私のこころ』日本経済新聞社、一九六九年)

百五十号と三百号の違い、なぜ「二月になると」なのかなど(三勇士の戦死は二月二十二日であった)不可解な点は残るものの、坂本によれば、この絵は終戦後の混乱のうちに行方不明となったとのことで、もはや確かめる術はない。わずかにブリヂストン美術館所蔵の「肉弾三勇士」がその手掛かりとなる。

なるほど、それはあまり勇ましい絵ではない。いつものように朦朧としていて、突撃するのが兵隊なのか馬なのかよくわからないほどだ。石橋の求めに応じて、坂本は二十五号の「肉弾三勇士」を二点描き、あと一点は秩父宮に贈られたという。

御成御殿の絵

この絵については、作者の側からばかりでなく、制作依頼者にして寄贈者、石橋正二郎の側からも語る必要がある。

石橋は一八八九年に久留米の小さな仕立物屋「志まや」の息子として生まれた。十七歳で家業を継いで間もなく足袋の製造販売を専業にすると、みるみるうちに売り上げを伸ばした。「志まや」は「志まや足袋」、「アサヒ足袋」、「日本足袋」、「ブリッヂストン」と名をつぎつぎと変えた。三十四歳の時に発売した地下足袋は、足袋の裏にゴムを縫い付けるのではなく張り付けたものであり、丈夫で長持ちしたがゆえに爆発的に売れ、事業をさらに大きく広げることになる。中国、満州、朝鮮、台湾にも工場が建設された。足袋の底にゴムを付けるという画期的アイデアは、その後、足袋からゴム靴へ、さらに自動車タイヤへと展開して、ブリヂストン株式会社の今日の繁栄へとつながっている。

美術品の蒐集は、一九二七年に久留米に邸宅を建設したころから始まる。当時の写真を見ると、木造三階建ての大きな山小屋風で、大半が洋室だったという。そこに飾る油絵を必要としたのだった。坂本繁二郎の「あらしの海」をこのころに手に入れている。坂本は石橋の久留米高等小学校時代の図画の教師である。数年前に東京から郷里に戻り、石橋との交遊が始まっていた（宮崎克己「石橋正二郎の建築」『コレクター石橋正二郎』展図録、ブリヂストン美術館、二〇〇二年）。

一九三〇年に、秩父宮が久留米近郊の大刀洗飛行隊に入隊することになった。その宿泊所の選定が久留米第十二師団により秘密裏に進められ、石橋邸に白羽の矢が立った。石橋は「畏れ多いとて辞退したるも師団側の再三の懇望もあり殿下の御来泊を仰ぐは一門の光栄は勿論同市としても高貴の方がかくも長く御滞在あそばされることは空前のことで光栄これに過ぎたものはない」として受諾した（『福岡日日新聞』一九三〇年六月十三日）。

「かくも長く」という滞在期間はたかだか三週間、とはいうものの「勢津子妃殿下も御同伴あそばされる事に御内定、この外御附武官一人宮内属一人御召使の女二人都合五扈従《こじゅう》し奉る由なる」ゆえに、「従来の邸宅は粗末であるのみならず臣下の家を殿下の御宿泊所に仰ぐはあまりに恐懼であるから別に御泊所を新築」(同紙)することとした。

いわゆる御成御殿が建てられた場所は自邸のすぐ隣、しかし、自邸とは対照的に和風の建物である。六月二十三日に地鎮祭が執行され、七月二十五日に落成式を迎えたから、わずかひと月のあわただしい建設工事であった。和風建築ゆえに、油絵ではなく「東京京都の一流画家の手に成れる軸物と花瓶」(同紙同年七月二十三日)で飾られたが、併せて自邸の改築も行われ、青木繁の「海の幸」や「わだつみのいろこの宮」などが、青木の友人梅野満雄から借り出されている。「御成」を記念してまとめられた『秩父宮同妃殿下御滞泊記念写真帖』には、合計二十九点の美術品が収録されている(植野建造「石橋正二郎コレクション形成史――その一――草創期から終戦まで」前掲『コレクター石橋正二郎』展図録)。

ここで思い出すのは、東京本郷の前田邸のことである。ちょうど青木繁が「わだつみのいろこの宮」を描いた一九〇七年に、侯爵前田利為は和風建築の自邸のすぐ隣に洋風建築の迎賓館を完成させた。そして、一九一〇年、明治天皇をそこに迎えるために、パリで画商を営んでいた故林忠正のコレクションから実に二十四点の西洋絵画を一括購入している。

「個人コレクション」と簡単に呼んでしまいがちな美術品の集合体が、必ずしも個人的趣味だけで形成されるわけではないこと、むしろ、それを誰が見るのか、誰に見せようとするのかが大きな要因になることを教えてくれる。石橋にとっても、二十年前の前田にとっても、コレクションが披露された場はあくまでも「御成御殿」であった。

しかし、石橋が建設を夢見て、やがて実現させることになる美術館とは、「御成」とは無縁なわれわれもまたずかずかと足を踏み入れていける場にほかならない。まさしく同じ一九三〇年に、石橋は坂本繁二郎から青木繁の絵を集めて建設するようにと勧められ、倉敷には大原孫三郎による大原美術館が開館する。

今回の旅は、なかなか「一九五〇年代ニッポン」へとたどりつけないが、一九五〇年代における相次ぐ美術館建設を考えるには、この時期の石橋を知っておく必要がある。

なぜなら、石橋は一九二八年に九州医学専門学校（現在の久留米大学医学部）の土地建物を久留米市にぽんと寄付、秩父宮の宿泊所提供はそれにつづく社会貢献であったからだ。そして、そのつぎに、先に紹介した「肉弾三勇士」の記念館と壁画寄贈が来る。これまでに何度か引用したブリヂストン美術館の『コレクター石橋正二郎』展（二〇〇二年）は自らの歴史を振り返るすばらしい展覧会であったが、「肉弾三勇士」にだけはあまり触れたがらないようだった。

街の中の美術館

戦争はゴムを必要とし、戦後復興もまたゴムを必要とした。むろん、敗戦とともにブリヂストンは海外の工場をすべて失うが、早くも一九四五年十月には自動車タイヤの生産を再開している。要するに敗戦の痛手は小さく、戦後の混乱期に市場に流れ出た美術品を、石橋は一気に買い集めることができた。

ようやく落ち着きを取り戻した一九五〇年代に、それはまた朝鮮戦争という追い風がブリヂストンに吹いた時期だが、東京駅近く、京橋一丁目に本社ビルを建設することになる。そして、その二階に、ブリヂストン美術館が開設された。

開館式は一九五二年一月八日に執り行われた。六十三歳になる石橋正二郎の挨拶は、「何か久留米でもいい東京でもいい、小さい青木の美術館を建ててもらって、後世に残すということが、非常に郷土の誇りでもあり、日本の誇りでもある」と、二十年前に石橋に向かって語られた坂本繁二郎の言葉を披露し、それが実現するまでの歩みを振り返った前半部と、戦後アメリカの美術館を回って感銘を受け、その中でもとくにニューヨーク近代美術館を東京に建てる美術館のモデルにしたという後半部から成る（前掲『コレクター石橋正二郎』展図録に当日のテープから起こした挨拶が収録されている）。

ニューヨーク近代美術館をモデルにしたのは、それがオフィス街にあり、従来の宮殿型の美術館とはまったく異なる姿を有し、まったく新しい活動を展開していたからである。

「ああいう風に無造作に、ちょっとこう飛びこんでというような設備」に魅かれた（同挨拶）。石橋は、東京駅前のビルの内部に美術館を開設することに積極的な意義を見出していたのであり、決して、彼の自由になる空間がそこにしかないからではなかった。

挨拶を締め括るつぎの言葉は、御成御殿から美術館への鮮やかな変身を語っている。

「一般大衆の方が、頭を休めるとかなぐさめるとかいうことで、ちょいちょいと入って見ていただけるという風にしたら、社会的の大きなサービスということもそこに生まれるのじゃないかと、かれこれ考えまして、美術館をつくったわけであります」

一九五〇年代に入るやいなや、それまでの日本にな

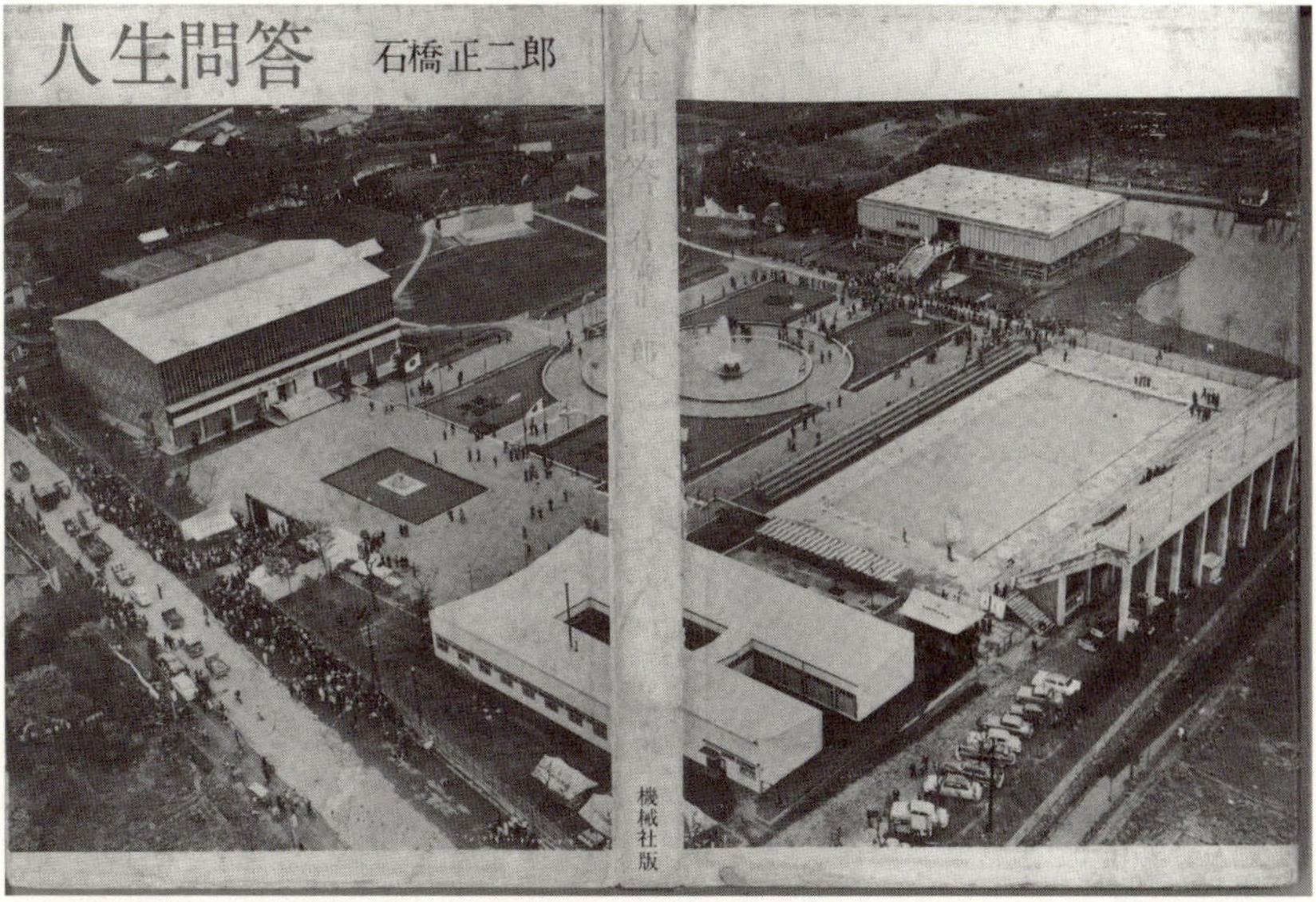

石橋文化センターの様子。右上が石橋美術館（石橋正二郎『人生問答』機械社、1957年、表紙より）

かったタイプの美術館がつぎつぎと生まれた。ブリヂストン美術館開館のふた月前に鎌倉鶴岡八幡宮境内に神奈川県立近代美術館が開館(一九五一年十一月十七日)、十一ヶ月後には国立近代美術館が同じ東京京橋に開館(五二年十二月一日)した。これら三つの美術館の誕生が相次ぐ間に、サンフランシスコ講和条約が発効して、日本は独立を回復している。

ブリヂストン美術館もまた、そうは名乗らなかったが、実質的に近代美術館であった。三館のいずれもがニューヨーク近代美術館をモデルにしたという。すでに評価の定まった美術品を展示室に並べるのではなく、美術館が新しい美術を生み出し、そのことで新しい社会を築こうとする意欲に満ち溢れていた。いずれもが、「無造作にちょっと飛びこむ」美術館たらんとした。

それから四年後、坂本繁二郎の助言に応えるかのように、石橋正二郎は郷里久留米市にも、石橋美術館を中心とする石橋文化センターを建設して寄付した。翌年に出版された著書『人生問答』(機械社、一九五七年)の表紙は、その全貌をとらえた航空写真で飾られている。

もっとも、石橋正二郎の社会貢献はこれで終わったわけではない。つぎの一九六〇年代には、国立近代美術館を新たに北の丸公園に建設し国に寄贈するという大仕事が待っている。もちろん、われわれの「ニッポンへの旅」もこれで終わるわけではない。

三

ひょんなことから
一八五〇〜一九五〇年代
ニッポンへの旅のつづき

開港場横浜の祭礼

――一八六〇年

洲干弁天

意外なことに、『江戸名所図会』は江戸にとどまらず神奈川・横浜・金沢八景の先までを視野に収める。品川万松山東海禅寺に始まる巻之二は、読者を南へ南へと連れ出し、江戸湾に浮かぶ烏帽子島・夏島・猿島・裸島へといたらしめる。天保五（一八三四）年刊だから横浜開港までまだ二十五年ある。そのころの横浜がはて「名所」かと訝る現代の読者もあると思うが、同書は「横浜弁財天社」を見開きの図入りで大きく取り上げている。

本文にいわく、「芒《のげ》新田横浜村にあり。ゆゑに土人、横浜弁天とも称せり。別当は真言宗にして、同所増徳院奉祀す。祭礼は十一月十六日なり。安置するところの弁財天の像は、弘法大師の作にして、江の島と同木なり。この地は洲崎にして、左右ともに海に臨み、海岸の松風は波濤に響きをかはす。もつとも佳景の地なり。海中、姥島など称する奇巌ありて、眺望はなはだ秀美なり」（市古夏生・鈴木健一校訂『新訂江戸名所図会』二、ちくま学芸文庫、一九九六年）。

図は戸部山あたりからの眺望を示す。「芒村」（と図には示されている）の奥に新田開発の進む様子がうかがわれるものの、まだまだ入江は健在で、帆を掛けた舟がのんびりと出入りしている。文政年間に成った『新編武蔵風土記稿』巻之七十七によれば、弁天社は久良岐郡横浜村の鎮守である。社地は「洲乾の出洲にあり」、社中には前立の像のみを置き、神体は元禄年間より村の東南にある別当増徳院仮殿に安置してきたとし、祭礼が十一月十六日であることの由来は明らかにしない（蘆田伊人編『新編武蔵風土記稿』第四巻、雄山閣、一九五七年）。

弁天社と横浜村を洲がつないでいた。入江は洲乾《しゅうかん》湊と呼ばれ（洲干湊とも書き）、ゆえに洲干《しゅうかん》弁天の名がある。この地に開港場建設を幕府が決めたのは、安政六（一八五九）年二月だった。前年六月十九日に調印された日米通商修好条約ほか五カ国条約は、その第三条で「安政六未年六月二日（西洋紀元一八五九年七月一日）」の神奈川開港を定めていた。

しかし、アメリカ公使ハリスは文字どおりに神奈川宿を、日本側は東海道から離れかつ戸部山によって隔絶された横浜村を開港地とすることを求め、開港の年が明けても互いの主張を譲ろうとしなかった。ハリスは幕府の思惑を見抜き、江戸にも長崎同様の出島を作ろうとしていると非難した（「二月八日神奈川宿本陣対話書」『大日本古文書 幕末外国関係文書之二十二』東京大学史料編纂所、一九七三年覆刻）（＊註1）。結局、開港日までは開港地決定を棚上げにし、その間に、幕府は横浜村の開港場建設を急いだ。既成事実をつくってしまおうとする作戦である。外国奉行兼神奈川奉行村垣淡路守範正が、三月九日に野毛と戸部の役宅の地ならし、六月十一日には「波戸場始、役々住居道橋等残仕事皆出来」と日記に記したとおり、わずか三ケ月の工事で

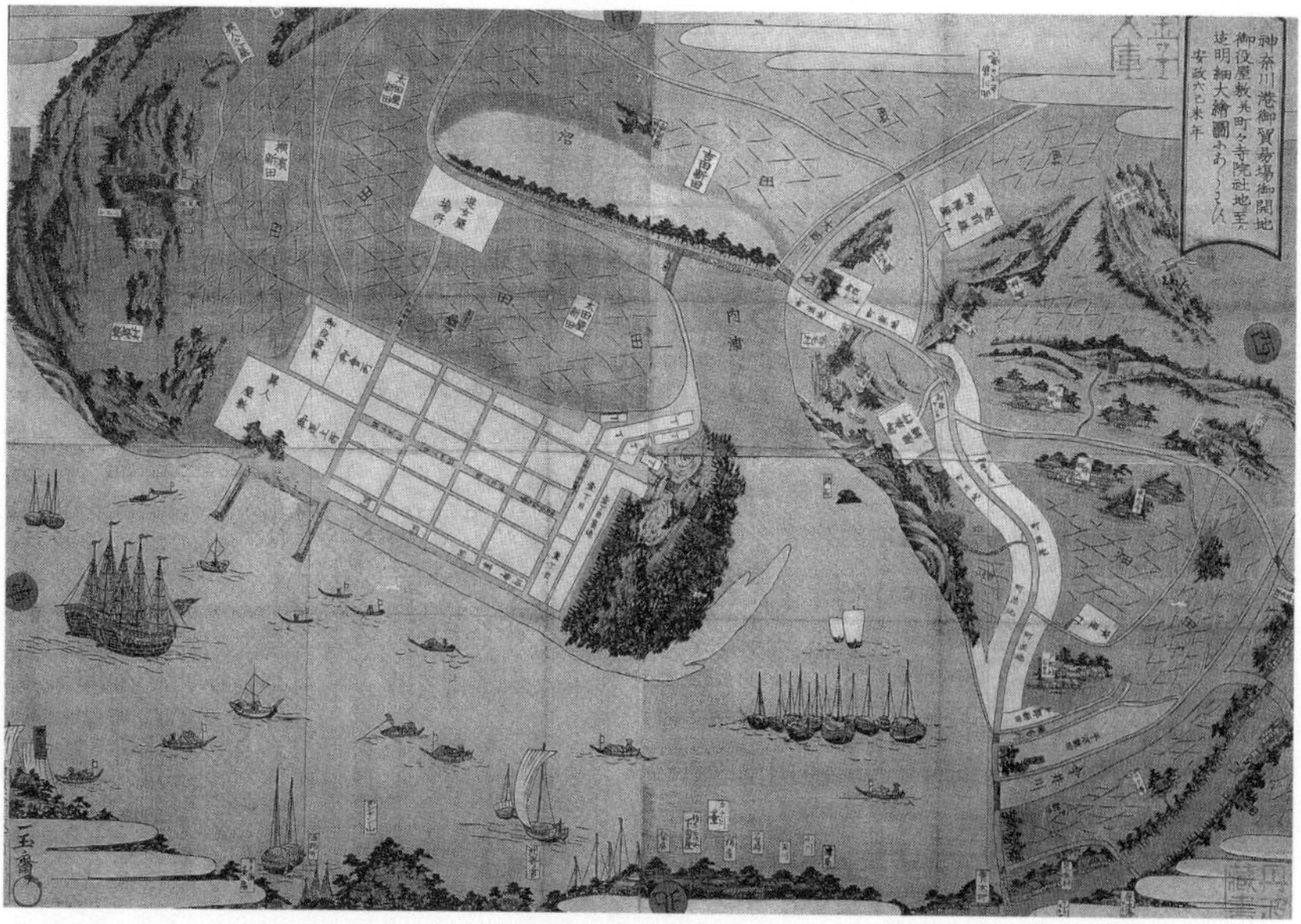

五雲亭貞秀『神奈川港御貿易場御開地御役屋敷并町々寺院社地ニ至ル迄明細大絵図にあらわす』1859 年
（神奈川県立歴史博物館）

開港場は完成を見た（『村垣淡路守公務日記之十六』『大日本古文書幕末外国関係文書』附録之七、東京大学史料編纂所、一九六七年）（＊註2）。幕府は新たに出現した町に江戸から商人を呼び集めるならば、開港場の貿易を統制できると考えた。

開港直後の七月の「横浜開港地割元図」によれば、出身地のわかる商人七十一人のうち、江戸からの移住者がほぼ半数の三十四人を占めている（『横浜市史』第二巻、横浜市、一九五九年）。前年暮れから幕府は横浜に移住・出店する江戸商人を募り、開港場建設に着手した三月にはすでに海岸通の地所の割渡しは終わっていた。そのころの「神奈川開港地割元図」が三井文庫に残されており、それによれば洲干弁天と運上所の間が日本人商人に割り当てられ、本町一丁目と二丁目の交わる角に江戸駿河町の越後屋八良右衛門が入った。越後屋こと三井の誘致には当人よりも幕府の方が熱心で、三井を元締めとすることで横浜の経済の掌握をねらったのだった（前掲『横浜市史』）。

これら江戸商人に加えて、各地から一攫千金をねらった「所謂山師にて冒険射利の輩」が集まってきたのは、運上所役人を務めた福地桜痴『懐往事談』（民友社、一八九四年）が伝えるとおりである。すなわち、洲の上に出現した急拵えの町の住人とは、出自を異にする商人たちの寄り合い所帯にほかならない。

開港一周年

万延元年六月二日（一八六〇年七月一九日）、横浜は開港一周年を迎えた。この日、洲干弁天にて祭礼が盛大に執り行われたことを、太田久好『横浜沿革誌』（太田久好発行、一八九二年）はつぎのように伝える。

開港一周年ナルヲ以テ横浜洲干弁財天（横浜元町増徳院別当ヲ兼ヌ従前祭典ハ八月十五日）祭礼ノ典挙行ス（爾来此日ヲ以テ例祭トス）其祭典ノ壮観ヲ外国人ニ示サンカ為メ男女美麗ヲ尽シ山車手踊ノ警護トナリテ市街ヲ練行キ其状千歳未聞ノ賑ヒヲ為シタリ

先に見た『江戸名所図会』は祭礼を十一月十六日としており大きく食い違っているが、いずれにせよ開港記念日に合わせて祭日を動かしたことがわかる。山車手踊の巡行があり、それは外国人の目を強く意識したものであった。それにしても、わずか一歳になったばかりのこの町の祭りをいったい誰が担うことができたのだろうか。

前年秋にニューヨーク・トリビューン紙の特派員として来日し、ウォルシュ商会に出資したアメリカ人フランシス・ホール（Francis Hall）が日記に貴重な証言を残してくれた（"Japan through American eyes, the journal of Francis Hall 1859-1866 Kanagawa and Yokohama" Princeton Univ. Press, 1992）。祭りは前日の六月一日（西暦七月十八日）から始まった。神奈川に住んでいたホールはこの日の朝に横浜に上陸した。町は華やかに飾り立てられ、人であふれかえっていた。商店の前には見物席が設けられ、洲干弁天の祭礼（a religious festival）というよりは休日の祝祭（a holiday fete）のようだ。これは、横浜開港以来最初の祭りを開くようにThe Governor（神奈川奉行）が特別に認めたからだと明言している。

ホールは親しい日本人商人の桟敷に座らせてもらい、そこから行列を見物した。行列の見ものは山車であった。ホールはそれを「a triumphal car surmounted by a tower of several stories on top of which was some allegorical or historical person or scene（さまざまな物語を塔のように飾り立てた凱旋車で、その頂きは寓意的なあるいは歴史的な人物や場面になっている）」と表現する。目の前を八台の山車が行き、さらに、そのあとに遊女たちを乗せた四台の屋台が続いた。それらの特徴を簡単にまとめてみよう。

一番　人工の岩山、紛い物の滝、松林、その中に虎が身をかがめ、巨大な龍がいる。すべてが紙で出来ており、高さは二十五から三十フィートほどもある。

二番　一層目に囃子方を乗せた塔、さまざまな大きさとかたちの太鼓、三味線を奏でる。その上に美しい絹と造花で飾られた天蓋がかぶさり、頂きには色鮮やかな女性像が立つ。髪を肩まで垂らし、豪華な衣装に身を包んでいる。戦で名を上げ死後神格化された古代日本のヒロイン（木下注＝神功皇后か）の姿である。十二から十五フィートもある松の木が背後に生えている。囃子方の中に長いヒゲの狐姿の男が立ち、しきりと獣の仕草をしている。二頭の牛が曳く。

三番　巨大な鐘を頭上に掲げた色鮮やかなNippon demi-godを戴く塔、囃子方と狐の面をかぶった踊り手が乗っている。

四番　塔は少し魅力に欠ける。さまざまな提灯を吊るした天蓋。

五番　舞台になる人造の橋が架かる。橋の上に役者が現れ、パントマイムを演じる。

六番　人造の樹木と草花からなる美しい丸屋根。

七番　巨大な笛吹きを載せた天蓋を牛が曳く。囃子方が乗っている。仮面の人物がグロテスクな身振りで観客を沸かせる。

八番　江戸の町をゆく大名行列をからかったもの。殿様の代わりに威張った狐が駕籠に乗っている。道化のように化粧をした女装の男たちが付き従う。

九番～十二番　部屋に見立てた小さな屋形を載せた車。そこには遊郭の女たちが演者として乗っている。彼女たちを世話する娘たちもいる。そして、芝居やパントマイムや踊りを演じる。いずれも熟練した遊女たちである。

ホールはこの祭りに三千両の経費がかかったと聞いた。それはおよそ四千ドルにあたる金額で、商人と奉行所が折半して負担したが、それとは別に商人たちが店の設えや祭りの遂行に要した費用は千五百ドルを下らないはずだと推測する。

日本人の祭礼に対する莫大な蕩尽に驚きを隠さない。と同時に、身分制度が固定された社会にあっては、いくら稼いだところでそれによって所属する階級を変えることはできないのだから、祭礼への蕩尽こそ幸福を実現させるための生活の知恵なのだと解釈する。

そして、ホールは、女たちの着物、髪型や化粧、踊り、音曲と楽器、曲芸師たちの軽業、見物人相手の水売りや物売りなどの様子を二日間にわたって克明に描写する。

これほど詳しい記録を日本側の記録には見出すことができないのは、祭礼のスタイルそれ自体は当時の日本人にとってさほど珍しいものではなかったからだろう。実際、ホールはこの時期には同じような祭りを全国で見ることができると書いている。江戸から押し寄せた大勢のひとびとにとって祭りは現在進行中の出来事に過ぎず、それを横浜の歴史の中にとらえるという発想は希薄だった。故老たちがようやく横浜開港時の思い出を語るようになるのは半世紀が過ぎてからだ。

開港五十周年をにらんで『横浜貿易新聞』が企画連載した「開港側面史」では、少なくとも四人の故老が万延元年の開港一周年祭を語っている（「開港側面史」『横浜貿易新聞』一九〇七年十一月二十四〜一九〇九年十二月七日連載、のちに石井光太郎・東海林静男編『横浜どんたく』全二巻、有隣堂、一九七三年として復刻）。彼らの証言を突き合わせると、太田久好のいう「其祭典ノ壮観ヲ外国人ニ示サンカ為メ」には政治的な意図があったことがうかがわれる。

「開港一周年祭というが、万延元年の六月二日に、この弁天様にありました。なんでも金をかけて精一杯に賑やかにして、外国人を驚かせというお上よりの内意でもあり、そのころは金のたくさん儲かるときだから、われさきにと立派にして、中には緋呉呂服の股引を穿いて出て、股も陰嚢も赤肌にして、医者にかかつたという滑稽もあつたくらいで、その前後、今に五十年、あれくらいな大祭はありません。（後略）」（七十六翁某談）

「（前略）六月朔日から、精一杯賑やかに、弁天様の御祭りをして異人に見せて驚かせろということで、町々の役人を、御上の役人の御役宅へお呼び出しで、内々御言附けになつたという事でしたが、そのころは、横浜へ異人が来たばかりで、実にお金が儲かりまして、横浜では切れ草鞋まで金になると江戸では申したくらいの景気のよいときではあり、ことに、お上から内々の御頼みというので、町中気狂いのようでした。(後略)」(神奈川町杵屋小三談)

「(前略)万延元年の開港一周年の祭に、当時名主の石川徳右衛門・太田屋源左衛門・島田三郎氏の祖父・小野光景氏の父、吉原では岩亀の五名が発起とあつて、神輿を改造しました。その神輿の真柱は、欅の一尺角程のもので、それに抽出をつけて、御魂代を入れるに供し、その側面に年号月日と右五名の姓名を刻して、朱を入れ、美事に出来《しゅったい》しましたが、その総重量は四百貫ということでした。それで、年々相撲を雇つたり、何かして担がせましたが、とかく喧嘩などがあつたものですから、明治三(一八七〇)年六月一日の祭礼には、神輿は水主《かこ》のほかは担がせぬ事にし、(後略)」(某老人談)

「開港後、初めての六月二日に弁天のお祭りを立派にしたいものだと、前年からの相談で、赤坂奴を呼び寄せようの、何のと、評定が長びいて、いよいよとなつて、襌も縮緬では面白くないから、舶来の呉呂にしようということになつて、白と赤と紫との三色を捻つてやつたところが、さあ、締めて見ると痛くて歩ければこそ、少しも動くことが出来ないので、縮緬に取替える人もありましたが、急の事で、色も揃わず、わざわざ江戸まで買いに行くやら大騒ぎをしました。(後略)」(鈴木隣松翁談)

七十六翁某のいう「外国人を驚かせというお上よりの内意」を示す直接の資料は見つからないものの(「内意」ゆえにか)、折しも六月十六日(西暦八月二日)に、イギリス公使館エル・ユースデンとアメリカ公使館書記官代理ヘンリー・ヒュースケンから、それぞれ外国奉行宛てに「祭礼見物につき好意感謝」の書簡が送られている。このうちヒュースケンのものを掲げておこう（「六月十六日 米国公使館書記官代理ヒュースケン書翰 外国奉行へ 祭礼見物につき好意感謝の件」『大日本古文書 幕末外国関係文書之四十』東京大学史料編纂所、一九八四年）（＊註3）。

「第九十一号
（万延元年六月十六日）
千八百六十年第八月二日、江戸に在る合衆国の使臣館ニて
外国事務奉行足下に呈す
余、セーネ・エキセルレンシー亜国ミニストルに代りて、此都の祭礼見物のため、懇切に計らひたる感謝、取敢す貴政府に証せんことを、足下に願ふ、且家屋も弁理宜敷、詰合役人の好意又我輩食物之設けありて、此首都の立派なる行列を、昨日、余、見物し、楽敷時を過し、爰ニ余か正直の其感謝を加へさるを得す、恐惶敬白
使臣館の現任セケレターリス
ハ・セ・イ・ヒュースケン」

残念ながら、ヒュースケンが見た祭礼は、本人が「昨日」と明かしているとおり、六月十五日に執り行われた江戸の山王祭であって横浜のそれではなかった。『武江年表』も同年六月十五日条にわざわざ「異国人、辰の口御作事方定小屋に於て、見物をゆるさるる」と明記しているくらいだからよほど評判になったのだろう（今井金吾校訂『定本 武江年表』下巻、ちくま学芸文庫、二〇〇四年）。

ちょうど一年前の六月二十九日に、幕府は山王・神田両祭礼を市中景気引き立てのために盛大に執り行うよう命じた。これにより、安政二年から禁じていた山車や附祭などの「御曲輪内江引入」を許した。その触書の文面には「今般外国貿易御取開、外国人居留之者も有之候ニ付而ハ、市中諸色潤沢不致候而ハ難相成儀ニ付」とあり、江戸の繁栄ぶりを外国人に強く印象づけようとする配慮が働いている（石井良助・服藤弘司編『幕末御触書集成』第五巻、

岩波書店、一九九四年)。とはいえ、その年九月十五日の神田祭を見物したいというアメリカ公使館からの申し出は拒絶し、回答をヒュースケンに伝えたのは祭り前日になってからだった(『大日本古文書　幕末外国関係文書附録之七』東京大学史料編纂所、一九六七年)。だからこそ、翌年の山王祭では見物が許され歓待されたことを感謝したのだった。

祭りの担い手

神奈川宿の医者佐藤汶栖《ぶんせい》の『金川日記』(『郷土よこはま』第五巻第五号第六号合併号、横浜市図書館郷土資料室、一九六一年)には、六月朔日条に「今日より三日横浜鎮守御祭礼夫ニ付入用と為て御奉行より金千両被下尤夷人来居候間不見苦江戸祭礼之通ニ可致との事ニ付壱町内弐百両も掛金致其華麗之祭礼古今未曾有と申事に候」と記されている。フランシス・ホールの推定金額はあながち間違いではなかった。ホールによれば、二日目には運上所の前に神奈川奉行と役人たちの見物席が設けられ、その前を行列が通過して行った。

そうまでして神奈川奉行が祭礼を実現させた理由は、単に「外国人居留之者」に横浜の繁栄ぶりを見せるというだけではなかった。当時の神奈川奉行はもっと切実で深刻な問題に直面していたからだ。それは横浜で相次いだ外国人殺傷事件である。開港後の一年間に三件の殺傷事件が起こり、五人が殺されていた。

安政六年七月二七日　ロシア艦アスコルド号の士官と水夫が本町三丁目で斬殺。

十月一一日　フランス領事館中国人下僕、弁天通で斬殺。

安政七年二月五日　オランダ船クリスティアン・ルイ号船長とヘンリエット・ルイサ号船長が本町四丁目と五丁目の間で斬殺。

このほかにも、同年一月七日にはイギリス公使館通弁伝吉(ふだんから洋装だった)が江戸東禅寺の公使館近くで刺殺された。また、三月三日に起こった水戸浪士らによる井伊直弼暗殺事件も、在日外国人に大きな衝撃を与えた。閏三月十二日には、水戸藩士六十人余が横浜の外国人を襲撃するという噂が流れ、警備の松山藩と越前藩が火事装束の人夫を繰り出し万一に備えた（前掲『郷土よこはま』）。こうした事件が起こるたびに、各国公使館は外国奉行および神奈川奉行に犯人逮捕と横浜における警備強化を強く求めた。

その一方で、この時期には横浜居留地の拡張が進められていた。神奈川奉行は二月二十四日に横浜村の農民に立ち退きを命じ、閏三月十一日には貸与する地所の五カ国均分案を各公使館の要求どおりに示した。神奈川奉行は安全確保を名目に領事館の横浜移転を勧めている。しかし、協議の結果を若年寄宛てに報告した神奈川奉行上申書には、アメリカ領事の発言として「元来横浜は御開港地ニ無之、同所え引移候而は条約に悖り候」とあり、同国が未だ横浜を条約上の開港地（神奈川）とは認めていないことがわかる（「三月二十四日　神奈川奉行上申書　若年寄へ　横浜転居につき各国領事と対話の件」『大日本古文書　幕末外国関係文書之三十八』東京大学史料編纂所、一九八〇年）。

それゆえに、実質的には開港場として機能している横浜の開港一周年には、この新興都市の繁栄と安全とを盛大な祭りによって内外に示す必要があったのである。ホールは初日の日記を、「Strangest of all, there were no fight, no scenes of brutality（何よりも奇妙なことは一件の喧嘩も、一件の暴力沙汰もなかったことだ）」と締めくくっている。

先に、日本人はホールほどには詳しく祭礼の様子を記録しなかったと書いたが、『金川日記』のほかにも二点、当日の光景を書き留めた資料が伝わっている。貴重な証言なので、その全文を引用しておこう。

「六月朔日、横浜町弁財天祭礼、江戸山王宮・明神宮ノ祭礼ノ如クニ出来候テ江戸芸人入込、高輪牛町自牛数来リテ出《ダシ》ヲ引、其外右ニ順ジ諸事江戸祭礼ノ如シ、近在ワ云ニ不及、御府内自老若男女見物人夥敷出、横浜町ワ勿論、神奈川町近辺迄群集為ケル」

（『安政六年七月―七年六月 横浜開港場見聞記』〈『神奈川県史 資料編十 近世（七）』神奈川県弘済会、一九七八年〉）

「申六月朔日・二日洲乾弁才天の祭礼ニ付、運上所より市中江金子被下、横浜惣町江金弐千両配分申候、中々見事の祭礼にて有りしなり、左ニ出せる絵図ハ其時見たりし大がいなり、此年洲乾弁才天之祭礼、本町・太田丁・本村町・港崎町にて凡出し印七八本も出たり、踊屋台五ツ六ツ、地車踊台四ツ五ツ、其外町々店々の警固、娘・子供の鉄棒引、実に江戸の両祭礼のごとし、町々の景色ハ壱丁目通り・本町通り・弁天通りいつれも桟敷を打、高張・軒提灯・幕・毛氈、店前に埒を打廻し、目ををどろかす計りなり、六月二日祭礼当日朝五ツ時頃、本社より榊・四神・太鼓・獅子・楽人七八人舞楽の装束を着し、鳥兜を被り、太鼓・横笛・笙・ひちりきの類をならして道楽なり、太鼓・四神之類ハ白丁烏帽子にて是をもつ、次ニ神輿壱基土地の若ひ衆是をかく、はちまき・紺はらかけ・三尺帯・もめん絞りの筒袖、儒伴《ママ》太《ママ》躰此形になり、弁天通りより吉原前を東へ御高札場わき通り海岸へ出、運上所前より同脇へ出、西へ大通り、夫より何方へ行しや知らず、此八ツ時頃又芝居町の脇にて神輿を見たり、別当歩行にて神輿の跡に付添ふ、町々よりくり出す出し印・ねり物も大躰右の順に順せしなるべし、なれとも定まりし上覧所ハ運上所の前波止場の海岸にて、其外に別して引まハるべき順なく、日のくれるまで引次第に引ありくゆへ、仕舞にハ踊子も警固もむちやくちやになり、日のくれるゆへ、よんどころなく祭礼も仕舞しなり、一向たわいなき祭礼なり」（「万延元年六月 横浜洲乾弁天祭礼の様子書上」『えひすのうわさ』〈『神奈川県史 資料編十 近世（七）』神奈川県弘済会、一九七八年〉）

横浜の祭礼は江戸の山王祭・神田祭をまねた。すなわち、神輿の巡幸に、山車、踊屋台、地車踊台、練り物が従い、そこに芸人が加わるというスタイルの踏襲である。

この「出し印七八本も出たり、踊屋台五ツ六ツ、地車踊台四ツ五ツ」という証言は、ホールが目にした数とほぼ符合する。踊屋台と地車踊台の違いは判然としないが、神田祭においても、舞台と楽屋を載せた踊屋台、舞台のみの簡素な踊屋台、徒囃子《かち》を取り込んだ底抜け屋台など複数のタイプの屋台が曳き回されている。

行列は洲干弁天を出発したあと弁天通りを進み、「吉原」すなわち港崎町へと向かう一本道の入口あたりで方向を東に転じ、高札場を抜け、運上所の脇を通過し、本町の大通りを再び洲干弁天に向かって上った。運上所をはさんだ反対側に展開する外国人居留地には入っていない。日本人町には弁天通・北仲通・本町・南仲通・海岸通の五本の通りしかなく、氏子の町をぐるぐると巡る山王祭・神田祭のようなわけにはいかなかった。「其外に別して引まハるべき順なく」、「仕舞に八踊子も警固もむちゃくちゃに」なったのにはこうした事情があったのである。このことは、「on the first day of the spectacle there was no order to the procession（祭りの初日は行列に何の秩序もなかった）」というホールの観察とも一致する。ホールが日本の祭りの運行を理解できなかったのではない。もともと横浜の祭りは即成ゆえに巡行路も定まらず、秩序立っていなかったのである。江戸と横浜の歴史の有無がここに端的に表れていた。

そもそもお上より命じられた祭礼であり、山王祭・神田祭のように氏子が町ごとに山車や附祭を出すという状況にはなかった。横浜は急ごしらえの町である。江戸のみならず各地から集まってきた商人は、もちろん洲干弁天の氏子ではない。わずか一年余で、横浜の住民（江戸であれば江戸っ子）という意識をどれほど持つことができただろうか。

万延元年ごろの横浜は九町から成っていた。町名と名主を以下に示す。横浜町一丁目（金指六左衛門）、同二丁目（田沢徳兵衛）、同三丁目（同）、同四丁目（清五郎、文久元年九月より島田源兵衛）、同五丁目（同、文久元年九月より小野兵助）、元横浜町（半右衛門）、太田町（源左衛門）、戸部町（庄右衛門）、港崎廓（佐藤佐吉）。この七人の名主の上にふたりの惣年寄、保土ヶ谷宿名主の苅部清兵衛と横浜村名主の石川徳右衛門がいた。横浜町会所は運上所の裏にあり、惣年寄はそこで勤務した（斎藤多喜夫「幕末期横浜の都市形成と太田町—太田屋新田西部地区造成関係資料を中心に」『横浜開港資料館紀要』第四号、一九八六年、および『横浜町会所日記—横浜町名主小野兵助の記録』横浜開港資料館、一九九一年）。

先に引いた洲干弁天の神輿新調の発起人「名主の石川徳右衛門・太田屋源左衛門・島田三郎氏の祖父・小野光景氏の父、吉原では岩亀の五名」（某老人談）は、惣年寄石川徳右衛門、太田町名主源左衛門、それに岩亀楼主人佐藤佐吉の三人が一致する。残る島田は島田源兵衛、小野は小野兵助に違いない。

祭礼もまた彼らを中心に準備が進んだと推測できるが、さて山車までを短期間に調達できたのだろうか。このころになると山王祭・神田祭の山車は二層あるいは三層の櫓の上に人形を載せるせり出し型（現代では江戸型山車という）が増えており、それまでの万度型や笠鉾型の山車よりも大掛かりなものとなっていた。ホールは「car（車）」と「tower（塔）」を、作り物を乗せた屋台や踊屋台とせり出し型の山車に使い分けているようだ。あらためてホールの描写を比べると、滝の流れる岩山を乗せた一番目のcarが作り物の屋台、一層目に囃子方を乗せ、二層目の頂きに人形を飾り立てた二番目のtowerがせり出し型の山車を指している。

作り物主体の屋台ならば短期間での製作も可能だろうが、山車となると人形を含めて製作には費用も手間もかかる。「横浜開港側面史」に載った田澤武兵衛なる者のつぎの回顧談は、山車を持たない横浜の町がわざわざ江戸から山車を、それも何度も借りたという事実を教えてくれる。田澤の年齢から推定して、開港直後のころの記憶だと考えてよい。また、先に引いた「江戸芸人入込、高輪牛町自牛数来リテ出《ダシ》ヲ引」（前掲『安政六年七月—七年六月横浜開港場見聞記』）という証言も、横浜の祭礼が江戸に大きく依存していたことを示している。山王祭も神田祭も山車は高輪牛町の牛に曳かせたからだ。

「わたくしは嘉永二年、横浜村字北口で生まれましたが、屋敷《いえ》は、ただいまの三十番商館のところにありました。わたくしが八、九歳のころは、祭礼でもありますと、すぐに江戸神田の山車屋中村屋から山車を借りてきて曳いたものです（後略）」（前掲『横浜どんたく』）

もうひとつ、港崎遊郭なくしてこの祭礼は成り立たなかった。当時の横浜の住人は、商人とともに遊郭関係者が多数を占めていた。この点においても、山王祭・神田祭とはその性格を異にする。江戸では町人の娘たちが踊り子を演ずることが多かったからだ。ホールは娘たちの踊りに魅せられ、その身振り、とりわけ手踊りの指先の動き、着物、髪型、化粧などの美しさを克明に描写したが、彼女らが「female players from the houses of prostitution（遊郭の踊子たち）」や「girls from the joroya houses（女郎屋の娘たち）」であると明言している。さらに杵屋小三なる人物が、遊郭挙げて踊屋台を出し、その上で演じた踊りが「蜘蛛の拍子舞」であったことを詳しく教えてくれる（前掲『横浜どんたく』）。

横浜における開港場の建設と遊郭の建設は同時に進行した。両者は不可分の関係にあった。遊郭の建設によって外国人を神奈川から横浜に引き寄せることを目論み、そのモデルを江戸の吉原に求めたからだ。それゆえに、吉原同様、遊郭は外国人居留地からも日本人町からも隔離されたかたちで、太田新田の沼地の中に建設された。安政六年六月二日の開港には間に合わず、建設を急がせた外国奉行は、運上所近くの外国人貸長屋三間を仮遊女屋として貸し付け、神奈川宿から飯盛女を派遣させ、六月十日には開店させている。その営業を請け負ったのが品川宿旅籠屋の佐吉にほかならない。十一月に入って港崎遊郭は完成、十二月二十九日に佐吉は港崎町名主を命ぜられた（前掲『横浜市史』）。

こうして開港一周年を記念した祭礼は滞りなく終わった。まるで主催者の思惑どおりに、祭りのわずか二日後に、オランダは神奈川奉行に対し領事館を神奈川から横浜に移すことを伝えた（前掲『横浜市史』）。翌文久元（一八六一）年三月二十四日に、領事館建設に向けて、洲干弁天の西北海面を埋め立てる工事が始まった（前掲『横浜沿革誌』）。併せて日本官舎三十余棟も建設されることになり、かつての名勝はすっかりその景観を変えてしまった。

どんたく

その後も横浜は発展を続け、祭りではなく日常の光景を見ようと見物人が押し寄せるようになる。何もかもが珍しかったからだ。すると、そのための地図やガイドブックが必要になる。

橋本玉蘭斎誌・五雲亭貞秀画図『横浜開港見聞誌』前編（初編・二編・三編）三冊は文久二年の刊行、残念ながら洲干弁天の祭礼にはふれないが、開港場の賑わいを臨場感たっぷりに描写している（橋本玉蘭斎『横浜開港見聞誌』、一八六二年〈青木茂・酒井忠康校注『美術』日本近代思想体系十七、岩波書店、一九八九年所収〉）。吉田大橋を渡ればすぐに洲干弁天である。茶店の並ぶ境内の様子、隣接する「横浜異人屋敷阿蘭陀コンシーユル住所」などを絵入りで示す。

先に引いた田澤武兵衛の話は、六月二日へと祭日を移した洲干弁天の祭礼が毎年続いたように読める。しかし、そのつど横浜開港を祝ったわけではないだろう。もし開港記念日が横浜に定着していたなら、開港時より観察を続けてきた橋本玉蘭斎（五雲亭貞秀と同一人物）が見逃すはずはない。貞秀が横浜を描いた最初の錦絵「神奈川港御貿易場御開地御役屋敷并町々寺院社地ニ至ル迄明細大絵図にあらわす」（一四三頁）は、安政六年の発行だからだ（『横浜浮世絵と近代日本—異国〝横浜〟を旅する』展図録、神奈川県立歴史博物館、一九九九年）。

むしろ『横浜開港見聞誌』が伝える横浜の祭礼らしきものは「どんだく」である。主に日本人町を紹介する初編から外国人居留地へと目を転じた二編第四図でその様子を描く。それは、外国人の男女七十人余が、五カ国のそれぞれの国旗を立て、ラッパや太鼓を奏でながら海岸通を行列して歩く光景で、傍らにはつぎの説明が付されている。「此日どんだくと云て休日なれば、異人男女つどひ集て遊行音曲、又は鉄砲を揃ひ持て足先を並べ調練す」（前掲『美術』）。音楽に合わせて行進し、それが横浜名物となった。

「どんだく」あるいは「どんたく」はオランダ語の「zondag」、すなわち日曜日の意で、日曜日（聖書由来の休息日）という概念のない日本人には休日の意で受け止められた。再びホールの日記に戻れば、彼が祭り見物のために横浜に上陸したところ、外国人はみな日本人から「*konichi Nippon Suntaki* "Today is Japanese Sunday"（今日は日本のどんたく）」と声を掛けられ歓迎されたと書いている。そして、それは「a recreation day being always their idea of Sunday（彼らが日曜日を休日と見なしている）」からだと解釈した。

『横浜開港見聞誌』二編は末尾でもう一度「どんたく」を取り上げる。外国人たちが輪になって踊る様子と拍子をとる大太鼓を描いた二図を掲げ、七月に港崎町の遊女たちが始めた盆中踊りをうらやましく思った外国人が休日に踊り、八月八日には「大どんたく」と称して波止場の広場で踊ったと説明する。たまたまこの日に横浜を訪れた貞秀が本町で目撃した光景だった。子どもも混じり、手拍子を揃え、足のふり廻しも揃え、くるりくるりと廻っていた。どこの国の踊りかと問うと、踊り手は「今日どんたくにて踊る」とだけ答えたという。貞秀は、蝦夷地にも鶴の子を纏い、丸くなって手拍子に合わせて廻る踊りがあることを引き合いに出し、古代からどの国にもこのような踊りがあるものだと感心した（前掲『美術』）。

軍楽隊

『横浜開港見聞誌』四編の冒頭に貞秀は「亜墨利加人調練行列之躰」二図を見開き二面にわたって掲げた。最後に「横浜渡来亜墨利加油絵之玉板連発行歩之図」と書き入れたとおり、それはガラス油絵からの模写であったが、同編序で「十人二十人集りて、ドンタク《休日》此日鉄炮を持出、其少きまなびは二三度見ること有て、此絵に合せ見る時は異るはなく」と断言している。人数が異なるばかりで、自ら横浜で見た光景と違わないからこの絵を最初に示すという。ここでもまた、調練行列が「どんたく」と結びつけて語られている。軍楽隊に率いられる行列の見所は「先その足揃へ、鉄炮の仕方またよく、足も揃ひて沓音も一声のごとくにひゞきて美事なり」であった（前掲『美術』）。

規律正しい行進は威圧へと容易に転じる。「開港側面史」には、イギリス軍が「赤隊」と呼ばれ、「おりおりは戸部や野毛の方へ隊伍を整え、鉄砲かついで示威的運動に出てくるものですから、番所にいる警護の武士どもはおおいにこれを恐れたものです」という故老の話が載っている（前掲『横浜どんたく』）。

こうした軍隊の行進が横浜名物になるのは、一方に規律の取れない日本の武士の行進があったからだ。軍隊の行進にせよ「どんたく」の行列にせよ、美しく整然と歩くためには楽隊が不可欠だった。そして、日本の軍隊にはそれが欠けていた。

横浜への外国軍隊の進駐は、文久三年五月五日のフランス軍上陸によって本格的に始まり、同年十一月半ばにはイギリス軍が上陸した。この時、イギリス軍は軍楽隊を先頭に横浜から神奈川までを行進、東海道が攻撃可能という軍事的プレゼンスを示した（J・R・ブラック、ねず・まさし他訳『ヤング・ジャパン』第一巻、平凡社、一九七〇年）。

こうした外国軍の行進に日本人がはじめて接したのは、ちょうど十年前、嘉永六年六月九日（一八五三年七月十四日）に行われたアメリカ海軍ペリー提督の久里浜上陸時である。軍隊の初上陸は朝鮮通信使、琉球使節、オランダ商館長などの儀礼化された行列とは比較にならず、一触即発という緊張を日米双方にもたらした。

その六日前に浦賀沖に姿を現したペリー艦隊は幕府の求める長崎回航を拒否し、あくまでも江戸で、ペリー提督と対等の高官に大統領親書を直接手渡そうとした。結局日本側が折れて、急遽久里浜に応接所が建設された。九日の夜が明けると、艦隊は万一の場合に備え、応接所を砲撃できる位置へと移動した。

上陸したアメリカ軍は、海兵隊百人、水兵百人、それに軍楽隊二隊、士官を加えると総勢三百人に達した。公式記録『ペリー艦隊日本遠征記』によれば、前日にペリー提督は艦長を旗艦に集め、「供ぞろえをできるだけ威風堂々と誇示するため、上陸可能な士官は全員盛装して出頭し、応接所まで提督に随行するよう命令」していた。もちろん、全員が武装していた。

「とくに筋骨たくましい屈強な水兵が二人選ばれ、合衆国国旗と幅の広い三角旗とを捧げ持った。礼服を着た二人の少年が提督の先に立って、緋色の布に包まれた、提督の信任状と大統領の親書を収めた箱を運んだ」。「提督の両側には背の高い立派な体格の黒人が行進した。この二人は一分のすきもなく武装して、提督の護衛にあたったのである。この日のためにとくに選ばれたこの二人は、艦隊きってのハンサムな黒人だった。もちろん、こういうことはすべて効果を狙ってのことであった」(オフィス宮崎編訳『ペリー艦隊日本遠征記』万来舎、二〇〇九年)。

浜辺から応接所まではわずかな距離ではあったが、少し迂回をして、五千人を超える日本の武士たちに、軍楽隊の演奏に合わせて進む完全武装の行列を見せつけた。この時に、「ヤンキー・ドゥードゥル Yankee-Doodle」など複数の愛国歌が演奏されたという(笠原潔『黒船来航と音楽』吉川弘文館、二〇〇一年)。

翌年の再来時にはさらに江戸に近づくことを求め、横浜村が応接所となった。会見は嘉永七年二月一〇日(一八五四年三月八日)に行われた。「提督は、ありとあらゆる準備を整えて、二回目の日本上陸の儀式を派手なものにするために必要な行列を仕立てた。日本人のような儀礼好きでうわべを飾る国民に、このような見世物が及ぼす意義と精神的な影響を、提督はよく分かっていたのである」。

今度の行列は五百人に上った。「軍楽隊が軽快な曲を奏で、横列に並んだ完全武装の海兵隊が、青と白の制服に身をかため、威風堂々と隊伍を組み、銃剣をきらめかせて捧げ銃をする中を、提督は直属の幕僚と、容姿端麗な水兵の護衛隊と多数の属官を従えて、海岸を行進していった」(前掲『ペリー艦隊日本遠征記』)。

これら上陸時の行列の様子は、ペリー艦隊の遠征に同行した画家ヴィルヘルム・ハイネ（Wilhelm Heine）によって描かれ、公式記録や『日本遠征画集』（“Illustrations of the Japan Expedition”1855）に収められた。

一方、日本側にも、目撃者多数ゆえに、写本も含めると文字や画像による膨大な記録が残されている。津山藩や松代藩などは、現地に御用絵師まで派遣した。庶民による記録もあれば、庶民に向けたかわら版も多数出回った。ある禅僧の日記と伝えられる『亞墨理駕船渡来日記』は、横浜上陸の様子を、軍楽隊に注目しこんなふうに絶賛している。

「楽人四隊これあり。其数、大太鼓・小太鼓二人、横笛大小二人、無名子（大羅巴の事なり）二人、中の羅巴二人、智耶理美魯（声を長く引く笛なり）二人、笙一人、留鉦一人、右の通り一組に十三四人も組合申し候。（中略）四ヶ所の楽人ハヤシ始め候と海軍隊の役人の指図に随ひ行列を始め申し候。其様子或は廻り、或は進み、又は三段・四段に並び、又は鉄砲を杖つき、或は立膝して鉄砲を膝の上にて眼量眼直抔仕り候様子は全く軍陣の備へ懸け引きの由。挙げ足、下げ足、進歩、退歩、離散、会合、規矩に準縄し寸分も違はず。皆調練如法言語に断絶」（西川武臣『亞墨理駕船渡来日記』神奈川新聞社、二〇〇八年）。

そして、筆者は日米の行列比較論をこんなふうに展開する。すなわち、アメリカ軍の整然とした退去ぶりに目を見張り、「日本東都抔にて諸侯方登城・下城の折柄、先を争ひ肩臂を張り突き倒しても追い抜けて先へ立たんとするに引きくらべ候へば雲泥の相違これあり」と判定、さらに、もし行列を横切る者がいれば身を寄せて通させ、日本のように、行列の供先を切ったなど横切りしたのだとうるさいことはいわないと感心する（前掲『亞墨理駕船渡来日記』）。

行列を横切る（実際には下馬しない）ことで起こった最たる悲劇が、八年後の生麦事件にほかならない。イギリス軍とフランス軍の横浜駐屯は、こうした外国人殺傷事件

「祭礼風景」（神奈川県立歴史博物館）

からの居留地防衛を名目とした。開港一周年を盛大に祝ったあとの横浜は、外国軍を駐留させ、生麦事件、薩英戦争、四カ国連合艦隊による下関攻撃、横浜鎖港問題など幕末に向かって政治的および軍事的緊張を高める一方で、開港祭を年中行事化させる余裕はなかっただろう。

慶応三年の横浜復興

つぎに洲干弁天の祭礼が記録に現れるのは慶応三（一八六七）年六月二日のものである。太田久好『横浜沿革誌』が「弁財天祭礼ノ為メ市街ヨリ山車手踊等ヲ出シ横浜役所前ヘ順次練込〈開港以来始メテ奉行並各国コンシユル縦覧ス〉所作ヲ為ス〈其賑ヒ万延元年ノ祭典ニ十倍セリト云〉」と伝える（前掲『横浜沿革誌』）。ただし、開港以来はじめて奉行が縦覧したとする記述は間違っている。

ではなぜ、この時期に開港一周年の十倍もの規模の祭礼が実現したのだろうか。それには前年十月二十日に起こり横浜関内の大半を焼いたいわゆる「豚屋火事」からの復興という意味合いが大きかった。これを機に港崎遊郭は廃され(公園に変わり)、遊郭は太田町仮宅での営業を経て吉田新田(吉原町と称する)で慶応三年五月二十九日に再開した(前掲『横浜沿革誌』)。四日後に迎えた洲干弁天祭礼に遊郭挙げて参加し、横浜の開港と復興を重ね合わせて祝ったことはいうまでもない。

しかし、明治政府の神仏分離令によって、明治二年、洲干弁天は厳島神社と改称され場所を羽衣町へと移した。江の島と同木の弁天像は元町の増徳院に引き取られ、横浜総鎮守の座を翌年三月に野毛山に建立された伊勢皇大神宮に譲ることになる。それを祝った祭礼が同年四月十四日に盛大に挙行された(前掲『横浜沿革誌』)。『ザ・ファーイースト』創刊号に貼付された二枚の写真、"THE O MATSURI - THE CROWD"と"THE CAR OF TENSHIO DAIJIN"は、一八七〇年五月三十日という発行時期から判断するとこの時の光景だろう。

明治維新をはさんだ慶応三年と明治三年の祭礼とでは何が変わらず、何が違っていたのか。さらに、それは明治四十二年に迎える開港五十年祭にどうつながっていくのか。これら興味の尽きない問題は稿を改めて論じたい。

【註】

＊1　初代駐日イギリス公使ラザフォード・オールコックも「許可なくしては近づけないように大砲で押しこめ、あるいは家畜を閉じこめるのと同じように、かれらのあまり好ましくない客人たちを隔離し、つめこんでおくにふさわしいと考えられるすべての条件を具備していた」と表現している(『大君の都—幕末日本滞在記』中巻、山口光朔訳、岩波書店、一九六二年)。

＊2　オールコックは「それは、知らないあいだに計画され、なにか他の結果のために、最初の到来者たち(外国人の貿易業者)によってあまりにもたやすく支持され、また土着の当局者たちによってあまりにも頑強に主張されてきた」と書いている(前掲『大君の都—幕末日本滞在記』)。

＊3　これに先立つ六月十一日に、外国奉行は英米仏公使に山王祭見物を誘っている(『大日本古文書 幕末外国関係文書附録之八 対話書』東京大学史料編纂所、二〇一〇年)。

古都鎌倉異《こと》案内
——一八七〇年

その一　幕末事件簿

横浜が開港すると、カメラという新しい道具を担いだ外国人写真家たちが、日本という新しい被写体を求めて、つぎからつぎへとやって来た。ヴェールに閉ざされていた神秘の国の風景を写せば、それだけでいい金儲けとなったからだ。

外国人の居住と営業活動は横浜の居留地に限られたが、旅券なしの旅行は十里四方内で許された。その範囲は、東は六郷川（多摩川の下流）、西は酒匂《さかわ》川に及び、鎌倉・江ノ島は絶好の保養地となった。とりわけ鎌倉大仏は人気の名所で、大仏の膝や腕に人が乗った写真が何種類も残っている。

フリーマン、ソンダースらに続いて、遅くとも一八六三（文久三）年春ごろには、フェリーチェ・ベアトが来日した。イオニア海に浮かぶコルフ島生まれのベアトは、東へ東へと渡り歩いて、クリミア戦争、インドのセポイの乱、中国の第二次アヘン戦争を取材するという従軍写真家としての経験をたっぷりと積んでいた。ようやくたどり着いた極東の国で、風景を撮影するだけではとうてい満足できなかった。

おまけに中国からは報道画家チャールズ・ワーグマンと組み、来日後も横浜で共に活動を展開したから、ベアトのカメラは、風雲急を告げる幕末日本の出来事へと向けられることになる。

生麦事件の現場を撮った写真はよく知られる。しかし、生麦村でイギリス人殺傷事件が起こったのは一八六二年夏のこと、まだベアト来日前の出来事である。その後、事件の賠償をめぐってイギリスと薩摩藩は対立し、翌年夏に、イギリス艦隊が鹿児島を攻撃するに至る。戦争に敗れた薩摩藩がイギリスに賠償金を支払うまでの顛末を、

鎌倉事件現場近くとしてチャールズ・ワーグマンが描いた鶴岡八幡宮。突き当たりに仁王門や大塔が見える。
手前の石灯籠は今も変わらない。（『絵入りロンドンニュース』1865 年 2 月 21 日）

ワーグマンは絵に仕立ててロンドンに送った。それらは、九月から翌一八六四年二月にかけて、横浜発のニュースとして『絵入りロンドンニュース』の紙面を飾った。

　こうした一連の報道において、たとえ事件後の撮影とはいえ、現場写真はニュース・バリューを有したはずだ。のちに、ベアトは名所や風俗などの解説シートを付したアルバムを販売したが、生麦事件の項には、こんな印象的な一節がある。「ここを通ると我々外国人は、だれもみな人生の全盛期の年齢で殺された、この若い紳士の不幸な運命に同情を禁じ得ない」。

　一八六四年十一月二十一日（元治元年十月二十二日）に起こった鎌倉事件では、出来事と写真撮影との時間差は一挙に縮まる。なにしろ、ベアトとワーグマンは、直前まで、殺害されたふたりのイギリス人士官と行動を共にしていたからだ。ベアトらは別れて藤沢に向かい、士官らは鎌倉大仏見物のあと、現在の下馬《げば》交差点あたりで攘夷派の浪士に襲われた。行き先が逆であったなら、ベアトらが殺されていただろう。

少なくとも二枚の現場写真が残されているが、そのうちの一枚には、横浜から駆けつけたと思われる複数の外国人の姿があり、緊迫感が漂う。手前に、鶴岡八幡宮へと続く段葛《だんかずら》が写っている。逆に、写真の奥へと進めば、由比ガ浜に出る。事件後に行われた現場検証の際に撮られたものかもしれない。とはいえ、写真が色を持たず、印刷もかなわない当時、このイメージを広く伝えるにはどうしても画家の手が必要で、それがワーグマンに与えられた役割だった。

『絵入りロンドンニュース』における事件の最初の一報は翌一八六五年二月四日号で、追って二月十一日号には、ワーグマンのスケッチによる「日本における英国士官二人の殺害現場に近い鎌倉の宮に通ずる並木道」と解説を付した絵が掲載された。ただし、鶴岡八幡宮をあえて大きく描いた絵は読者サービスに走り、ベアトの現場写真にあった臨場感を欠く。

さらに、二月二十五日号に「日本における英国士官殺害者二名の処刑」が、三月十八日号には「シマズ・セイジの処刑」が掲載され、事件からほぼ一ヶ月のうちに起こった三人の犯人逮捕と処刑の様子が、およそ二ヶ月半の時差でつぎつぎと世界に報じられた。「シマズ・セイジ」とは主犯とされた清水清次である。処刑直後の姿、斬首後に首が横浜吉田橋の袂に三日間晒された光景なども写真に撮られている。

こうして、すでに幕末のうちに、鎌倉はその姿を写真に記録された。

その二　鶴岡八幡宮寺の最期

新政府が神仏判然令を布告したのは、一八六八（慶応四）年三月のことである。政治的にも軍事的にも、まだ江戸城の明け渡しさえ行われていない不安定な時期なのに、いや、だからこそか、神社から神仏混淆的な要素を排除し、祭政一致の新たな国家理念を打ち立てることがいかに緊急の課題であったかがうかがわれる。

神社の別当・社僧らを復飾（還俗）させ、神社から仏像・

仏具・仏語の除去を命じた。これを受けて、いわゆる廃仏毀釈が起こった。全国各地の事例を集めて一九二六〜二九年に刊行された『明治維新神仏分離史料』全五巻（東方書院）が、その混乱ぶりを物語っている。

同書下巻は、靜川慈潤氏談「明治初年の鶴ヶ岡八幡」と高柳光壽氏報「鶴岡八幡宮神仏分離事件調査報告」を収める。

後者によれば、鶴岡八幡宮は真言宗僧侶の支配下にあり、境内に十二の寺院を擁し、それぞれに住職がいた。彼らは、復飾が命じられたとたんに、「肉食妻帯が出来るといふので、一人の反対者もなく、寧ろ欣喜雀躍復餝改名し、社頭の分離を断行し、今まで僧侶であつた身が、僧尼不浄の輩入るべからずと掲示し、甚しきに至つては、最勝院の加藤某の如き、これ幸ひと藤沢から遊女を迎へて妻としたといふことである」と、かなり手厳しく書かれている。これで、鶴岡八幡宮寺は廃絶した。

とはいえ、十二院のひとつ正覚寺の住職であった筥崎《はこざき》博尹《ひろただ》が総神主となり、さらには宮司となって、八幡宮の再興に力を注いだ。一八七〇（明治三）年五月、その筥崎が「鶴岡八幡宮一社惣代」を名乗って、つぎのように、仏堂の撤去を神奈川県に届け出ている。

「鎌倉鶴岡八幡宮御社内在来之薬師堂、護摩堂、大塔、経蔵、鐘堂、仁王門、右混淆之仏堂取除キ、仁王門跡江、華表取建、内廓三面、塀垣別紙絵図面之通修理仕候、此段御届申上候、以上」（前掲「鶴岡八幡宮神仏分離事件調査報告」）

ベアトが八幡宮境内を撮影した写真は、少なくとも九点が知られる。それらと一七三二（享保十七）年の境内図を突き合わせると、伽藍配置の様子がよくわかる。

三の鳥居をくぐって境内に入り、今もある源氏池・平家池の間を渡って参道を進むと、ふたりの巨大な仁王が待ち受けていた。仁王像の身体は朱色に塗られていたが、紙礫《かみつぶて》で斑点だらけになっていたという。その理由を、一八六三年に訪れたスイスの遣日使節団主席全権エーメ・アンベールが教えてくれる。

「この紙礫は、参詣人たちがまるで学校帰りの生徒の一団のように通りがかりに、容赦もなく投げつけたものである。それと共に、神を敬う巡礼たちは紙に願い事を書き、これを噛んで上手に投げつけるのを、いたって真心のこもった仕業《しわざ》として行なうのである」(『アンベール幕末日本図絵』雄松堂、一九七〇年)。

紙礫というよりは、まるでチューインガムではないか。幸いにも、仁王像は鎌倉五山のひとつ扇《おうぎ》ガ谷《やつ》の寿福寺に移されて健在である。

仁王門を抜けると、正面が神楽殿、左手に護摩堂と経蔵(輪蔵)、右手に大塔と鐘楼、さらに奥に薬師堂があった。このうちの神楽殿を除くすべての「諸堂宇は十余日間に悉く破壊せられ、古材木として売払はれ」たという(前掲「明治初年の鶴ヶ岡八幡」)。

ベアトの写真では、いくつかの建物の屋根に梯子が掛かっており、あたかも撤去工事が始まったかに見えるが、実は防火用の措置であった。ただし、大塔の写真は二種類伝わっており、両者を比べると、一枚からは屋上の相輪が失われている。明らかに、神仏分離という名の文化破壊が始まっている。

ベアトが撮影した大塔。相輪はすでにはずされている。(横浜開港資料館)

ベアトは、鶴岡八幡宮境内で起こりつつある「出来事」にもカメラを向けたといえそうである。

一八七〇年に横浜で創刊された英字新聞『ザ・ファーイースト』は、第二号（六月十三日号）に相輪を失った大塔の写真を掲げ、「鎌倉の寺院」と題した長文の記事を載せている。その末尾で、記者は梵鐘がすでに売り払われたことにふれ、「天皇はこの古都のすばらしい遺産を意に介さないようだ」と結んだ。

同紙第六号（八月十六日号）はその続報である。読者のために、大塔と鐘楼のさらに大きな写真を掲載し、「鎌倉の栄光はまさに失われつつあり、写真のお堂は数日のうちに過去のものとなるだろう」と嘆いている。

いうまでもなく、仏堂の中にあった仏像や経典も居場所を失った。仁王像の新たな住まいとなった寿福寺は、ほかにも、薬師堂から木像薬師三尊像と十二神将像、愛染堂から木像愛染明王像などを受け入れている。やがて、これらは東京西多摩の普門寺に渡り、さらに愛染明王像だけは、小泉策太郎、原富太郎ら蒐集家の間を転々とし、最後は五島美術館に収まった。

一方、三代将軍源実朝の奉納になるものと伝えられてきた「宋本一切経」は、経蔵を離れると、東京の浅草寺の手に渡った。経には、「鶴岳八幡宮」の朱印とともに、「明治四辛未九月願主峻海貞運尼等従鎌倉請来奉納于当寺」の朱印がある。現在は「大蔵経（元版）」として重要文化財に指定され、宝蔵門上に安置されている。その下をくぐるだけで、功徳があるという。

その三　鎌倉宮――よみがえる宮将軍

さて、八幡宮が神奈川県に届け出た書面にいう「華《か》表《ひょう》」とは鳥居のこと。境内から「混淆之仏堂」をことごとく撤去し、仁王門に代えて、鳥居を画龍点睛のように建てる計画がそのとおりに進行したことは、『ザ・ファーイースト』第二巻第七号（一八七一年九月一日号）に掲載された写真が雄弁に物語る。護摩堂、経蔵、大塔のあった場所は更地と化し神楽殿の正面には、なるほど鳥居が白く

仁王門跡に新たに鳥居が建てられた鶴岡八幡宮境内。『ザ・ファーイースト』1871 年 9 月 1 日（横浜開港資料館）

輝いている。

　同紙は、その四頁後ろで、さらにもう一枚、新しい神社の写真を紹介する。“The Shrine of Oto no Mia, Kamakura”と説明された神社は、鳥居ばかりでなく、社殿も垣根も橋も石垣も植木もすべてが真新しい。

　Oto no Mia は「大塔宮」と書き、「おおとうのみや」と読ませたが、現在の鎌倉では「だいとうのみや」と読むことが一般的で、バスの運転手もそうアナウンスする。別名「鎌倉宮《ぐう》」とも呼ばれ、神社としては、むしろこちらが正式名称である。

　大塔宮の祭神は、後醍醐天皇の皇子であった護良親王（一三〇八～三五）である。親王は「尊雲」と号し、二十歳の若さで天台座主に就いたが、「朝暮只武勇の御嗜の外は他事なし」という「不思議の門主」であった（『太平記』）。少年時代を東山岡崎の法勝寺大塔付近で過したために「大塔宮」と呼ばれるようになった。還俗後、「護良」を名乗る。

　後醍醐天皇の倒幕運動を支え、天皇が隠岐に流された

護良親王殺害の地に新たに建立された鎌倉宮『ザ・ファーイースト』1871 年 9 月 1 日（横浜開港資料館）

あとも、楠木正成と手を携えその先頭に立った。一三三三（元弘三）年には、親王にして征夷大将軍に就いている。いわゆる「宮将軍」である。

しかし、護良親王のいわば武家の棟梁の座を目指す姿勢は足利尊氏との衝突を招き、親王は失脚し、一三三四（建武元）年十一月に鎌倉へと流された。この前年に鎌倉幕府は滅亡、尊氏の弟直義《ただよし》が鎌倉府の行政権を握っていた。直義によって、親王は二階堂薬師《やくし》堂谷《どうがやつ》の土牢に幽閉された。

そして、翌一三三五年七月、北条高時の子時行が親の仇討ちと、信州諏訪から鎌倉に向かって攻め入ると、直義は難を避けて鎌倉を離れる。その際に、配下の淵辺《ふちべ》伊賀守に命じて、護良親王を殺させた。

『太平記』が伝えるその殺害のシーンは、むろん誇張に満ちているとはいえ（実は中国の故事「眉間尺」を踏まえている）、凄まじいものがある。

淵辺が首を掻こうとすると、親王は首を縮めて刀の先端を強くくわえ、そのまま折ってしまった。そこで淵辺は脇差を抜いて胸を刺し、髪をつかんで首を掻き落とした。土牢から明るいところに出して見ると、「食ひ切らせたまひたりつる刀の鋒《きつさき》、いまだ御口の中に留まつて、御眼《まなこ》なほ生きたる人の如し」という有り様であった。首は直義の前には運ばれず、傍らの藪の中へと投げ捨てられた。

その地に神社を建立し、護良親王を祀るようにという指示が、一八六九年二月十三日、すなわちその死から五百三十四年後に、明治天皇より下された。すでに前年四月に楠木正成を、七月には菊池武時を祭祀せよという指示が出されており、理由はふたりがいずれも後醍醐天皇を支えた忠臣の鑑《かがみ》であったからで、こうした南朝忠臣の顕彰の動きの中に、鎌倉宮造営をとらえることができる。

ここでは、鎌倉幕府という武家政権を打倒し、自ら軍隊を率いる天皇親政を目指した後醍醐天皇が、江戸幕府を倒したばかりの明治天皇に重ね合わされている。さらにいえば、自らを「官軍」と称し、結果として「賊軍」となった幕軍を北へ北へと追いつめた新政府軍の東征大総督は有栖川宮《ありすがわのみや》熾仁《たるひと》親王、奥羽征討総督は仁和寺宮《じんなじのみや》嘉《よし》彰《あきら》（のちの小松宮彰仁親王）、いずれも「宮将軍」にほかならない。

鎌倉宮の造営が決まると、さっそく鶴岡八幡宮が地鎮祭を行いたいと政府に申し入れている。これに対する認可の条件は、「混淆之汚習ヲ去リ、虚飾ヲ退ケ、質素ヲ旨トシ、淳厚ノ古風ヲ以、清潔ニ可致奉仕」せよというものであった（『草創記・規則指令』鎌倉宮蔵）。

鶴岡八幡宮境内の改造と鎌倉宮造営とが、「清らかさ」を目指して、手を携えるように進んでゆく様子がうかがわれる。『ザ・ファーイースト』の二枚の写真とは、まさにその成果である。八幡宮の写真の右手前辺りが三代将軍実朝の殺された現場であったことを思い起こせば、鎌倉の血腥い記憶は、こうして浄化されてきたのだろう。

造営は突貫工事で進められ、早くも七月二十一日に遷座祭が執り行われた。明治天皇が自ら参拝に訪れたのは、少し下って、一八七三年四月十六日の朝であった。天皇を迎えたその時の行在所《あんざいしょ》が、現在は宝物殿となっている。

鎌倉宮創建成ると、護良親王遺品として各所に伝来した兜やら直垂《ひたたれ》やらが集まってくる。『草創記・規則指令』はその様子を伝え、持ち込まれる宝物が「御神体」としてふさわしいか否か、東京に送られて審議された記録を載せる。さらに墓所が探し出され、整備された。鎌倉宮からほど遠くない山の上にひっそりと法篋印塔《ほうきょういんとう》が建つその場所は、今なお宮内庁の管理下にある。

さて、そうした宝物に比べれば、宝物殿にあってひときわ異彩を放つ護良親王騎馬像は由緒正しい。一八八九年二月十一日の紀元節を期して、陸羯南《くがかつなん》が創刊した新聞『日本』が「日本歴史上人物の絵画若くは彫刻懸賞募集」を行った。彫刻の課題は、神武天皇・護良親王・楠木正成の三人で、「六尺以上全身の彫像にして公園若くは巨大の会堂に装置するに適するを要す」が条件である。

これに応じた山田鬼斎が護良親王騎馬像を出品、竹内久一の神武天皇立像(東京藝術大学蔵)とともに入選した。その後、上野公園で開催された第三回内国勧業博覧会に出品され、それぞれ三等妙技賞、二等妙技賞を獲得した。

また、同年七月には、帝国博物館総長の九鬼隆一が「皇城正門外広場中央に、銅像を装置」するための懸賞募集を行っている。その課題もまた、「中世以来本邦歴史上に、著大の関係を有する人臣の像、若くハ国体を代表すべき、想像的の人物」であった(『美術園』一八八九年八月二十五日号)。

こうした動きの背後には、東京美術学校の校長となる岡倉天心がいた。天心は、歴史上の人物の銅像建設を推奨していた。同年秋の美術雑誌『國華』創刊号に「発刊の辞」を寄せ、こんなことを語った。「定朝、安阿弥カ仏菩薩ノ相好ニ尽シタル精神ヲ以テ之ヲ忠臣義士ノ肖像ニ応用セサルヘカラス」。

この期待に応えて住友家が東京美術学校に制作を委嘱した楠木正成騎馬像は、遅れて一九〇〇年に、宮城前広場に竣工した。新聞『日本』が呼びかけた三人の彫像が出揃い、それらで公共空間を飾ろうという構想の一端が、ようやく実現したことになる。

その後、銅像はぞくぞくと日本の都市に登場する。先に名前を挙げたふたりの「宮将軍」もまた、大塔宮同様に騎馬像となり、有栖川宮熾仁親王は参謀本部構内に(現在は港区の有栖川記念公園に移設）、小松宮彰仁親王は上野公園に勇姿を現した。

護良親王騎馬像は、木彫であったがゆえに公園に設置することはかなわず、「巨大の会堂」も与えられなかったものの、新たな公共施設として登場した鎌倉宮こそふさわしい居場所であったといえるだろう。鎌倉は、仏像を追い出し、親王像を迎えたことになる。古都鎌倉にあって、明治の日本にふれることのできる場所が、鎌倉宮にほかならない。

その四　鶴岡八幡宮の再生

鶴岡八幡宮にも宝物殿がある。拝殿を囲む回廊をそう呼んでいるのであり、独立した建物を持つわけではない。

神仏分離によって仏像や宝物が動揺を始めると間もなく、一八七一年に、政府は「古器旧物保存」を布告し、諸府県に管下の『古器物目録』の提出を命じ、破壊や流失に待ったをかけた。八幡宮の仏堂破壊からわずか一年後のことである。さらに博覧会を開催し、出品を求めることで、従前にはなかった文化財としての価値がそれらに見出されるようになった。

一八七三年に開かれたウィーン万国博覧会には、鶴岡八幡宮からも「政子《まさこ》手筥《てばこ》青貝《あおがい》蒔絵《まきえ》」、「蒔絵小香筥《こうばこ》」、「銀作兵庫鎖太刀」がはるばる海を渡って行った。しかし、帰国を目前に、出品物を積んだ船が伊豆下田沖で沈没、すべては海底に沈んでしまう。引き揚げを試みたが成功せず、一八八二年になって政府は八幡宮に賠償金を支払い、天皇自ら御物「金嵌銘粟田口国吉糸巻太刀」、「梨地《なしじ》海浜蒔絵三重手箱」、「平目《ひらめ》梨地波千鳥蒔絵硯文台」を下賜した。

八幡宮初代宮司となった筥崎博尹も、こうした宝物の価値には早く気付いたようで、先に紹介した「鶴岡八幡宮神仏分離事件調査報告」は、筥崎宮司の功績をつぎのように讃えている。「現今当社廻廊に陳列せられてある宝物は、分離以後一度社頭を離れたものを再び買ひ戻したものか、新に買ひ入れたものであつて、殆ど全部が氏の蒐集になつたといふことである」。

しかし、鶴岡八幡宮は再び大きな打撃を受ける。一九二三(大正十二)年九月一日に襲った大地震が、社殿の大半を倒壊させたからだ。八幡宮ばかりでなく、鎌倉の社寺が大きな被害を受けた。そこで仏像や宝物を安全に一括管理しようという発想から、境内に鎌倉国宝館が建設されることになる。鎌倉町が声を上げたが資金が足らず、有志が集まって義援金を募集した。その母体には、すでに一九一五年に「歴史的事物及ビ勝地保護」(同会規約)を目的に結成された鎌倉同人会があった。

建築家岡田信一郎の設計になる鎌倉国宝館は一九二八(昭和三)年春に開館した。正倉院に似た高床式校倉造風の、ただし鉄筋コンクリート造の建物は境内に調和し、一瞬、八幡宮の宝物館かと錯覚する。しかし、一歩館内に足を踏み入れると、ずらり仏像の並んだ光景に、いったんは八幡宮から追放された仏像が、今度は文化財として受け入れられたのだと不思議な気持ちになる。実際に二〇一〇年の夏に、かつては愛染堂に安置されていた愛染明王像(五島美術館蔵)が里帰りを果たしていた。

関東大震災から二十二年目を迎えた敗戦も、鶴岡八幡宮にとってはある種の打撃であったかもしれない。なぜなら八幡神は戦の神であり、それゆえに源頼義が京都の石清水《いわしみず》八幡宮から勧請したわけだし(元八幡・由比若宮)、近代に入ってからも日清・日露戦争以降、戦勝祈願の神社であり続けた。段葛の桜並木も、日露戦争での戦勝を記念して植えられたものである。

ところが、一九四五年八月十五日を境に一転、戦争は全否定され、新たなスローガン「文化国家の建設」にふさわしい姿が求められることになる。

ひとり八幡宮にかぎらず、この時期の神社が直面したあとひとつの危機は新憲法が定めた政教分離であり、いずこも国家の庇護を離れ、宗教法人となることを余儀なくされた。

八幡宮では、境内の一部が国有地となったため、それを取り戻そうとする動きが始まる。たまたま近代美術館の建設地を求めていた神奈川県がそこに加わり、土地を借り、結果として、平家池のほとりに美術館が姿を現すことになった。それは古美術を見せるのではない、そこから美術を生み出すのだという、当時の日本にはどこにもなかった新しい発想の美術館だった。設計を依頼された建築家坂倉準三は、竣工直前であってもなお「鎌倉の現代美術館」と呼んでいた（『芸術新潮』一九五一年三月号）。

正門にはめ込まれたプレートには、「近代美術館」の名前が、日本語ばかりでなく、英・仏・独語でも記されている。現代からは欧米文化への追従に見えるかもしれない。しかし、サンフランシスコ講和条約成り、国際社会復帰を目前にして、モダンアートに活路を見出そうとした美術関係者の熱い思いが伝わってくる。八幡宮にとっては、願ってもない「借家人」であったに違いない。

一九五一年秋、森の中に出現した白いモダニズム建築は、仁王門を襲って建てられた鳥居の輝きを彷彿とさせる。近代美術館の中庭に置かれたイサム・ノグチの「こけし」は、鎌倉宮の護良親王騎馬像に取って代わったものに見える。皮肉なことに、仁王門や大塔の破壊と鳥居

平家池越しに見た神奈川県立近代美術館。2013 年

の建設を認可した同じ神奈川県が、二〇一五年に迎える借地契約満了のあと、この美術館を見放すことになる。

鎌倉を歩くと、「武家の古都・鎌倉を世界遺産に」というスローガンをいたるところで目にする。しかし、鎌倉に鎌倉時代の建物は一棟もない。突き詰めれば、あるものは地名と人名と仏像、いいかえれば記憶と遺物ということになる。

それらの再編成の繰り返しの果てに、あるいは「古都鎌倉」を想像するさまざまな企ての果てに、今日の鎌倉がある。一九二〇年代に鎌倉町青年会によって市内随所に建てられた史跡碑は、そうした試みの証しである。

私がみなさんをご案内した鎌倉は、時間にしてわずか一世紀半、場所も鶴岡八幡宮と鎌倉宮に終始した。ガイドブックにはあまり載っていない鎌倉だったかもしれない。しかし、ガイドブックを離れて歩けば、近世の、あるいは近代の遺跡にいたるところで出会うだろう。

鎌倉宮は、「古都鎌倉にあって、明治の日本にふれることのできる場所だ」と書いた。いやいや、「現代の日本」にもふれることができる。「:iらんど大賞2009最優秀賞　胸はりさける純愛、圧倒的人気。百万作品から読者人気投票第1位」と帯に銘打たれた梅谷百《うめたにもも》のケータイ小説『キミノ名ヲ。』(アスキー・メディアワークス、二〇一〇年)に魅せられた読者たちが、主人公の恋人・護良親王の閉じ込められたという土牢の前につぎつぎと駆けつけ、「宮様安らかにお眠り下さい」とか「宮様大好き!♥」と記した供養串を捧げているからだ。

前田侯爵家の西洋館
——天皇を迎える邸、一九一〇年

懐徳館

東京大学総合研究博物館の玄関に向かって左手奥に、建物を囲むように彎曲した塀が残されている。かつての前田家本郷邸の車寄せに面した塀の一部である。このほかには、本郷邸の痕跡を伝えるものといえば、塀の向こう側に広がる庭園と博物館増築時に発掘された建物の基礎部分（博物館の正面に保存）ぐらいしかない。

一九三六（昭和十一）年に撮影された航空写真に屋敷の全景が写っており、現存する大学の医学部一号館、理学部二号館と比べると、その規模の大きさがよくわかる。一号館、二号館ともに地上四階建てだが、それらの高さに、前田邸の二階建ての西洋館が匹敵している。写真ではわかりづらいが、西洋館の背後に接して建つ和館も見える（＊註1）。

西洋館は玄関を西に向け、南の庭園に面しては、一階二階ともに列柱とアーチを擁した広いバルコニーを構える。現存する車寄せの塀が南側のものであることはわかるが、さて、その玄関までのアプローチは、先の医学部一号館と理学部二号館の間を通り抜けねばならず、奇妙なことになる。

実は、この航空写真が撮られた時には、すでに西洋館も和館も前田家の手を離れていた。一八七一（明治四）年に加賀藩上屋敷の大半が文部省用地となり、東京大学の建設が進行する中で、前田家はその南西の一角（敷地約一万二千六百余坪）に屋敷を構えていたのだが、一九二六（大正十五）年になって、大学と前田家との間で土地交換が行われた。大学が代わりに提供した土地は駒場の農学部敷地（約四万坪）と代々木演習林（約一万一千五百坪）であった。この時、本郷敷地内の建物も、公用に供し記念として永遠に保存するという約束の下で、合わせて大学に譲られてい

旧前田侯爵邸と庭園（写真中央）。1936 年撮影
（『東京大学本郷キャンパスの百年』東京大学総合研究資料館、1988 年より）

る。

一九二九年に、前田家の新しい屋敷（近年まで都立近代文学博物館として使われた）が駒場に完成した。本郷邸の西洋館がルネサンス風であったのに対し、駒場邸には、武蔵野の面影を残した田園地帯にふさわしいイギリスのカントリーハウス風のデザインが採用されている。翌年には、迎賓館として和館が併設された。西洋館が迎賓館であり、和館で日常生活が営まれた本郷邸と、和洋式の関係が逆転していることが興味深い。おそらく、これは当主前田利為《としなり》の長い滞欧生活（一九一三～一六、一九二〇～二三、一九二七～三〇）と無関係ではない。

一方、大学は関東大震災からのキャンパス復興計画の中に、前田家から譲られた敷地を取り込んだ。医学部一号館も理学部二号館も、この新しい敷地内に、それぞれ一九三一、三四年に竣工した。上の航空写真で、西洋館へのアプローチがこれらふたつの建物の間を縫うようになっているのはこのためである。また、この時に、和館が西洋館の北側から東側に移設されている。

西洋館は、大学が震災復興事業に追われる中で放置されてきた。むろん震災の被害をうけている。一九三三年になって前田家から補修費二万円の寄付があり、これを受けて修復工事が行われ、一九三五年にようやく階下のみの使用が可能になった。同時に、『論語』の「君子懐徳」から採り「懐徳館」と命名された。しかし、惜しくも、一九四五年三月十日の東京大空襲で灰燼に帰してしまう。

ちなみに、現在の懐徳館は、大学の迎賓館として、一九五一年になって新たに建設された木造建築である。外観に往時の和館の面影を反映させ、基礎に西洋館の石材を使用したという。庭園も改変されている（＊註2）。

前田侯爵家本郷邸

本郷邸の新築は、前田宗家第十五代侯爵利嗣の遺志であった。利嗣はすでに一八九九年にこの件を前田家の家政評議会に諮り、了解を得ていた。三年ほど前から病に冒されていた利嗣は、翌一九〇〇年に旧七日市藩前田家第十二代利昭の五男茂を養子に迎えると間もなく世を去った。茂は利為と改名、前田宗家を継承した。まだ十六歳であった（＊註3）。

利為は一九〇二年に改めて本郷邸新築を家政評議会に諮り、その年のうちに建設工事が始まった。竣工は一九〇五年を予定していたが、日露戦争が勃発したために工事を一時中断し、和館は同年末、西洋館は一九〇七年末にそれぞれ竣工した。和館の設計は海軍技師北沢虎造、西洋館が同じく海軍技師渡辺譲が担当している。

『建築雑誌』第二六三号（一九〇八年）に「前田侯爵邸建築工事概要」が載っており、西洋館内部の詳細がよくわかる（＊註4）。それによれば、「総建坪二百一四坪一合〇九才」、地階には喫煙室、転球室、厨房、庖丁詰所、食器洗場、皿置場、食料置場、石炭置場、取次人詰所、倉庫、温水機械室、一階には玄関、広間、脱帽室、応接室、小客室、客室、食堂、配膳室、便所が、二階には広間、夫人室、婦人客室、書斎、図書室、寝室、化粧室、浴室、便所、従者室などを擁していた。

「建築費約十九万五千円余」であるのに対し、「装飾費は家具費食器費を含有し約十一万円」であったことに注目しておきたい。建物の装飾として、のちに述べるように西洋絵画が大きな役割を演じるからだ。

ところで、前田家が侯爵位を受けたのは一八八四年公布の華族令による。華族制度そのものは一八六九年の版籍奉還と同時に始まった。公卿と諸侯が廃され、一括して華族という名の特権階級が誕生したのだが、華族令はそれを公・侯・伯・子・男の五段階に分けたのである。発足時に四百二十七家（うち公卿百四十二家、諸侯二百八十五家）あった華族が、華族令による叙爵時には五百九家に増えていた（＊註5）。伊藤博文や山県有朋のような国家に勲功ある者もまた、士族から華族に昇格したからだった。華族はすべて東京在住を命じられ、皇室の藩屏《はんぺい》たることが求められた。

このように序列化された華族にとって、西洋館の建設は家格を示す格好の事業となった。青木信夫氏の研究によれば、華族の西洋館建設は、皇族が示した先例（たとえば一八八四年に相次いで竣工した有栖川宮邸と北白川宮邸）に続くかたちで、明治二十年前後から徐々に出現し始める（＊註6）。その大半は和館を併設し、日常生活はむしろ和館で営まれ、西洋館は迎賓館として用いられた。旧大名家の華族では、次のような作例がある。

一八八九年、小笠原忠忱伯爵邸、木造二階建、カウフマン設計

一八九二年、鍋島直大侯爵邸、煉瓦造三階建、坂本復経設計

一八九三年、細川護成侯爵邸、木造二階建、片山東熊設計

前田侯爵家の本郷邸新築もまさしくこうした流れの中にあった。華族が皇室の藩屏であるならば、迎賓館たる西洋館に迎えるべきもっとも重要な人物は天皇にほかならない。

一九〇七年末に竣工させたあとも、利為は西洋館を用

いなかった。内部装飾も庭園も完成させていない。一九〇九年十一月十四日にイギリス陸軍のキッチナー元帥が本郷邸を訪問した時、同行した宮内大臣岩倉具定に前田家家政相談役早川千吉郎は「前田侯爵家ガ西洋館ヲ開カザルハ、行幸ヲ仰ギ奉リタキ内願アルニヨル」と伝えていた。さらに利為は早川を宮内大臣邸に派遣し、正式に願い出た。

これを受けて、年が開けた一月十一日に、宮内省より行幸の内示があった。時期は四月か五月と伝えられた。この日、利為は日記に次のように書き付けている。「噫!! 何タル光栄ゾ。陛下此ノ二十年間絶エテ臣下ノ居宅ニ臨幸ノ儀ナク、且某華族ノ出願アリシトキモ御許容ナカリシト承ハルニ今前田家ニ対シ此ノ優渥ナル御諚ヲ賜ハル(＊註7)」。

青木信夫氏は、華族の西洋館建設と行幸とが密接に関係していたことを指摘する。行幸は西洋館建設に正当性を与える重要な契機となったという。

江戸時代にも行幸御殿はあったし(たとえば後水尾天皇を迎えるために京都二条城二の丸に建設された御殿)、さらに大名にとっては、将軍を迎えるために建設する御成御殿が比較的身近なものとしてあった。これらの延長線上に、行幸御殿としての西洋館があるといえるだろう。

明治天皇の個人邸への行幸は合計六十七回を数える。行き先は皇族か華族の邸に限られた。このうち、旧大名家への行幸は二十四回である。

前田家は、すでに利嗣の時代、一八七九年四月十日に天皇を迎えている。しかし、この日の天皇は王子抄紙工場視察の帰途に本郷邸を休憩所としたのであり、利嗣にしてみれば、天皇をはじめから本郷邸に迎えることが宿願となった。

その後には、旧大名家に限っても、一八八七年十月三一日の徳川家達公爵邸、一八九一年十一月十六日の池田章政侯爵邸、一八九二年七月九日の鍋島直大侯爵邸、一八九四年十一月六日の浅野長勲侯爵邸、一八九六年十二月十八日の徳川篤敬公爵邸への行幸がある。一八九九年に本郷邸新築を決意したことには行幸を望むという意味があった。

「陛下此ノ二十年間絶エテ臣下ノ居宅ニ臨幸ノ儀ナク」

という利為の日記はいささか筆が滑ったにせよ、確かに行幸は一八九六年以来久しく途絶えていた。前田侯爵家への行幸が実現すれば、実に十四年ぶりということになる。

準備はまず先の鍋島侯爵家（直大の長女が利嗣に嫁ぎ前田家とは縁戚関係にあった）のほか、井上馨侯爵家（一八八七年四月十六日行幸）と土方久元伯爵家（一八九三年六月二日行幸）から行幸記録を借用し、参考にすることから始まった。そして、一月のうちに次の十五の準備業務が決められた。

西洋館装飾、日本館装飾、設備（能楽余興場、写真撮影、根岸土木工事、庭園造築）、献上品並びに贈進品、旧領民戦歿者写真帖作製、用度品、献上御食事、庶務、御料馬並びに儀仗兵設備、会計、内外諸賄、蔵品陳列、余興、撮影、臨時要務。

とりわけ、西洋館の内部装飾と庭園造築が難事だった。四月か五月の行幸となれば、十分な時間があるとはいえない。しかし、これらふたつの仕事は、この時のためにこそ竣工後も手をつけずにきたのである。

造園は前田家の庭師を務めてきた二代目伊藤彦右衛門に任せられた。伊藤は、前田家根岸別邸の庭園の材料を主に転用し、四月中に完成させた。滝がつくられ、五月には京都鴨川から取り寄せた河鹿蛙《かじか》数十匹を池に放った。さらに、六月に入ると蛍二万匹を放っている。

一方の西洋館の内部装飾ははるかに困難だった。西洋館を設計する日本人建築家がようやく登場してきた時代であり、室内装飾の技術者はまったく不足していた。また、西洋館の装飾に油絵が不可欠だという認識はあったものの、良質の油絵、とりわけ本場西洋の油絵の調達は容易なことではなかった。

前田家は室内装飾学を学んでフランスから帰国したばかりの野口駿尾に装飾を依頼した。それが一月二十九日で、二月八日には早くも、後述するように林忠正旧蔵の西洋絵画コレクションの中から二十四点を一括購入することができた。作品選択には、野口のほかに黒田清輝が関与している。さらに、東京美術学校教授の沼田一雅《かずまさ》に石膏製の武将像二体の製作を依頼し、これらも五月三十日に完成した。

あとは行幸を待つだけとなった。

行幸と西洋館装飾

一九一〇年七月八日、明治天皇は午前十一時十二分から午後五時五十七分まで前田侯爵家本郷邸に滞在した。

邸の中で天皇が目にしたものは、この日のために利為が描かせた日本画（川端玉章《ぎょくしょう》「花鳥の図」、荒木寛畝《かんぽ》「松林山水の図」、竹内栖鳳《せいほう》「瀑布の図」、山元春挙《しゅんきょ》「保津川の図」）、能楽と狂言（桜間伴馬「俊寛」、野口政吉「熊坂」、梅若六郎「土蜘」、山本東次郎「三九十八」、野村万造「鞠座頭」）、前田家伝来の宝物（西洋館二階の各室および和館奥小座敷に文書や太刀などが陳列され帝室博物館総長股野琢《またのたく》が説明役を務めた）、薩摩琵琶の演奏（西幸吉による「小楠公」「金剛石」）などであった（＊註8）。

和館の一室には、画家の荒木寛畝、竹内栖鳳、福井江《こう》亭《てい》が詰めており、天皇が画題を与え、それに応じてそれぞれが「竹鶏図」、「月兎図」、「犬図」を描くという席画の趣向もあった。そして、仕上がったそれらを天皇は気に入り、先の寛畝、栖鳳の作品と合わせて持ち帰った。

余興の中心は能楽であり、午後二時から四時までのおよそ二時間が費やされている。そもそも前田家は江戸時代から室生流の能楽を厚く庇護し、明治維新以降も能楽復興に力を尽くしてきた。復興の拠点となった一八八一年の芝能楽堂建設には、前田家第十三代の斎泰《なりやす》が中心的な役割を果たしている。本郷邸の能舞台もまた、行幸に向けて、百二十余日の時間と二万一千二百円の費用をかけて新たにつくられたものであった。鏡板の松を川端玉章が描いている。

能楽はいうにおよばず、席画にせよ琵琶演奏にせよ、当日の余興はパフォーマンス性が非常に高い。庭園でさえ、滝を落とし、河鹿蛙や蛍を放つなど、動きのある演出が凝らされている。

考えてみれば、行幸とは天皇が単にある場所を訪れるというだけのことであるから（何かを行うためにそこを訪れるわけではない）、受け入れる側がさまざまな余興を用意しなければならない。それに加えて、挨拶や食事や贈答（下賜と献上）などの儀礼は、いわば逸脱を許されないパフォーマンスの連続であった。ちなみに、利為が参考にした鍋島直大侯爵邸への行幸時には、撃剣、相撲、手品、講談などの余興が用意されている。

その一方で、同じくこの日のために用意された西洋絵画については、『明治天皇紀』にも伝記『前田利為』にも一切の言及がないのはどうしたわけだろうか。まるで影が薄い。

おそらく、ひとつの理由は、それらが西洋館に不可欠ではあるがあくまでも調度品として見なされていたからだろう。いずれも買ったばかりの品であり、前田家伝世品として陳列に値する宝物ではなかった。

しかし、さらに重要なもうひとつの理由は、西洋絵画を鑑賞するというパフォーマンスが、行幸のような場ではまだ十分に儀礼化されていなかったからに違いない。一九〇七年に開設された文部省美術展覧会の開催が回を三度重ねたところである。展覧会場を訪れて油絵を鑑賞するというスタイルがようやく定着を始めたばかりだった。

利為は、この日の行幸を記録した絵巻『臨幸画巻』の制作を下村観山に委嘱した。それは一九三一年になって完成する。その「鳳」の巻には、玉座にある天皇が右手につかんだ太刀を眺めている姿が描かれているが、これなどはまさしく『明治天皇紀』が、家宝観覧のあと、「就中大伝太の太刀は特に叡意を惹き、便殿に入御の後、後藤祐乗作刀剣小道具優秀品と併せて之れを齎《もたら》さしめ、更に叡覧あらせらる」と特記する場面を描いたものだろう。それはすでに定型化された鑑賞の身振りであり、パフォーマンスである。したがって、それをこのように絵画化することも言語化することも容易であった。逆に、西洋絵画を鑑賞する様子を描いた絵は、まだ登場の段階にはなかったといえるだろう。

しかし、間違いなく、二十四点の林忠正旧蔵の西洋絵画は西洋館の壁を飾り、天皇の目に映ったはずである。西洋絵画購入代金三万円の支出を審議する家政評議会の記録は、いささか緊迫した様子を次のように伝える。

予備財産現金支出ノ議
一、金参万円也、油絵二十三枚購入代
右ハ、故林忠正（富山県人）渡欧中蒐集セル得難キ油絵集ニシテ、且西洋館装飾ニ最モ適当ノ品ナルニ付、至急之ヲ購入セント欲ス、若シ此機ヲ失シ一旦散逸スルトキハ、容易ニ収拾スヘカラス、依テ本項金額ニテ之ヲ購入シ、西洋館ノ装飾ニ充テント欲ス、
右評議会ノ審議付ス、
明治四十三年二月
右異議無之候也（『評議会録』A十五、明治四十三年二月、評第八号（＊註9））

「油絵二十三枚」とあるのは、おそらくルブールの「河景」二点一組を一枚と数えたからで、このほかに、林の遺族からサン・マルセルの「獅子」一枚が前田家に寄贈されている（＊註10）。

『評議会録』にもあるとおり、林忠正は越中国高岡の出身、前田家にすれば郷土の人である（高岡は加賀藩の領地だった）。明治十一年にパリに渡り、起立工商会社、三井物産勤務などを経て美術店を開き、日本の古美術品や浮世絵のディーラーとして活躍した。一九〇〇年のパリ万国博覧会では、臨時博覧会事務官長に抜擢され、大規模な日本古美術展を成功させている。

その一方で西洋絵画を蒐集し、日本への紹介にも務めた。一八八九年に明治美術会が結成されると賛助会員となり、帰国中だった翌九〇年五月の例会で講演を行い、会員に向かって西洋絵画の技術習得の重要性を説いたことはよく知られている。また、この年の秋に上野公園の華族会館で開催された明治美術会第二回展覧会には、ルソーやミレーなどバルビゾン派の絵画を参考出品している。さらに、一八九三年の第五回春季展覧会でも、コロー

やシスレーなどの印象派の絵画を公開した（＊註11）。

一九〇六年に没するまで、林は西洋絵画コレクションをほとんど手放さなかったといわれる。一九〇八年十二月になって、林の甥の長崎周蔵がコレクションから優品を選び、油絵百点、水彩・素描六十八点、版画二十三点の図版を掲載して『林忠正蒐集西洋絵画図録』（非売品）を刊行し、コレクションの全貌が明らかとなった（＊註12）。

定めし、垂涎のコレクションであったに違いない。それからほぼ一年後に、前田家はそこに掲載された油絵の四分の一を手に入れたことになる。この機を失するわけにはいかないとした家政評議会の判断は当然であった。

なかでも大作は、図録の冒頭に掲げられたラファエル・コランの「緑野ニ於ケル三美人」（現在は「庭の隅」と呼ばれる）だろう。いうまでもなくコランは黒田清輝の師であり、購入に関与した黒田が選択から外すはずはなかった。ただ、コランの作品といえば圧倒的に裸体画が多い中で、この絵では衣服を着た三人の若い女性が草むらに横たわっている。着衣であることがコランらしからぬと、

前田邸の煉瓦基礎を門柱として再利用した懐徳門。東京大学本郷キャンパス、2016年

パリでの最初の発表時にも話題になったという（＊註13）。

もし、彼女らが裸体であったなら、前田家はそれを天皇に見せることを憚ったに違いない。実際に、林忠正コレクションには海辺で十人の裸婦が舞い踊るさらに大作の「海辺裸体美人踊」（現在は「海辺にて」の名で福岡市美術館が所蔵）があり、こちらを購入するという選択肢もあったからだ。

ほかならぬ黒田清輝が、かつては西洋絵画を日本社会に根付かせるという目的で、なかば強引に自作の裸体画（たとえば明治二十八年の「朝妝」と同三十年の「智感情」、前者はその後住友春翠によって買い取られ、明治三十六年に竣工した神戸須磨の西洋館を飾った）を公開した人物であった（＊註14）。

もし、天皇が裸体画を目にする場が実現していたならという空想は、明治時代における西洋絵画の鑑賞スタイルを考える上で興味深いが、問題の範囲は前田家の西洋館をはるかに超えてしまう。それはまた、「西洋館の西洋絵画」とでも題して別の機会に論じることにしよう。

前田家は行幸記念事業として、先にふれた絵巻製作のほか、対外的には東京帝国大学に対する講座新設基金の寄付（大正元年に国史学第三講座が開設）、本郷区内の小学校に対する文庫新設資金の寄付など、また対内的には、北海道林業事業の拡充整備、行幸写真集の製作、行幸記念碑の建設などを行った。

「臨幸記」を刻んだ行幸記念碑は、あの日の前田利為の感激を伝えて、今も懐徳館の庭園にひっそりと建っている。

【註】

＊1　航空写真は東京大学大学史史料室所蔵。展覧会図録『東京大学本郷キャンパスの百年』（東京大学総合研究資料館、一九八八年）参照。

＊2　藤井恵介「本郷前田侯爵邸と東京大学」、堀内秀樹「総合研究資料館増築に伴う埋蔵文化財発掘調査の概要」（いずれも『東京大学総合研究資料館ニュース』第三二号、一九九四年）。ほかに、パンフレット『懐徳館』（東京大学、発行年不明）が概要を伝える。

＊3　前田利為の事績については、『前田利為』（前田利為侯伝記編纂委員会、一九八六年）、展覧会図録『前田利為と尊経閣文庫』（石川県立美術館、一九九八年）を参照。

＊4　「前田侯爵邸建築工事概要」（『建築雑誌』第二六三号、一九〇八年）。

＊5　浅見雅男『華族誕生』リブロポート、一九九四年。

＊6　青木信夫『日本近代における皇族・華族邸宅の成立と展開に関する歴史的研究』東京大学大学院工学系研究科建築学専攻提出博士

論文、一九九六年。
*7 前掲『前田利為』。
*8 宮内庁『明治天皇紀』第一二、吉川弘文館、一九七五年。
*9 前田育徳会所蔵『評議会留』。
*10 前田育徳会所蔵『什器増減目録』に次の記録がある。
明治四十三年二月二十六日、以下二十四面、林忠正氏遺族薫氏ヨリ金三万円ニテ購入（明治四三・三・一一入手）
緑野ニ三美人図（ラフハエール、コラン筆）一面
黒衣ノ淑女半身（同筆）一面
サントベルナール海岸ノ景（ギーユマン筆）一面
山林ニ湖水（同筆）一面
河岸物場所（同筆）一面
亜剌比亜人ニ馬（ヂエローム筆）一面
河景（ルブール筆）二面
洗濯婦（ブーダン筆）一面
月夜ニ牛（エキストローム筆）一面
牧場（ウイオレール、デュック筆）一面
ロー子ン港ノ景（同筆）一面
セーヌ河朝景色（同筆）一面
日ノ出（同筆）一面
小河（同筆）一面
池（同筆）一面
中古市街ノ風俗（デュモン筆）一面
水景（ウイオール、デュック筆）一面
親子（ウアイガン筆）一面
ランプニ子供（黒田清輝筆）一面
森ニ猟犬ノ群（ロッス、サノー筆）一面
連山ノ景（ロッス、サノー筆）一面
牡鶏ニ雛（ムリー筆）一面
河岸（筆者不祥）一面
明治四十三年二月、以下一面、林忠正氏遺族ヨリ侯爵様へ進献
獅子（サン、マルセル筆）一面
*11 展覧会図録『フランス絵画と浮世絵～東西文化の架け橋林忠正の眼』（高岡市美術館ほか、一九九六年）で林忠正旧蔵の西洋絵画が紹介されている。
*12 長崎周蔵翻訳及編纂『林忠正蒐集西洋絵画図録』一九〇八年。
*13 三谷理華による作品解説「庭の隅」（展覧会図録『ラファエル・コラン』福岡市美術館ほか、一九九九～二〇〇〇年）。
*14 田中淳『明治の洋画、黒田清輝と白馬会』至文堂、一九九五年に「須磨の美術園～近代美術館としての住友家須磨別邸」という論考がある。

本稿を為すにあたり、前田育徳会菊池紳一氏、東京大学藤井恵介氏、三浦篤氏、東京国立文化財研究所田中淳氏、山梨絵美子氏、福岡市美術館三谷理華氏から御教示を得た。記して感謝の意を表する。

トランプのジャックと人間の服を着たチンパンジーの間で
——一八五三～一九四五年

ミズーリ号

ものの本によれば、調印式が行われたミズーリ号の位置は、「東京湾上」（降伏文書にはそう明記されている）であったり、「東京湾沖」（袖井林二郎『マッカーサーの二千日』中公文庫、一九七六年）であったり、「横須賀沖」（河原匡喜『マッカーサーが来た日』光人社NF文庫、二〇〇五年）であったりと曖昧で、それはどこだろうかとは思ったものの、あまり深くは考えずにきた。そもそもなぜ陸上ではなく海上を会場に選んだのかということにも、思いは馳せなかった。

全権となった重光葵の回想『重光葵著作集一 昭和の動乱』（原書房、一九七八年）を読むと、ミズーリ号までの道のりは決して楽なものではなかったことがわかる。この日の未明に、重光らは総理官邸に集合し、宮城を遥拝し、車で見渡す限りの焼野原の中を横浜に向かった。横浜港からミズーリ号まで、米海軍が用意した駆逐艦でおよそ一時間を要した。上甲板の式場に立った時、すでに九時近かった（重光は「十時」と誤記している）。

重光に従った外務省の加瀬俊一（内閣情報局第三部長）によれば、横浜に着いた一行は車から日章旗を外され、軍人は武器を奪われ丸腰にされた。自分たちがすでに敗者であることを思い知らされた瞬間だった。

前日まで奔走したものの、日本側はミズーリ号に向かうための船を調達できなかった。彼らを運んだ米海軍の駆逐艦はランスダウン号である。大小各種の灰色の軍艦が威風堂々と浮遊している中を進み、ようやくミズーリ号が姿を現した。「四万五千トンの巨艦は全艦隊を圧して、山の如く聳え立つ。檣頭高く、星条旗が潮風にハタめく。この旗こそ、運命の真珠湾の日に、白亜館にかかげられたものである。そして、カサブランカに、ローマに、またベルリンに、米軍の入城式を常に飾った因縁の旗である」(『ミズリー号への道程』文藝春秋新社、一九五一年)と、その第一印象を記している。

もうひとりの外務省からの随員岡崎勝男(終戦連絡中央事務局長官)は、足の不自由な重光が心配だった。重光は一九三二年に上海で爆弾テロに遭い、右足を失っていたからだ。特別に用意された椅子に座り、それをクレーンで吊り上げてもらった。ランチでミズーリ号の舷側に到着すると、ステッキをつきながらタラップをゆっくりと上った(岡崎勝男『戦後二十年の遍歴』中公文庫、一九九九年)。

その時の様子を、すでに甲板上で待ち構えていた日本映画社のカメラマン牧島貞一がこんなふうに伝えている。「その足どりの遅いこと。義足の重光さんを若い事務官がだきかかえるようにして一歩一歩のぼってくる。やっと登りおわった重光外相は、ほんとうに疲れはてたような顔をしてテーブルの前に立った。それをかこんで日本側代表が一団となって立ち止まった。だれも一言も話さない。連合国側からもだれひとり話しかける者がいない。不気味な静けさだ」(『日本ニュース』記録委員会編『ニュースカメラの見た激動の昭和』日本放送出版協会、一九八〇年)。

この沈黙の時間は、まるで「曝台(ピロリイ)の刑に処せられたように思った」と加瀬は振り返っている。その時、加瀬の目に映っていたものは、まさしくここに掲げた写真(六五頁)の光景であっただろう。「百万の眼は百万の火の箭となり、雨あられと我々を射すくめた。これが五体に突き立つので、私は本当に肉体的な激痛を受けたやうに感じた。凝視する眼がこれほど人を傷つけ得ることを、私は始めて体験したのである」(前掲『ミズリー号への道程』)。

海軍を代表して参列した横山一郎少将は「恥ずかしくてしようがなかった。こんなバカな戦争をやってと向こうは思っているだろうしね。ぼくはターナー大将と非常に仲がよかったもんですから。後日会ったら彼は、お前がいやがると思って、なるべく顔を見ないようにしたちゅうんだね」と、一九八〇年十二月十五日に行われた江藤淳のインタビューに答えている(「横山一郎元海軍少将インタビュー」江藤淳編『占領史録一　降伏文書調印経緯』講談社学術文庫、一九八九年)。

その時、沈黙を破って軽装のマッカーサー元帥が現れ、マイクの前に立つと、メモを片手にやおら演説を始めた。

「この厳粛なる機会に、過去の流血と殺戮のうちから信頼と諒解の上に立つ世界が招来せられ、人類の威厳とその最も尊重する念願―すなはち、自由、寛容、正義に対する念願―の実現を志す世界が出現することを期待する。これが余の熱烈なる希望であつて、且つ亦、全人類の希望である」というメッセージを含んだ演説に、加瀬は感動して、電撃にあったように身じろぎができなくなった。「生ける勇士にも、死せる犠牲者にも、この演説こそは、まことに永久に枯れることなき花環であつた」と讃えている(前掲『占領史録一　降伏文書調印経緯』)。

最後の一節を述べた時に、マッカーサーはぐっと身をそらせ、机の上に置かれた二冊の大きな書類を指差した。「いかにも芝居気たっぷりだった」とカメラマンの牧島は観察している。つぎは重光が何か挨拶をするのかなと思って見ていると、何もしゃべらず、椅子に腰をおろすと、万年筆を取り出してサインをした。続いて梅津大将が立ったまま前かがみになってサインをし、これを受けてマッカーサー以下連合国代表のサインが続いた。するとマッカーサーが終了を宣言して姿を消し、調印式は二十分足らずで終わり、あまりのあっけなさに牧島はびっくりしてしまった(前掲『ニュースカメラの見た激動の昭和』)。

しかし、降伏文書を持ち帰ろうとした代表団は大きな問題に気がついた。カナダの代表が位置を間違えて、サインを国名の上ではなく下にしてしまい、続く各国代表がそれに連動したため、署名欄に空白が生じていた。このような不備があっては、枢密顧問官会議を通らないと重光が難色を示した。

この経緯は岡崎の回顧録に詳しい(前掲『戦後二十年の遍歴』)。なぜなら岡崎はサインのやり直しを求めて、参謀長サザーランド中将と交渉したからだ。しかし、マッカーサーはすでに別室で各国代表と祝杯を挙げており、再び姿を現さず、サザーランドがひとりで訂正して一件落着となった。

この十一人の代表団を「まるでチンパンジーが人間の服を着た格好で調印した」と評したハルゼー海軍大将は、調印に臨んだ重光が、ステッキを落としたり、シルクハットと手袋をゴソゴソやりながら震える手で紙をいじり、ペンを探したりする様子を「ヤツは時間かせぎをしているな」と憤慨しながら見ていた。そして、終了後にこんな会話をマッカーサーと交わしたと回想録に書いている。

「〝将軍、さっきは危うくメンドウが起きそうな場面がありましたね〟といったら、マッカーサーは〝それは何のことかね〟と尋ねた。私は〝重光のヤツがあまりグズグズしてるので、私はヤツの横つらをブンなぐって――こら、サインだ。貴様早くサインをせんか――とドナってやりたかったんですよ〟と説明した。〝どうして君はそうしなかったのかね〟とマッカーサーは問い返した……。」(「ハルゼー回想記」『マッカーサーの日本』新潮文庫、一九八三年)

この時の映像は複数のカメラで撮られており、YouTubeで簡単に見られるから確かめてみたが、重光がそれほど「グズグズしてる」ようには見えなかった。

むしろ、足を引きずって歩く姿が痛々しい。それよりも、マッカーサーがサインに用いた万年筆を、背後に立たせたウェーンライト陸軍中将と英国のパーシバル陸軍中将のそれぞれに渡す行為の方がよほど猿芝居だ、といったら猿に申し訳ない、それではハルゼーと同類になってしまう。とにかく、芝居がかっているのだった。

マッカーサーはフィリピンのコレヒドール要塞をウェーンライトに任せて早々とオーストラリアに逃げ(と本人はいわないだろうが)、ウェーンライトはその後の四年間を日本軍の捕虜として過ごした。「ペンを与えて、その労苦をねぎらっている。これが彼らの騎士道というものかいな。こんな哀れな騎士道に、わが大和魂の武士道が敗れるなんて、どうも辻褄が合わない」と、あとで登場する淵田美津雄海軍大佐が皮肉っている(中田整一編『真珠湾攻撃総隊長の回想 淵田美津雄自叙伝』講談社、二〇〇七年)。この調印式で、マッカーサーは六本の万年筆を使った。もちろん、贈る相手が念頭にあってのことだった。

マッカーサーもまた、毒舌で知られたハルゼーと同類と思わないでもないが、この日は軽口をたたかず、連合国軍最高司令官としての威厳を保つ演技に腐心していた。加瀬は、横浜港に戻る駆逐艦の中でマッカーサーの米国向けのラジオ放送を聴いて、すっかり「マッカーサーは平和の人である」と確信するに至った。「この器量と識見を有する人物が、日本の運命を形成すべき最高司令官に任命されたのは、我々の幸運ではないか」とまで讃えている。

そのラジオ演説ではペリーが引き合いに出され、こんなふうに語られた。

「我等は九十二年前、我等の懐しき国人ペリー提督のゐた東京に立つてゐる。彼の目的は、世界の友誼と通商貿易から日本を隔離する幕を取り払つて、文明と進歩の時代を日本にもたらすにあつた。然るに、ああ、西洋科学から得た知識は、圧迫と人間の奴隷化の道具に鋳替へられた。発表の自由、行動の自由、思想の自由は、自由教育の圧迫、迷信の助長、力の行使によつて否定された。我等はポツダム宣言の趣旨によつて、日本国民がこの奴隷的状態から解放されるか、どうかを監視することを委託されてゐる」(前掲『ミズリー号への道程』)。

マッカーサーは自らをペリーに重ね合わせ、日米関係が再び振り出しに戻ったことを知らしめるために、わざわざペリー艦隊の星条旗が本国より取り寄せられたのだった。「はじめからやり直し!」というわけだった。

加瀬は甲板で目にしたペリー艦隊の星条旗を思い出しながら、「ペリーの霊この旗に宿らば、敗戦の禍因となつた軍国主義を一掃し、再び門戸をひろく開いて海外との接触に努力し―今回は侵略的軍国主義の代りに平和的民主主義を吸収することを期待するのではあるまいか?」と述べている(前掲『ミズリー号への道程』)。

一段下の甲板では、ミズーリ号乗員に混じって、真珠湾攻撃の総隊長として知られる淵田美津雄海軍大佐が「海軍総隊参謀として、日本側準備のためのいろいろな雑役を仰せ付か」って調印式を見守っていた。さすがに現場の人だけあって、語ることが一風違う。

ミズーリ号そのものに批判の矢を放っている。この戦艦は、米海軍が戦艦大和と武蔵に対抗するために、ニュージャージー号とともにあわてて建造した代物で、前年六月に就役したばかりだった。しかし、すでに戦艦の時代は終わっていた。淵田は「はや昵懇になっているアメリカ太平洋艦隊司令部の航空参謀に、こんな大きなものを、巨費を投じて、降伏調印式場のために造ったのかと、ひやかしたら、彼も飛行将校であったから、曰く「これも大和と同様、世界の三バカの一つでした」と答えた（前掲『真珠湾攻撃総隊長の回想　淵田美津雄自叙伝』）。

カメラマンの牧島は、「戦艦大和に型はよく似ているが、ひとまわり小さい」と書いている（前掲『ニュースカメラの見た激動の昭和』）。実は、全長はミズーリ号の方が大和より約七メートル長い。しかし、全幅は大和が約六メートル大きい。ミズーリ号の幅はパナマ運河のそれに規定されたからだという。両艦の大きさは煉瓦造の東京駅にほぼ匹敵する。呉の大和ミュージアムには、大和の十分の一の模型が展示されているが、仮にそれを二十五メートルプールに浮かべようとすると、プールサイドにはみ出してしまう。模型からでも、その大きさが実感できる。

そんな大きな図体のミズーリ号は日米双方の海軍士官から時代遅れと称されながらも、朝鮮戦争を戦い、その後の三十年近い予備役期間を経て、一九八六年にはトマホーク・ミサイルなど最新鋭の武器を装備して再現役の戦艦に返り咲いた。そして一九九一年の湾岸戦争に参戦している。その翌年にようやく退役し、現在はハワイの真珠湾で博物館（戦艦ミズーリ号記念館 Battleship Missouri Museum）として公開されている。

そのミズーリ号記念館では、解説ボランティアが、降伏調印式の際にミズーリ号はペリー艦隊と同じ位置に停泊していたと説明しているらしい。確信をもってそう語る人に、私も何人か会ったことがある。それを聞いて、わずか二十分の調印式のために星条旗を本国から取り寄せたぐらいなのだから、米軍ならやりかねないと思ってはみたものの、はて、ペリー艦隊のそれはいったいいつの時点での停泊位置なのだろうかと考えた。とたんに話は怪しくなる。

降伏文書調印式からマッカーサーのいう九十二年前、一八五三（嘉永六）年の江戸湾へと飛ぶことにしよう。

久里浜応接所の星条旗

横浜開港資料館は一九八一年の開館に合わせて、この星条旗の複製を作成した。翌年に刊行された『ペリー来航関係資料図録』（同館）では、「久里浜の応接所でフィルモア大統領の親書が手交されたときに掲げられた星条旗」と説明している。おそらく、アメリカ海軍兵学校博物館での解説に準じたのだろう。これを見逃して、なんとなく日米和親条約締結時に翻ったものだと思い込んでいた。

ペリー艦隊は、最初の来航時には、浦賀奉行に大統領親書を渡すと、わずか十日で引き揚げている。それでも、それなりの儀式が必要だった。幕府は久里浜に仮設の応接所を建てて対応した。翌年の条約締結時と異なり、この応接所の様子は、日本側の記録にはあまり描かれていない。しかし、ペリー艦隊の従軍画家ハイネが描き、その図"Delivery of the Presidents Letter"を『日本遠征記』が載せている。

それは巨大なテントのようだ。室内は手前と奥に分かれ、奥が三段高くなっている。全面に畳が敷き詰められているように見える。突き当たりに机がひとつ置かれているのみで、椅子（というよりも曲彔《きょくろく》）は六脚しかない。したがって、日本人は床に座し、アメリカ人は突っ立っている。奥に向かって、部屋の中央には毛氈が敷かれている。奥の部屋、すなわち上段の間にだけ壁をしつらえ、なんとそこにはたくさんの樹木が描かれている。松の絵ではないかと思うのだが、ハイネはそれをよく理解しないままに写しているようだ。

一八五三年七月十四日（嘉永六年六月九日）朝、ペリーが最初に取った行動は、応接所を砲撃できる位置にまで、サスケハナ号とミシシッピ号とを移動させることだった。そこに迎えの役人が二艘の小舟に乗ってやって来た。香山栄佐衛門と中島三郎助である。香山がそれまでに何度かサスケハナ号を訪れて、交渉のお膳立て役を務めた。前日には、公式の正装を着用すること、椅子は用意できないことなど儀式の細部を詰めている。

そして、この日の香山と中島は豪華な絹の衣装に身を包んで現れた。とりわけ中島は「非常に幅が広いが、非常に短い袴をはいていた。足をくっつけて直立すると(そんなことはほとんどなかったが)、それはスリットの入ったペチコートそっくりで、下の方は黒い木綿の足袋をつけた脚の下部が少し覗いていた」。「金糸や光る絹や華やかな色で飾り立てた、念入りな身じまいと派手ないでたちにもかかわらず、さほど感動的な効果をもたらさず、むしろこの滑稽な外観は賛嘆よりは笑いを呼び起こした。実際、その姿は異様に飾り立てたトランプのジャックとそっくりだった」と、『ペリー艦隊日本遠征記』(栄光教育文化研究所、一九九七年)に記されている。

ハルゼー海軍大将の「まるでチンパンジーが人間の服を着た格好」はさすがに言い過ぎにせよ、九十二年後のミズーリ号に姿を現した代表団の格好はすっかり様変わりをしていたことを思い起こしたい。十一人中七人の武官はくたびれた軍服に丸腰、四人の文官は、三人がモーニングにシルクハット、ひとりが普通の白い背広を着用していた。

実は、事前にマッカーサーが開衿シャツを着て臨むことがわかっており、日本側もそれに合わせて背広着用と決めていたのだが、天皇の勅語案を持参する以上はモーニングでなければならないという判断が前夜になって下された。ひとり太田三郎(終戦連絡中央事務局第三部長)にだけはその連絡が届かなかったのである(住本利男『占領秘録』中公文庫、一九八八年)。加瀬にいわせれば「曝台(ピロリイ)の刑に処せられたよう」な十一人には、香山や中島の晴れがましさ、華やかさが微塵も感じられない。

さて、久里浜には士官、海兵隊、水兵、軍楽隊を合わせておよそ三百人が上陸した。香山の先導で、行列は応接所を目指した。「艦隊の乗組員の中から、とくに筋骨たくましい屈強な水兵が二人選ばれ、合衆国旗と幅の広い尖旗とを捧げ持った」と、ここで日本に翻った最初の

ヴィルヘルム・ハイネ「ペリー久里浜上陸図」(国立歴史民俗博物館)

星条旗が登場する。ペリー提督の前を、大統領の親書と提督の信任状を収めた箱を捧げたふたりの少年が歩き、提督の両側には、この日のためにとくに選ばれたふたりの「艦隊きってのハンサムな黒人」が一分の隙もなく武装して護衛していた。

応接所が急ごしらえの建物であることは明らかだった。「松材の柱や板に番号がついているのは、前もって設計通りに造って、現場に運んで手早く組み立てたのだろう」と推測している。「奥の部屋を囲む壁の三方には、皇帝の紋章を白で刺繍した、絹と美しい木綿でつくった紫色の掛布がかけてあり、前面は控室である外側の部屋に開かれていた」と記録しているが、ハイネが描いた樹木の絵についてはふれていない。それとも、葵の御紋をハイネは樹木のように表現したのだろうか。あるいは、山水画か花鳥画の掛物が掛けてあったのだろうか。

接見の間で待っていたのは、浦賀奉行戸田伊豆守氏栄と井戸石見守弘道のふたりであった。すべては香山と通訳が取り仕切り、文書が手渡される間、ふたりは「銅像のような格好」で身じろぎもせず、ひと言も発しなかった。「当地は外国人と交渉するための場所ではないので、協議も接待も行なうことができない。ゆえに、書簡が受領されたうえは、貴下は出立してよろしい」と告げたのも香山であった。ペリーが退出する際に、それまでひと言も口をきかなかった戸田と井戸は立ち上がったが、やはり黙ったままだった。こうして、儀式はほとんど沈黙の中で行われ、わずか二十分から三十分で終わった（『ペリー艦隊日本遠征記』）。飲み物さえ出なかった（前掲『ペリー日本遠征随行記』）。

ミズーリ号甲板上でのあっけない降伏調印式を髣髴とさせるではないか。そんな短い儀式のために本国から星条旗を取り寄せたことを「わざわざ」と評するのであれば、こちらの大統領親書受領式においても、上段の間を設けた応接所が「わざわざ」建設されたと見なすべきである。それが当時の日本人には必要不可欠な施設であった。その時々の価値判断、優先順位というものがあり、それを後世から即断しない、まして断罪しないということが、この歴史から学ぶべきことである。

駄々を捏ねる

という表現は、梅津美治郎参謀総長にはいささか酷かもしれない。しかし、八月三十一日の終戦処理会議に出席した陸軍参謀次長の河辺虎四郎中将は、この日の日記に、「大本営代表タル全権任命ノ手続ニ就テ梅津総長ヨリ抗議的質問アリ、聊カ『駄々』ノ嫌アリテ面白カラズ」（『河辺日記』防衛研究所蔵）とはっきり記している。また、調印式当日、随員として間近で見ていた加瀬俊一は、「彼はいやいやながら次席全権を拝命した」とも書いている（前掲『ミズリー号への道程』）。

梅津はポツダム宣言受諾をめぐる御前会議において、最後まで、陸軍大臣阿南惟幾《あなんこれちか》大将や海軍軍令部総長豊田副武大将とともに異議を唱えていた。阿南は「聖断」が下ると、八月十五日未明に早々と自決して果てたから、陸軍のトップは梅津しかいない。もし全権に選ばれたなら自決するとまで口にしていたという（前掲『ミズリー号への道程』）。

しかし、政府を代表する重光葵とともに、軍を代表する誰かが降服の場に立たねばならなかった。当初は陸軍と海軍のそれぞれの統帥部から一名ずつ出ることが検討されたが、結局梅津ひとりに絞られた。海軍は難を逃れたが、随員は出さねばならない。

「『海軍代表となれば総長だ』といふ者があつたが豊田総長は猪首を横に振つた。『それぢや次長だ』と言へば『厭だ』といふ。到頭『作戦に負けたのだから作戦部長行け』とのつぴきならぬ無理往生で私が首席随員にされてしまった。何しろ〝降伏する位なら死ね〟と十八、九の頃から五十近い此年迄長い年月たゝきこまれた観念では今から考えれば可笑しい位だが本当に死ぬより辛かつた」（『文藝春秋』一九五〇年九月号）と、いい年こいた（といいたい）おとなが責任逃れをして、嫌な仕事を押し付け合った楽屋話を開陳したのは、大本営海軍第一部長の富岡定俊少将である。彼らはこれで将軍なのだから情けない。

天皇は、前日に重光と梅津のふたりを別々に呼びつけ、使命の重大性を説き聞かせた。

重光は、つぎのように内奏した。

「降伏文書に調印するということは、実に我が国有史以来の出来事でありまして、勿論不祥事であり、残念でありますが、これは、日本民族を滅亡より救い、由緒ある歴史及び文化を続ける唯一の方法でありますから、真にやむを得ないことであります。日本は古来一君万民の国がらであり、陛下は万民の心をもって心とせられることは、記者等陛下に咫尺するもののよく拝承するところであります。これが、今までややともすれば、権力を有するもののために、曲げられたことがあったので、日本が今日の悲境を見ることとなりました。ポツダム宣言の要求するデモクラシーは、その実、我が国がらと何等矛盾するところはないのみならず、日本本来の姿は、これによってかえって顕われて来ると思われます。かような考え方で、この文書に調印し、その上で、この文書を誠実に且つ完全に実行することによってのみ、国運を開拓すべきであり、またそれは出来得ることと思われます」。天皇は、「まことにそのとおりである」と答えたという（前掲『重光葵著作集一 昭和の動乱』）。

一方の梅津は、天皇への拝謁についても、降伏文書調印式についても、「無言の将軍」という渾名どおりに、何も語り残していない。沈黙を通して、一九四九年正月に巣鴨プリズンで獄中死した。

ペリーとマッカーサーの銅像

マッカーサーが自らをペリーになぞらえ、日本人を連れ戻した振り出しの地は久里浜であった。和親条約に次いで、一八五八年には日米修好通商条約が結ばれる。それを受けて、翌一八五九年に横浜が開港した。あまり注目されていないが、一年後には早くも盛大な開港一周年祭が繰り広げられた。開港場の一隅にあった洲干弁財天の八月十五日の祭礼をわざわざ六月二日に繰り上げて一周年祭とし、爾来この日が例祭となった。

「其祭典の壮観を外国人に示さんが為め、男女美麗を尽し、山車・手踊の警護となりて市街を練行き、其状、千歳未聞の賑ひを為したり」と、太田久好『横浜沿革誌』（一八九二年）にある。

それから半世紀が過ぎて、日本は銅像の時代を迎えていた。開港五十周年を記念して、日米修好通商条約締結に踏み切った「開港の恩人」井伊直弼の銅像が、横浜港を見下ろす丘の上に竣工したのは一九〇九年のことだった。この時、同じ横浜に、ペリーの銅像をも建立しようという計画が立ち上がっていた。

井伊直弼像の建立は、旧彦根藩士らの四半世紀来の悲願であったが、ペリー像は、井伊像を手掛けた同じ彫刻家藤田文蔵の発起だという。大隈重信や陸海軍将校、米国領事館員を巻き込んで、建立計画を進め、前年十月の米国大西洋艦隊歓迎会では、ペリーの半身塑像が公開され、英文の趣意書が配布された。

この趣意書と思われる英文パンフレットを、佐藤孝「横浜にペリー銅像を!!—未完の銅像建設計画」（『開港のひろば』五十五号、横浜開港資料館、一九九七年）が紹介している。それは、「日本の開国と文明化の恩人として、井伊と並べてペリー銅像を建設したい」という趣旨であった。米国ニューポートにある全身の銅像をモデルにしてすでに制作済みである。台座のデザインはこれから公募する。建設地は横浜公園、経費は約二十万円である。

しかし、この計画は実現しなかった。それならば官に頼らず民でということで、一九一〇年に米友協会が中心になって呼びかけ、銅像建設同志会（会長大隈重信）の結成を企てたが、そのころには満州鉄道中立提議問題をめぐって反米世論が高まり、これも実らなかった。ちなみに、米国大西洋艦隊は「黒船来航」に続く「白船来航」と呼ばれて大歓迎されたのだが。

佐藤孝氏によれば、それでも藤田はペリー銅像にこだわり続け、一九三三年、三越本店で開かれた日本外交史料展覧会に「ペルリ提督の塑像一台」を出品したという。また、藤田の教えを受けた松戸の石工鹿子豊蔵は、藤田の息子頼光といっしょに、戦後になってもペリー像の制作をやめなかった。やはりニューポートのペリー像を模した高さ六メートルの銅像を横浜山下公園に建てることを目論み、石膏像までは姿を現していた。

この銅像も実現しなかったが、一九五三年に繰り広げられた横浜開港百年祭では、ペリーと井伊が引っ張り出された。横浜開港百年祭実行委員会と横浜市が連名で出版した『目で見る横浜百年史 開港百年記念グラフ』の表紙では、黒船を間にはさんで、ふたりが向き合っている。郵政省が発行した横浜開港百年記念切手は、井伊銅像を中心に、黒船と現代の船を配したものであった。

しかし、もうひとりのペリー、マッカーサーの銅像はあっさりと実現していた。一九五一年一月に、神奈川県は「県民の名において」マッカーサーのブロンズ像を作り、内山岩太郎知事らがGHQを訪れて献呈したからだ。また、一九四九年末ごろに、東京で、マッカーサー元帥銅像建設会が立ち上がった。ニューヨークの自由の女神と同じ高さのマッカーサー像を作り、それを浜離宮の一角に建て、東京湾を出入する船から見えるようにする計画だったという（袖井林二郎・福島鋳郎編『マッカーサー　記録・戦後日本の原点』日本放送出版協会、一九八二年）。前者は内山の日記からも確認できるものの、後者は確認の手だてがない。

それはあまりにも荒唐無稽な計画に見えるが、発想に限っていえばあり得ない話ではなかっただろうと、袖井林二郎『拝啓マッカーサー元帥様――占領下の日本人の手紙』（大月書店、一九八五年）が紹介する数々の手紙が教えてくれる。以下、銅像建立祈願の部分のみを抜き出してみよう。

　一九四八年四月二八日

　我が崇敬するマッカーサー元帥閣下

（前略）私個人の小さな希みでありますが如何にしてもそれを実現さしたい想ひで一杯であります。それは講和の日までに著明〔名〕の地に平和記念塔を建設しアメリカ人・日本人等今次大戦におけるすべての合同慰霊をまつり貴方の銅像を立て来る講和の日に除幕し永世に変らぬ米日親善の一シンボルと致したく思ふのであります。（後略）

貴下を親しく思ふ一日本人

　拝啓

（前略）先づ平和の象徴として日本一般国民の最も尊敬する元師《ママ》の銅像と平和記念塔を国民の熱意により建立し其の下に日本の過去の禍因を一掃して将来幸福な日本の再建を計り世界の人々から愛され畏敬される　文化国家を建設する活発な精神運動を展開すべく別紙趣意書を相添へ元師《ママ》の足下に奉呈し御認許を得たく茲に同志一同謹んで御願ひいたします。

謹言

昭和二十三年三月七日

　東京都品川区大井原町五、一八八番地

　　平和記念会（仮称）

　　　責任者　大山南海男

新年おめでとうございます。

八千万の日本国民は終戦以来五度目の新年を迎えるにあたり、筆にも言葉にも表しようのない閣下の御親切に、深甚な感謝を捧げるものです。（中略）ここに私は一つの提案をいたしたく存じます。それは平和国家の建設を寿ぐため、マッカーサー元帥を讃える記念碑と銅像を宮城前広場の一廓に建立したいというものです（後略）

ソーマ・コソー（本名ソーマ・トヨジロー）

富山駅前「平和群像」除幕式

マッカーサーを戴く平和記念塔はついに日の目を見なかったが、平和記念塔・平和記念碑・平和記念像ならば、全国各地のいたるところに出現した。そのひとつが、富山駅前に今もなお建っている。富山都市美協会と北日本新聞社が企て、一九四九年夏に建設したものだ。

その意図はつぎのようなものであった。

終戦ここに四周年、われわれは永遠の平和を願い、郷土を愛する至情から富山駅前に一大記念群像を建設することを計画しました、あたかも富山市制六十周年記念日の好時、これが記念事業として、富山県よ久遠に栄えよ、と念じて人人の正しいあり方を富山県の総合的象徴によつて群像化し、永久にこれを郷土にのこさんとするものであります。（『北日本新聞』一九四九年七月一五日）

高さ二十五尺の塔の頂上では、火を焚くことができた。正面には富山県を象徴する男性裸体像を立たせ、クマ、カモシカ、ライチョウなどの動物を配した。左右は富山県の「生活と産業」をやはり男女の裸体像で表現、裏面にも男女裸体像を置いて「平和、自由、真理」を表して、「平和群像」と名付けた（同前七月一八日）。

富山が空襲に遭ったのは八月一日である。この日はまた市制記念日でもあったため、平和群像の制作もこれに

富山駅前の「平和の群像」、2011年

合わせて急がれた。しかし、大作であるばかりか、富山県出身の彫刻家松村外次郎と二科会の同志であった渡辺義治を中心に総勢八人の彫刻家が参加した合同制作であったからか、期日に間に合わなかった。松村と渡辺が、ほんの五年前までは、兵士の像の制作に励んでいたことについては、拙著『股間若衆』（新潮社、二〇一二年）をご覧いただきたい。

除幕式は一ヶ月遅れて、九月二日に挙行された。この日が選ばれた理由は、つぎの記事からうかがい知ることができるだろう。「栄えの除幕式は今十五日につぐ第二の歴史の日ミズーリ号歴史的調印の九月二日に挙行することに決定した」（同前八月一五日）。当日の除幕式には、富山民事部隊長代理バイヤー民間報道課長も参列している（同前九月三日）。

少なくとも占領期には、九月二日は日本に平和がもたらされた特別な日と受け止められていたのである。

四

見世物小屋にて

いま見世物を見ることについて

「見世物」と聞いて、現代人が思い浮かべるものは、蛇女、蛸娘、牛男の類である。それさえ、今ではほとんど見ることができなくなってしまった。しかし、かつては、そうした因果物ばかりでなく、軽業や曲芸、あるいは籠や貝や瀬戸物などを用いて人の姿をつくる細工が盛んに見世物となった。見世物の世界は幅広く、多彩で、奥が深かったのである。

　ここでいう「かつて」とは、百年以上前のこと。明治二十五（一八九二）年には、もう技芸を見せる見世物はサーカスや常設の舞台に活動の場を移し、天然奇物は博物館に引き取られ、細工見世物はすたれ、パノラマや活動写真がその跡を襲おうとしていた。現代人が思い浮べる見世物は、それから後の小さく痩せ細った見世物にすぎない。

　この「大坂の細工見世物」展（会期＝一九九二年六月二日〜二十八日、会場＝ＩＮＡＸギャラリー大阪）が試みたことは、全盛期の見世物の再現である。とはいうものの、見世物の多くはその場かぎりの興行であり、そこで見せられたものは後世に残りようがなかった。たまたま残ってしまったものや、かろうじて今日に伝えられた技術を手掛かりに、過去の巨大な見世物文化を復元しなければならない。「巨大な」という形容詞が大袈裟でも大風呂敷でもない文化が、たとえば、当時市中に出回った錦絵や引札の背後に見え隠れしている。

　細工見世物は、そのエッセンスのようなものである。細工を面白がった社会が過去に確かにあり、そのいったい何を面白がったのかがすっかりわからなくなってしまった社会がいまある。菊人形なら、現代人にも少しは馴染みがあるだろう。関西では、毎年秋になれば、ひらかたパークで大規模な菊人形展が開かれる。たいていはＮＨＫの大河ドラマからテーマを借りる。菊の好きな人はそれを欠かさず見にゆくだろう。しかし、なぜ菊で人間の姿が作られているのかなどということは、誰もあまり突き詰めては考えない。菊人形というものがあるなあと、なんとなく了解しているにすぎない。

菊のかわりに瀬戸物の皿や茶碗が体中にくっついている人形がある。その姿を思い浮かべただけで私はギョッと驚き、それが毎年七月に催される大阪のせともの祭でいまなお作られていると知って、さらにひっくりかえるほど驚いてしまった。菊人形というものが、ただなんとなく世の中にあったのではなかった。瀬戸物のかわりに魚の干物や昆布や貝殻が体中にくっついている人形も、ついこの間まであった。せともの祭が開かれてきた瀬戸物町（西区阿波座あたり）からそう遠くない雑喉場《ざこば》（西区江之子島あたり）では、やはり夏祭りに、こうした乾物細工が明治の末ごろまでは行なわれていたという。

菊人形と瀬戸物人形と乾物人形とは、明らかに同じ文化に属している。それは、細工の妙というよりは細工の機知を楽しむ文化であり、細工の材料が観客の意表をつけばつくほど、つまりは材料とイメージの落差が大きければ大きいほど楽しみも大きくなる。ここで肝心なことは、材料が最後まで観客の目から隠されていないことだ。落差を楽しむ以上、材料が菊であること、瀬戸物であること、乾物であることは明らかにしておかなければならない。ここのところが、現代人にはよくわからなくなってしまった楽しみ方だろうと思う。

見世物を俗悪視し、暗い場所へと押し込めてきた明治以降の日本の文化とは、基本的にリアリズムの上に組み立てられているのだから、細工見世物が急速にすたれてしまったのは当然である。それは、歌舞伎という反リアリズムの演劇をもはや日本人が楽しめなくなってしまったことによく似ている。いくら今が歌舞伎ブームであっても、歌舞伎を見る楽しみが日本人の暮らしから離れてしまったことだけは否定できないし、すでに取り返しもつかない。

改めて、幕末に大坂や江戸で大流行した細工見世物に目を向けてみよう。籠細工、紙細工、ビイドロ細工、貝細工、麦藁細工、練物細工、縮緬細工、羽二重細工、糸細工、丸竹細工、張子細工、蠟細工、桶細工、芥子細工、糸瓜細工、巾着細工、筵細工、笊細工、銭細工、青物細工、植木細工という具合に、生活の中にころがっている材料の数にしたがって、細工の種類はそれこそ無限にある。

当時の錦絵や引札を見るかぎり、細工のほとんどは人間の姿を作り出し、それらに伝説や物語の場面を演じさせている。からくりを組み合わせたものも多い。江戸で「大坂下り」という文句が飛びかい、引札にもそう記されているのは、大坂から下ってきた見世物だというだけで人を呼べたからである。それだけ、大坂は見世物が盛んで、水準が高かったからということでもある。なかでも、籠細工の一田庄七郎、ビイドロ細工の玉井武楽斎、生人形の松本喜三郎などは、江戸に下ってたいへんな人気を博したという。

こうした細工見世物に対する現代人の理解を阻んでいるもうひとつのものは、口上の存在である。見世物に口上は不可欠であった。その伝統は、おそらく無声映画がトーキーに変わるころまで残っていた。弁士がその名前だけで人を呼べたように、たとえば、一田庄七郎の籠細工を伝える錦絵に「甘辛屋《あまからや》」という口上が登場するのは、「甘辛屋」の口上を聞こうと人が集まったからである。伝説や物語の一場面が見世物になったのだから、観客は、目ばかりでなく、耳から入ってくるものをも同時に楽しんだに違いない。細工と口上とが渾然一体となった様子が、博物館や美術館で沈黙を強いられる現代人にはなかなか理解できないのである。

さらに付け加えれば、現代人の理解を超えているものは、作り物の大きさである。幕末に向かうほど、細工人形は小さくなり、等身大に近づいてゆくが、細工見世物の最初の流行期文政年間には、その大きさは十メートル二十メートルという単位である。文政二(一八一九)年に一田庄七郎が天王寺で見せた「天竺僧仮寝姿」には、当時の記録を額面通りに受け取れば、九丈六尺(約三十メートル)の釈迦涅槃像が出たという。

このようないくつもの理由によって、かつては確かに存在していた細工見世物という文化がいまでは見えなくなってしまった。あえてその再現を試みたのは、見世物を排除し、置き去りにしてきた現代社会の仕組みが、逆に見えてくるだろうと思ったからだ。おそらく、現代は、

見世物の楽しみばかりでなく、細工という日本文化の要までをも失いつつある。たかだか百五十年ほどの間に失ったものの大きさを、この機会に確かめてみたいものだ。

魚や海藻の干物を 3 万円分買って作った乾物人形。大阪 INAX ギャラリー、1992 年

仏像を拝まなくていいの?

展示室のお賽銭

熊本市現代美術館が開館二周年を記念して「生人形と松本喜三郎」(二〇〇四年)という展覧会を開催した時、人形師松本喜三郎の手になる谷汲観音像(浄国寺蔵)の前に、たくさんの賽銭が投じられた。

ミュージアムでは、展示された仏像の前に賽銭が上がる光景を、普通は目にしないものだ。大半の観客は、ミュージアムの中に置かれた仏像を彫刻作品と見なし、鑑賞はしても、礼拝はすべきでないと思い込んでいる。ミュージアムに一歩足を踏み入れたとたんに、そこが寺院とはまったく異なる場所であることを理解している。展示室の中の賽銭は、そして礼拝や読経も、誰が決めたか知らないこの不文律を破るのである。

これを面白がったある新聞記者が、展覧会終了後にその賽銭はどうなるのかと追跡取材をした。ついでに他館のケースも調べたところ、熊本市現代美術館、奈良国立博物館、山口県立美術館三館の対応は三者三様、見事に分かれた。すなわち、熊本市現代美術館はそのまま賽銭として受け取り、仏像を返却する際にいっしょに所蔵寺院に渡し、奈良国立博物館は観客の遺失物として警察に届け出、山口県立美術館は展覧会開催前に賽銭禁止の方針を立て、展示室で館員が目を光らせ、賽銭を上げようとする観客に注意を促すというものだった(『毎日新聞』二〇〇四年八月十二日)。

この話は、たくさんのことを教えてくれる。まず、三者の対応が分かれたのは、集まった賽銭を寺院に渡す行為が政教分離の原則(憲法第二十条・第八十九条)に抵触するか否かの判断が割れたからである。熊本は否とし、奈良と山口は適とした。金銭の贈与は、国や地方自治体が宗教団体に対して寄付を行うことになるというのだ。

その上で、奈良は仏像の前に投じられた金銭を賽銭とは認めず、観客の遺失物にするという苦肉の策を立てた。信仰の証である賽銭から宗教性そのものを剥奪しようというのだった。遺失物とはいえ、落とし主(?)が名乗り出るはずはないから、結果として金は国庫に入る。

もし、ミュージアムの中に落とし主がいるのであれば、それは観客ではなく、ほかならぬ仏像の姿をした仏たちではないかと私は思う。小銭が賽銭となった時点で、所有権は観客から仏へと移ったはずで、少なくとも観客は所有権を放棄したはずだから、仏像を返却する際に、賽銭も仏のものと解釈して、いっしょに渡せばそれで済むのではないか。熊本市現代美術館は、このような見解に立った。

その熊本市現代美術館館長が、先の新聞記事にこんな発言をしている。「美術館は特別なところではなく日常の延長にある。さい銭を否定してきたのが美術館の悪いところ」。一方、奈良国立博物館の見解は、発言者匿名のまま「寺では信仰の対象でも、博物館に展示してある以上は美術品」と紹介されている。

賽銭の否定が必ずしも「美術館の悪いところ」とは思わないが、ミュージアムが日常生活からさまざまな事物を取り出し、本来の環境から切り離し、ある特別な観点からそれらを眺める「特別なところ」として建設されてきたことは疑いない。決して「日常の延長」にはない。

仏像の場合は、まさしく奈良国立博物館の匿名子のいうとおり、「寺では信仰の対象でも、博物館に展示してある以上は美術品」として扱われてきた。こうした宗教性排除の姿勢が行き過ぎた余りに、賽銭を遺失物と扱って何とも思わない感覚が生じてしまったのだろう。奈良国立博物館員のコメントは、ミュージアムで思わず手を合わせ、賽銭を投じるという行為そのものまでを否定するかのようで、それこそ、憲法第二十条がうたう「信教の自由」に違反する。

同一の物が置かれる場所によって意味を変える。仏像がミュージアムに展示されることによって美術品となり、ミュージアムから寺に戻ることによって再び信仰の対象となるのであれば、ミュージアムはまぎれもなく「芸術の生まれる場所」だということになる。

仏像の展示と鑑賞

仏像がミュージアムに展示されることになった経緯を振り返ってみよう。日本にミュージアムが誕生した時に、仏像は現在のように重要な展示物であったわけではない。それどころか、一八七二(明治五)年に創設された最初の国立博物館の「列品分類」(コレクションの分類)には、そもそも仏像が含まれていない。

百三十六年後の二〇〇八年に同館で開催された「薬師寺展」が八十万人近い観客を集めたことを思えば、隔世の感がある。薬師寺金堂脇侍の日光菩薩像と月光菩薩像の背後にも観客を回し、三六〇度の角度から仏像を見せたことが同展の新趣向で、二体の巨大な仏像は、明らかに彫刻作品として観客の視線にさらされていた。

明治初年は、新政府の神仏分離政策(一八六八年に神仏判然令布告)に端を発する廃仏毀釈に、文明開化による「厭旧競新」の風潮が相まって、仏像が「信仰の対象」としての価値を一気に失った時期だった。それに代わる「美術品」としての価値は未だ与えられず、いわば社会から見捨てられた状態にあった。そのため多くの仏像が破壊され、あるいはまた売り飛ばされた。むろん仏像として売られたのではなく、買い手の目当てはその地金や金箔にあった(高村光雲「栄螺堂百観音の成り行き」『幕末維新懐古談』岩波文庫、一九九五年)。

ここに引いた「厭旧競新」という表現は、一八七一年に新政府の太政官が命じた「古器旧物保存」の文面にある。昨今のそうした風潮が現代でいう文化財の破壊をもたらしているから、それを未然に防ぐために、政府が全国の社寺と府県に宝物の調査と保存を命じたのだった。しかし、それはあくまでも社寺や旧大名家に伝来した宝物、すなわち社宝、寺宝、家宝であって、政府が示した保存すべき三十一種の「古器旧物」のひとつに「古仏像並仏具之部」はあるものの、仏像を彫刻作品、あるいは美術品と見る視点は、まだ誰も持ち合わせてはいなかった。

『東京国立博物館百年史 資料編』(東京国立博物館、一九七三年)を手掛かりに、「列品分類」の変遷をたどると、一八八九年の「列品分類」に至ってようやく「美術部」に、「絵画」「建築」「書」「版刻」「写真」と並んで「彫刻」が登場する。それまで、「彫刻」とは、木工や金工において文字通り「彫る」技術、「刻む」技術を指す言葉であったが、ここでは、絵画、彫刻、建築から成る西洋の美術概念が受け入れられたことをはっきりと示している。「美術部」がカバーする範囲は、現代の美術概念とほとんど変わらない。博物館創設後二十年にも満たない短期間に、「宝物」に代わって、「美術」が台頭してきたといえるだろう。

そのしばらく前に、仏像の評価につながるふたつの大きな転機があった。まず博物館は、一八八六年に農商務省から宮内省に移管されている。農商務省が博物館を管轄したことからもわかるとおり、それまでは、美術は欧米諸国に向けた有力な輸出品と考えられていた。美術品は商品であり、博物館はその手本を示し、産業を奨励する場所であった。宮内省の管轄下では、コレクションは皇室財産となり、博物館は美術を通して日本文化を表象する役割を担った。その結果、博物館内での自然物(動物・植物・鉱物)や農林水産業関連のコレクションの地位が低下し、美術や美術工芸の地位が向上した。建設途上の日本という国家に、美術がその姿を与えたといってもよいだろう。日本美術の彫刻部門を代表する座が、仏像のために用意されつつあった。

もうひとつの転機は、日本美術史の編纂である。一八八八年開校の東京美術学校で、一八九〇年から、校長岡倉天心が「日本美術史」の講義を開設したことが知られる(『岡倉天心全集』第四巻、平凡社、一九八〇年)。

この講義では、「美術」が自明の人類普遍の概念として、その冒頭より登場する。ただし、美術の到達する段階は時代と人種によって異なる。その第三段階を「物形を写さんとするものにて、絵画彫刻の起源をなせり。この時期までは普通の人種の皆達し得るもの」とし、「彫刻」

が人類共有のものであることを認める。その上で、岡倉は、日本各地に伝わるさまざまな「物形を写さんとするもの」を探し出し、「彫刻」に当てはめる作業を繰り返すのである。

一八八四年に、岡倉天心がフェノロサとともに法隆寺夢殿を訪れ、「これを開かば必ず落雷すべし」といって秘仏の開扉をかたくなに拒んだ寺僧を説得して、救世観音像の梱包を解き、明るみに出した話はよく知られ、講義の中でも「一生の最快事なり」と当時の感激を語っているが、これこそが仏像を彫刻に代える作業にほかならない。そして、「大体よりいえば、推古時代の美術巧みなるにあらざれども、夢殿、中宮寺等の諸像にいたりては美術上の価値あるものなり」という具合に、「美術上の価値」を付与する。

その価値基準は何だろうか。あくまでも美術の枠組みは西洋に由来する以上、東西の比較を避けることはできない。しかしながら、ギリシアの彫刻と奈良時代の彫刻とを比較したところで、表現スタイルも背景となる宗教も異なる。つまるところ、岡倉は「写生を離れ宗教を離れ、一にその寓するところの神韻をもってせざるべからず。これを細かに味うにいたりては、わが奈良美術は決してかのギリシア美術に劣るものにあらざるべし」とし、「神韻」が基準であるとする。

さらに、薬師寺金堂三尊（二〇〇八年の東京国立博物館での展覧会に中尊は展示されなかった）にふれて、「その銅の色合、鋳造の手際、頭部四肢等の権衡、容貌の品位等、ことごとく具備し、実に天平期第一と称すべきものなり」と評し、「もし奈良美術をもって外国に比せんと欲せば、まずこれらの仏像をもって論ずべく、奈良に遊びてその美術を見る者は第一に注意すべきものなり」と結論づける。

こうして、日本の仏像が西洋の彫刻と同じ「美術」という対等な地位を得ることで、ミュージアムでの展示への道が開かれた。日本美術史やミュージアムを通して、仏像の姿に「美術を見る者」が育ち、現代のわれわれは正しくその末裔にほかならない。

かくして、「薬師寺展」では、薬師寺金堂脇侍の背後に回って、「その銅の色合、鋳造の手際、頭部四肢等の権衡、容貌の品位等」をなめるように眺めたのだった。もし眺めずに目を閉じ、じっと礼拝している観客がいれば、鑑賞の邪魔になると注意されかねない場所がそこには成立していた。

絵馬に流れる時間

ミュージアムに似て非なるものに絵馬堂がある。江戸時代後期に、各地の社寺に盛んに奉納された大型の絵馬は、額縁に収まった絵画に似ている。その多くは、奉納者が著名な画家に命じて絵を描かせ、その回りを頑丈な木の枠で囲んだもので、「絵馬」というよりは「額」とか「額面」と呼ばれることの方が普通だった。いったん奉納されると、それが誰の絵であるかが評判になることも多く、画家にいわせれば、絵馬堂とは腕の見せ所、作品公開の場であった。

晩年を迎えた江戸の洋風画家司馬江漢は、引退を決意して、一八〇九（文化六）年に浅草寺で「防州岩国の錦帯橋」を描いた「額」を公開した。その時、門人たちが寄って出した引札（「蘭画銅板画引札」神戸市立博物館蔵）は、ほかに江漢先生の「大額」を見たければ、北は奥州塩竈から、江戸芝愛宕山、京祇園神楽所、大坂生玉薬師堂、藝州宮島、伊予宇和島和霊、土州天神の社、筑後の久留米天神まで、諸国の社寺でご覧になれると宣伝している。

今日、江漢の人気は低下してしまったが、たとえば明治の洋画家青木繁であれば、東京藝術大学大学美術館、東京国立博物館、東京ブリヂストン美術館、久留米石橋美術館で作品に接することができると案内するガイドブックに似ている。

絵馬の奉納は信仰の証であるとはいえ、仏像が何よりも祈りの対象であったのに対し、そのころの絵馬はすでに鑑賞されるものという性格を有していた。それにもかかわらず、絵馬は、絵馬堂で雨風にさらされた。絵馬堂に屋根はあっても壁がなく、絵馬はしばしば外に向けて

『江戸名所図会』に描かれた浅草寺絵馬堂。

掛けられた。奉納されたあとは、次第に画面が痛んでゆく。絵馬が鑑賞物であるのなら、それは防ぐべき由々しき事態であるはずだが、それ以前に神仏に捧げられたものであり、人の都合は二の次である。奉納の瞬間が大切なのであり、あとは野となれ山となれ、というところがある。

それゆえに、絵馬は、仏像と異なり、日本美術史の中に居場所を与えられなかった。絵馬は奉納物であり、それ自体は信仰の対象とはなりえない。持続性に欠けるのである。せいぜい民俗文化財というレッテルを貼られて、その展示はもっぱら博物館で行われてきた。

ミュージアムは、そうした絵馬堂の対極に明らかに位置している。ミュージアムは絵馬堂と異なり、厚い壁を持ち、その内側に絵を掛ける。外気を遮断し、どちらかといえば観客よりも美術品のコンディションを大切に考えて、展示室の温湿度を管理する。それは何よりも美術品の劣化を防ぐためで、なぜそうするのかといえば、美術品を未来に伝えようとするからである。それには、災害や盗難に屈しない収蔵庫も必要である。

現代の日本のミュージアムは、例外なく、このような施設だと見なされている。いわば先人たちの文化遺産を、次世代へと安全に相続させる場所である。しかし、それは展示物や収蔵物に対する価値評価の固定化をもたらしかねない。もし先人の下した評価を無条件に受け入れるのであれば、それは思考停止にほかならず、それはまた、ミュージアムの現状維持のみを活動方針とすることにつながってしまう。

近年のミュージアムの存続や運営をめぐる問題は、単に財政面にとどまらないはずだ。むしろ、多額の税金を投じて、その内部に蓄積してきた膨大な美術品のコレクションの存在理由をも問うべきなのである。何を根拠に、それらはミュージアムに安住の地を得ることができたのかと。

そもそもミュージアムとは何を可能にする場所であるのか、これまで日本社会はミュージアムをどのように育ててきたのか、何を手に入れたのか、逆に何を捨ててきたのか、それをこれからどうしようと考えるのか、こうした諸問題に対する不断の見直しが求められている。その上でなお有効だと認めるならば、それを存続させる道を探らねばならない。

こんぴら賛江

讃岐の「こんぴらさん」は芸能の場でもある。テント歌舞伎・平成中村座が初の大阪興行（二〇〇二年）に「夏祭浪花鑑《なつまつりなにわかがみ》」を出すと聞いて、「こんぴらさん」を思い出した。以前、門前の金丸座で、中村勘九郎の「夏祭浪花鑑」を見たからだ。勘九郎という色気たっぷりの役者、血みどろの殺し、小屋掛けの芝居の三拍子そろった魅力に虜になった。金丸座の建設は一八三五（天保六）年、ただひとつ残る江戸時代の芝居小屋だ。富籤の開札場も兼ねたという。金毘羅《こんぴら》参りがいかに盛んで、その門前町がいかに殷賑を極めたかを今に伝える。

　しかし、私の最初の金毘羅参りは、もう十年以上も前に高橋由一の絵を見るためだった。四国には珍しい大雪の日だった。参道を外れて上っていくと、金刀比羅宮《ことひらぐう》学芸館のどっしりとした建物が迎えてくれる。入ったすぐの壁から由一の絵は並んでおり、玄関にはほかに、管理人の机と客が座る長椅子が置かれ、ストーブが焚かれていた。扉が開くたびに雪が舞い込んだ。

「それでも由一の絵はびくともしない」というのが、修復家歌田眞介さんの持論である（『油絵を解剖する』NHKブックス、二〇〇二年）。由一は、独学ながら、油絵の技法をきちんと身に付けたが、黒田清輝以降の洋画家たちは、表現を重視するあまり、絵の具を勝手流に塗りたくってきた。彼らの絵は百年もたない。

　だからというわけではないが、美術館は外気をシャットアウトし、温湿度を調整し、まるで箱入り娘のように、それらを大切に扱ってきた。一方、由一の絵は雨にも負けず風にも負けず、その存在自体が日本の近代絵画に対する痛烈な批判となるばかりか、それを並べた学芸館は日本の美術館に反省を迫るだろう。粗末な展示施設ではだめだから、空調完備の美術館が必要だと考えるのが筋道だが、逆に、そのような莫大な税金を投じて次々と建設された豪華な美術館が守ってきたものは、はたして守

海上守護で知られる金刀比羅宮に奉納された巨大タンカーのスクリュー。2012 年

金刀比羅宮参道。2012 年

金刀比羅宮絵馬堂。船を描いた絵馬が数多く奉納されている。2012 年

るに値するものかという深刻な問題を、学芸館は突き付けてくる。いや、結論を急がずに、もうしばらく参道を上っていこう。

本宮まで七百八十五段もある石段を上る肉体的苦痛は、参拝によって精神的に癒される。不信心者も心配はいらない。一息ついて山上から眺める讃岐平野はのどかこのうえなく、そこに至るまでにも、参道に置かれたたくさんの奉納物は見飽きることがない。奉納金は目に見えないから、石に金額を彫ってわざわざ見えるようにしてある。

一万五千トンタンカーのスクリューには度肝を抜かれた。スクリューの大きさにまず圧倒されるが、それが台座に据えられ山の上できらきらと輝いているのは何とも不思議な光景である。これに対抗できる屋外彫刻があるだろうか。

スクリューのすぐ前に厩があり、馬が飼われている。さらに上ると、木造の馬があり、ブロンズ製の馬がある。拝殿脇の絵馬堂を、たくさんの絵馬が埋め尽くしている。

ここでは、初めは生きた馬が奉納され、ついで作り物の馬に変わり、さらに描かれた馬が奉納されるという絵馬の進化史をたどることができる。

その歴史において、絵馬はとうに馬へのこだわりを捨てている。ひとびとは神仏へのさまざまな願いを文字とイメージに託し、主に板状のものにそれらを載せた。そうとしか定義できないほど、絵馬のスタイルは千差万別だ。すなわち、絵馬は絵でもなければ馬でもない。

「こんぴらさん」は海の神様である。航海安全を願い海難事故からの無事生還を感謝する船の絵馬が数多く奉納されてきた。絵馬の特性を考えれば、絵馬が進化して「写真馬」（むろんそんな言葉はない。その多くは額装された新造船の写真）に取って代わられたことも、本物のボート（堀江謙一さんのモルツマーメイド号）までが奉納されることも、何ひとつ不思議ではない。

エライッ！のは、それを許す「こんぴらさん」である。伝統的建造物群へのボートやスクリューの侵入は、一見して景観の破壊である。多くの神社が我こそは日本文化の真髄であるといった風で、伝統を楯に異物混入を拒むのに対し、「こんぴらさん」は古くからの庶民信仰を優先させたままでのことだ。

奉納物に対する「こんぴらさん」の姿勢は、来るものは拒まず、と明快だ。絵馬を奉納する者は自分でそれを絵馬堂にしっかりと括り付けなければならない。風雨にさらされ（絵馬堂に屋根はあっても壁がない）、いったん落ちたらそれまでと、絵馬は処分されるからだ。なるほど、そうでなければ、つぎつぎと持ち込まれる絵馬を受け入れられるはずはないし、何を受け入れ何を拒むかという選別の基準も定め難いだろう。結果として、絵馬堂は新陳代謝を繰り返し、現役であり続ける。

さて、空調設備のない学芸館の高橋由一の絵は、その境遇が、吹きさらしの絵馬堂の絵馬に似ている。さらに、谷文晁や菊池容斎など著名な画家の筆になる絵馬は学芸館に移されて保管されているから、ここに至って、両者は同一の境遇にある。壁ひとつ隔てた江戸時代後期の絵馬と明治時代初期の油絵は、異質なものがたまたま隣り合っているだけなのか、それとも壁を越えて連続しているのか、由一の絵の大半が奉納物であったという事実は、連続説を補強するに違いない。

こんぴらさんの博覧会

「こんぴらさん」に由一の絵が二十七点もあるということが、実はとんでもないことである。そんな場所はほかのどこにもない。由一は一八七九(明治十二)年の春に当地で開かれた琴平山博覧会に三十七点の絵を出品し、そのうちの三十五点を奉納したからだ。奉納は前年にもなされ、また、翌年も翌々年も続いた。

一八七八年に、由一は高崎正風の仲介で画塾天絵社拡張の支援を「こんぴらさん」に願い出ている。翌年の三十五点の奉納を受けて、「こんぴらさん」は二百円を助成した。由一の絵が東京から到着すると、さっそく「荷物をときて油絵を奥書院表書院のなけし(長押)にかけたるを皆人々見てはやせり」という記録が「こんぴらさん」側に残っている(『年々日記』)。

この博覧会には、工部美術学校が東京からわざわざ石膏像を六点出品した(『明治十二年琴平山博覧会出品目録』)。いくら当時、全国各地で博覧会が開かれたからといって、わざわざ海を越えてまで壊れ易い石膏像を運ばせる関係者の意気込みは比類がなく、博覧会の規模は想像を超える。出品点数八万二千五百八、出品人三千六百二、観客は二十六万八千九百四十人に上った。好評につき、博覧会は翌一八八〇年春にも開催された。表書院の鶴の間、虎の間、富士の間の長押に、由一の絵が三十点、再び並んだという(『金毘羅庶民信仰資料集』年表篇)。

こうした博覧会を推進したのが深見速雄宮司と琴陵宥《ことおかひろ》常《つね》禰宜《ねぎ》であった。由一自身は同じ年の暮れに琴平を訪れ、年を越している。この時、ふたりの肖像画を描いた。そのうちの「琴陵宥常像」が二〇〇〇年に発見され、話題を呼んだ(『芸術新潮』二〇〇一年六月号)。ふたりにしてみれば、明治政府の神仏分離令を受けて、仏堂を壊し仏像を焼き、仏教色を排除しながら、「こんぴらさん」の再生という課題に取り組んできたのである。博覧会は、そのための有効な手段であったに違いない。

一方の高橋由一にとっては、博覧会が油絵というものを宣伝する格好の場であったばかりでなく、文化を発信する場としての社寺にも大きな期待を寄せていた。東京招魂社に展額館、すなわち美術館を建てよと訴えたのは一八七一、七二年のことだし、招魂社が名を変えた靖国神社に大作「甲冑図」が奉納されるのは同じ一八七九年のことである。とはいえ、生まれたばかりの靖国神社とは比べものにならないほど豊かな文化的伝統を「こんぴらさん」は有していた。なにしろ、由一の絵が並んだ長押の下には、円山応挙の襖絵が延々と展開していたのである。

「こんぴらさん」では、二〇〇四年の御遷座に向けて、大胆な境内の整備計画が進んでいる。フランスのノルマンディーで古い教会を再生させた美術家の田窪恭治さんが、今度はサヌキのコンピラに乗り込んできた。どんな舵取りを見せてくれるのか、しばらくは目が離せない。

近年、高橋由一の絵が住み慣れた学芸館を離れ、金毘羅庶民信仰資料収蔵庫内に開設されたギャラリーへと引っ越した。煽りを喰らって、イカリだの流し樽だの流し木などたくさんの奉納物が追い出された。願わくば、由一の絵を奉納物から美術作品へと祭り上げないで欲しい。たくさんの奉納物に埋もれた「こんぴらさん」をいつまでも目にしたい。由一の絵もまた、そんな「こんぴらさん」に捧げられたものであるからだ。

一揮千紙快筆の画家
――河鍋暁斎の人と作品

暁斎の理解をはばむもの

暁斎《きょうさい》という人物を、画集で振り返らねばならないという難問に、読者も著者も、はじめから直面している。画集という印刷物が、ひとりの画家の人生と仕事とを、どれだけ正確に再現できるだろうか。それは、暁斎のほんの一面を伝えるにすぎない、と自覚するところから、読者は画集をひもとかねばならないし、その前に、私は画集を編まねばならない。

画集はないよりはましだから、まるで役に立たないとは思わないが、画集の有効性は、少なくとも次のふたつの錯覚に支えられていると知るべきだ。

第一に、美しく印刷された写真図版は作品とイコールだと信じられている。しかし、両者は、材質も肌合いも色も大きさも違う。布に描かれたものでも紙に印刷され、ざらついた手触りはつるつるに変わり、色彩の忠実な再現などほとんど不可能だし、本書(『新潮日本美術文庫24河鍋暁斎』新潮社、一九九六年)を例にとれば、暁斎が新富座のために描いた巨大な引幕も、書画会への参加を呼び掛ける小さな摺物も、それぞれに縮小され、縦二十センチ横十三センチメートルの判型に収まっている。むしろ、実物と図版とでは、すべてが違っているといってもよい。

第二の錯覚は、作品というものを絶対視していることだろう。そして、作品イコール作者だとみなして、逆に作品をとおして、すぐに作者へ接近することができると思い込んでしまう。

ところが、この関係は、いつの時代どんな場所でもあてはまるというものではない。作り手が自他ともに作者であることを意識せず、無名の職人で終わる場合もあるし、工房での共同作業という場合もある。暁斎が鐘馗を、滝和亭《かてい》が背後の松を描いた合筆の作品があるが、これなども決して珍しい例ではない。作品は、それを眺め評価する者がいてはじめて存在を始めるのだから、作者などという絶対者はそもそもいない、という考え方だって成り立たないわけではない。

一歩譲って、作品は作者ひとりの産物だとみなしたところで、これから眺めてゆく暁斎のように、作品が作者の全体像を語りきれないという場合も多い。要するに、作品を生み出す際の暁斎の多彩なパフォーマンスが、遺された作品を眺めているだけでは、なかなか追体験できないのである。

明治前期にはたいへんな人気を博した暁斎が、その後長く忘れられてきたのは、美術史が作品を中心に語られてきたことと無関係ではない。とりわけ、明治末年から今日まで、画家は展覧会の出品作品によって顧みられることが普通となった。これは、近代以前に綴られた美術史が、どちらかといえば、作者に重心を置いた画人伝であったことと好対照である。画譜・縮図という名の画集がなかったわけではないが（それどころか、十八世紀以降さかんに出版され、暁斎にも『狂斎百図』〈一八六三年～〉がある）、おおむね、それらは絵手本という色彩が強かった。

近代の展覧会こそ、作品がどのように生み出されたかを不問に付して、作品だけで勝負する場所であった。制作は密室の作業であるべきで、完成された作品だけが作者を語るものだとする暗黙の了解のうちに展覧会は成り立っているから、会場には、作品を吊るす殺風景な壁、展覧会の肩を持つならば神聖な壁がありさえすればよい。いうまでもなく、今日の画集とは、この展覧会場を紙の上に移したもの、こういってよければ、作品の掛かった壁をいったんばらして、本のかたちに綴じ直したものにほかならない。

暁斎伝と暁斎画集

こうした場で、作品の向こうに透けて見える暁斎は、実像とはいいがたい。近年暁斎の再評価が著しいとはいえ、まだまだそれは、作品中心に組み立てられた美術史の枠内での異端視にすぎない。

先にふれた新富座の引幕は縦四メートル横十七メートルもあったから、一八八〇（明治十三）年六月三十日、銀座の写真師二見朝隅のスタジオを借りて制作された。暁斎は大筆にたっぷりと墨を含ませ（棕櫚箒《しゅろぼうき》だったという話も伝わる）、関係者が見守るなか、わずか四時間で仕上げたという。もちろん、引幕は、展覧会場ではなく、劇場の舞台を飾った。筆が早くて多作だった暁斎のパフォーマンスに富んだ行動も、新富座衰退とともに行方不明となってしまうような作品も（一時フランスに渡り、一九四七年にふたたび東京劇場の舞台で引かれ、今は早稲田大学演劇博物館にある）、美術史のなかにおとなしく収まってはくれないのである。

晩年に至って、作品の画集よりも、作者の画談が先に出版されたことが、このあたりの事情をよく物語っている。一八八七年に、『暁斎画談』（以下『画談』と略す）が出版された。外編が絵入りの伝記、内編が暁斎の学んできた先人たちの作品画集、画論技法論、諸派の系統図という二部構成になっている。編者瓜生政和《うりうまさやす》は梅亭鵞叟《ばいていがそう》と号した戯作者で、暁斎本人を知っているだけに、暁斎を紹介しようとすれば、どうしてもその人物像に重心が置かれてしまう。とくに伝記を入れたことは、門人らの強い要請によったと、凡例でふれている。

作品集を編むことで、ひとりの画家の本質に迫ろうという意識が、瓜生政和にはない。これは、もうひとつの重要な伝記『河鍋暁斎翁伝』（暁斎没後十年を経ずしてまとめられたが、長く稿本のまま残され、一九八四年になって、ぺりかん社からようやく公刊。以下『翁伝』と略す）を著した飯島虚心《きょしん》にもいえることである。

ところが、ジョサイア・コンダー（コンドル）によって編まれた『河鍋暁斎―本画と画稿―』（一九一一年）は、その原題"Paintings and Studies Kawanabé Kyōsai"が示すように、伝記部分もあるものの、作品集を編むことが作者理解につながり、暁斎を後世へと伝えるために不可欠な方法だという認識にもとづいている。コンダーは一八七七年にお雇い外国人教師として来日した建築家で、暁斎に弟子入りし、暁英《きようえい》という雅号までもらい、暁斎はコンダーの手を握りしめて亡くなったという話が伝わっているほどだから、師の人となりを熟知していたが、作者よりも作品をとおして芸術は評価されるべきだという、おそらくは本国イギリスにいるうちに身につけた考え方を、周囲のだれよりも強く有していたに違いない。

相前後して、大阪の油谷達という人物が『暁斎画集』全三巻（油谷博文堂、一九一〇年）を出版した。巻頭で、油谷が作品集公刊の意図を語っている。すなわち、あるとき、暁斎の傑作を写した百四十枚の写真原板を手に入れた。友人にこれを見せて自慢したところ、これほどの珍品を独占すべきではないと逆に叱《しか》られ、公刊に踏み切ったと。興味深いのは、百四十枚というまとまった数の写真がすでに出回っていたことである。

一九一〇年といえば、文部省主催の美術展覧会が開設されて三年目、入選作品を印刷した大部の画集が、展覧会のつど出版されていた。それから今日までの九十年間に、われわれが身につけてしまった作品とその写真図版に対する手放しの信頼は、じつに奇妙な編集方法を画集づくりの慣例としてきた。あまりにもそれに慣らされてしまったので、だれも不思議に思わないが、作品の画面のみを印刷し、そのすぐ外側の縁や表装された部分をカットしてしまうことは、やっぱりへんではないだろうか。

掛物に表装された絵は、床の間に掛けたときと同様に、その全体の姿を画集の上でも眺めたい。幽霊が今まさに掛物から抜け出そうとしている絵ならなおさらそうだと考え、ライデン国立民族学博物館からフィルムを取り寄せたところ、なんと、掛物の軸の上に、カラーチャートがちょこんと置かれていた。私はそれを作品の内部だと考えるが、撮影者は外部とみなしたのである。

この一例をもってしても、画集の写真図版がいかにゆがんだ情報をもたらすものかがおわかりになるだろう。画集をあまり信用しないほうがいい。ここでは、暁斎の楽しさを伝えることに主眼を置いて、作品を選んだ。一読されたら速やかに本を閉じ、暁斎の絵の前へと急がれたい。

力持ちのいる文化圏

重いものを持ち上げるだけなら頭はいらない。力持ちは文化の対極にあると、普通は考えられている。暁斎が参加を呼び掛けた書画会に、力持ち浪野《なみの》東助《とうすけ》の勇退を記念するものがあった。暁斎の絵が予告するとおり、米俵に結びつけた筆の先から書画を生み出そうという趣向である。この「力筆」の技、東助の十八番であったが、寄る年波には勝てず、このたび最後の披露となった。ときは一八八八年六月二日、ところは東両国中村楼。

仮名垣魯文《かながきろぶん》の筆になる口上にこんな一節がある。「夫《それ》牙ある者ハ角を生ぜず、猛《たけ》き人ハこころあらびて自ら風雅の道に疎《うと》き中に、東助氏の天性、このふたつを兼備して、腕力中に筆力あり」。

風雅の道にも通じた力持ちとして、浪野東助は例外中の例外ととらえる思考には、腕力(肉体)と筆力(文化)は両立しないという通念が前提になっている。それにもかかわらず、力持ちは文化的営為であると指摘しておこう。「東京力持睦連」という団体の名が摺物にあるように、当時、力持ちは独自の世界を築いていた。はじめは、単に力を誇るということから出発したかもしれないが、やがて、芸を競い合う世界が開けた。文化文政期(一八〇四〜三〇)から幕末にかけて花開いた見世物の、重要な一ジャンルともなった。曲芸化し、そのころには、むしろ「曲《きょく》持ち」と呼ばれることの方が多かった。

こうして、人一倍力があるという個人的能力の周辺に、それを比べたり見せたりする仕組みが出来上がってゆく。見せる技術も、見る技術も研《みが》かれる。サーカスにおける足芸も、オリンピックにおける重量挙げもこの延長線上にある。ことさら肉体の文化と断らなくとも、これを文化と呼んでよいのではないか。

ただし、文化人代表のような顔をしている画家に比べて、力持ちが断然不利なのは、彼らの築いた文化が消え去ったあと、われわれに残されるものは、作品ではなく、誰それが本当に持ち上げたのだと伝わる大きな石ぐらいだからだ。まさしくそんなふうな大石が、誰の注意も惹かずに、神社の境内にころがっていたりする。

さて暁斎は、東助の勇退を祝し、書画会席上で、八畳敷きの大紙に龍頭《りゅうず》観音の姿を一気に描き上げた。暁斎の『絵日記』に、この日の出来事が記録されている。龍の頭に観音菩薩が座している絵だったことがわかる。膝を乗り出してそれを見つめる人々のなかに、ひときわ図体の大きな東助の姿がある。それから五日後の六月七日、東助は硯《すずり》と反物を土産に暁斎を訪ねた。これも『絵日記』にある。書画会の礼を述べにきたのかもしれない。

『絵日記』のなかの簡略な龍頭観音は、いわば神社の境内にころがっている大石なのである。大石が軽々と持ち上げられた時代を振り返るように、観音像が軽々と生み出される現場へと足を向けよう。しなやかに筆を運ぶ、酒臭い暁斎がいるはずだ。

衆人環視のなかで一気呵成《いっきかせい》に絵を描くことを、暁斎は、すでにどれほど繰り返してきたかわからない。その時々で、酒はつねにつきものだった。この習癖を、単なる大酒飲みだとかたづけてしまうのではなく、酒に酔って絵を描く伝統に、暁斎が属していたと考えることが必要だろう。

暁斎にとって前世紀の画家となる与謝蕪村《よさぶそん》には、酔って描いたことを款記に記した作品が二点あるという（京都国立博物館所蔵の《倣王叔明《ほうおうしゅくめい》山水図屏風》と妙法寺所蔵の《蘇鉄図屏風》）。それは模倣に始まり模倣に終わる画法からの積極的な逸脱を意図したもので、こうしたやり方は、八世紀後半の中国（中唐）に現われたいわゆる潑墨《はつぼく》画家にまでさかのぼる。墨を潑《は》ね散らかして描いたから、この名で呼ばれた。彼らは、自分の身体が最後の砦となるような手段で、正統画法からの逸脱をはかった。酒に身体を酔わせ、筆の代わりに、指や爪を用いて絵を描いた。そして、それを人前で演じた。

パフォーマンスを伴う画法は、蕪村ばかりでなく、池《いけの》大雅《たいが》や曾我蕭白《しょうはく》といった同時代のほかの画家にもみられる。身体を頼りに逸脱をはかりたくなるほどに、とい

河鍋暁斎『浪野東助書画会報條』1888 年（河鍋暁斎記念美術館）

うよりも、そうするほか逃れる術がないように、画法の規範ががっちりと出来上がり、彼らを縛っていたことがわかる。暁斎の場合は、それが、十歳で入門した狩野派の画法だった。しかし、暁斎は狩野派と決別はしなかった。それどころか、晩年になって三たび入門しているし、何よりも狩野派風の作品を最期まで描き続けている。

　しかし、逸脱は激しく試みた。狂斎を名乗ったことが、その証といえそうだ。「狂」は「戯れ」を意味し、狂画の狂は狂歌や狂言の狂に通じる。そこに、醒めた批評精神を認めることも困難ではない。狩野派の規範内にいては絶対にできない戯画や浮世絵を、狂斎の名で精力的に生み出した。狩野派が厳禁する書画会にも顔を出した。

　翁は、よく戯れに曲画を画きたり、或いは横に画き、或いは倒《さか》さに画き、或いは指頭をもて画き、或いは左手をもて画き、或いは楊枝《ようじ》の先にて画き、或いは手拭《てぬぐい》、或いは捻紙などにて画きたり。

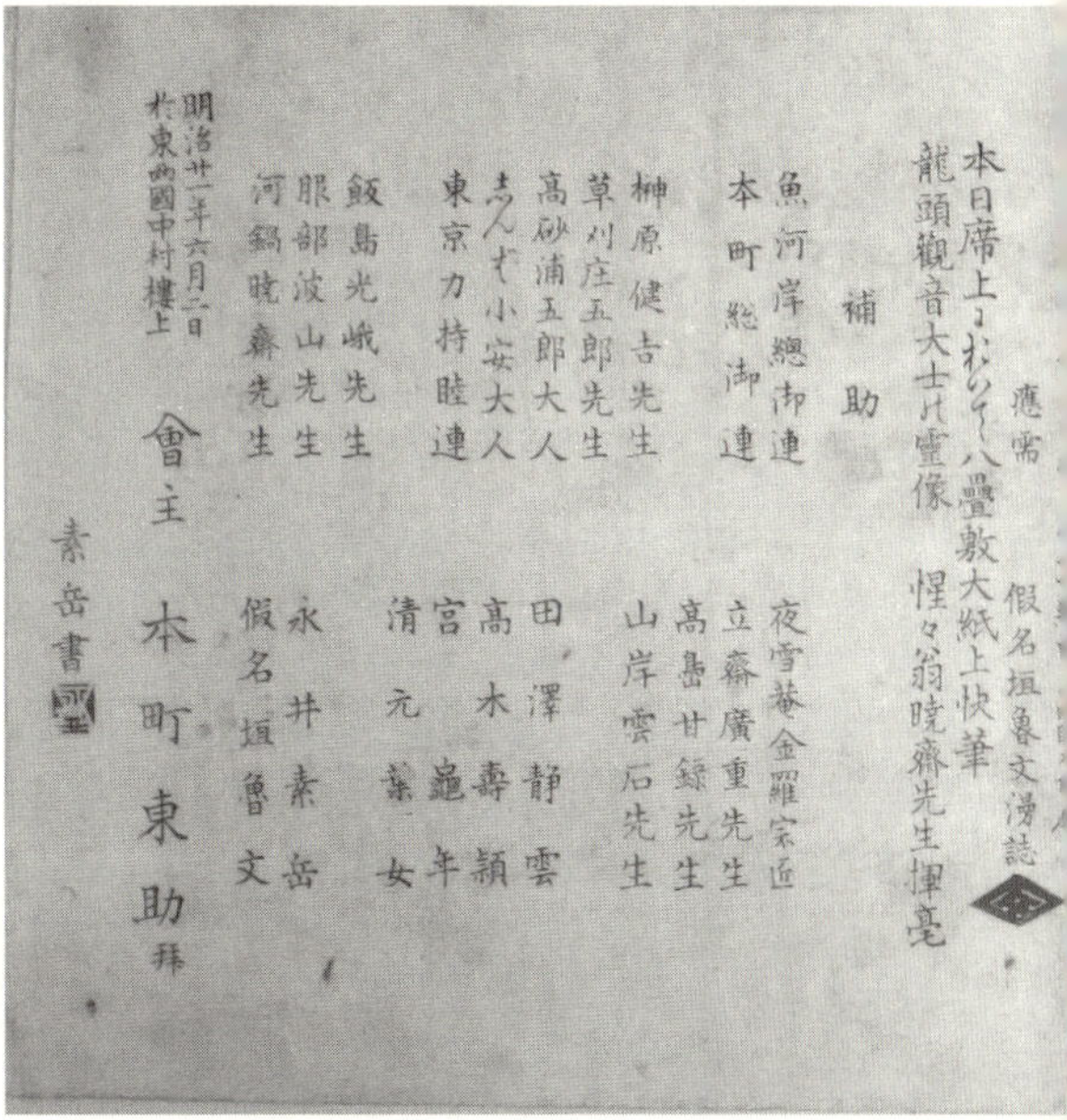

『翁伝』にあるこの一節は、暁斎が、蕪村や大雅らの先人に、画風は違っても画法においてつながり（京都万福寺にある池大雅の名高い《五百羅漢図》は指とこよりで描かれている）、一方、規範からの逸脱が曲芸化してゆくという点において、曲持ちを登場させた力持ちの世界にも隣接していることを教えてくれる。

暁斎のパフォーマンス

慶応元（一八六五）年七月、暁斎は、遊歴先の信濃戸《と》隠《がくし》神社中院の天井に龍を描いた。襷《たすき》をかけ、草履《ぞうり》を履き、一升の酒を飲み干し「酒酣《さけたけなわ》にして」（『翁伝』）、大筆を揮《ふる》い、およそ一時間で描き上げたという。僧侶や神官（同社は神仏混淆《こんこう》だった）、信徒らの息を飲んで見守る様子が、『画談』に描かれている。

明治三（一八七〇）年一〇月、俳諧師其《き》角《かく》堂《どう》雨《う》雀《じゃく》が上野不忍《しのばず》弁天で主催した書画会に、暁斎も招かれた。このときも「頻《しきり》に筆を揮ひ、又頻に杯を傾け」（『翁伝』）、泥酔して「足も身体も愚弱々々《くにゃくにゃ》」（『画談』）に至ったが、逆に、筆はますます冴えわたった。

ところが、この席で描いた風刺画が、官憲によって咎められてしまう。逮捕され、笞《むち》五十の刑に処せられた。咎められたのは、足長人に履をはかせ、手長人が大仏の鼻毛を抜く図とも、貴顕遇紅毛鶏姦図とも伝わるが、真相は謎に包まれたままだ。暁斎はこれに懲りて、それまで名乗ってきた狂斎の「狂」の字を、「暁」に改めたのだといわれる。

一八七三年五月には、暁斎みずから書画会を主催した。場所は両国の河内楼、仮名垣魯文、浪野東助、小林永濯《えいたく》、石崎房吉らが周旋に努めた。暁斎は、この日一千枚の絵を描くと宣言したが、実際には二百枚にとどまった。それでも、百円余の収益があったという。飯島虚心は、暁斎が金儲けに流れがちな書画会を好まず、みずから会主となったのはこれ一回きりだと書いている。

しかし、他人の書画会に参加することまでは拒まなかった。それほど、書画会は一世を風靡《ふうび》した。翌明治七年に相次いで出版された萩原乙彦の『東京開化繁昌誌』と高見沢茂の『東京開化繁昌誌』は、それぞれに「書画会」の項目を立て、その繁昌ぶりを伝える。当時、書画会のメッカといえば、のちに力持ち浪野東助も用いる東両国の中村楼であった。

一八七六年五月二一日、この中村楼で開かれた書画会に暁斎も招かれ、ほかにも南画家の奥原晴湖《せいこ》、服部波山《はっとりはざん》、滝和亭、書家の佐瀬得所《させとくしょ》、詩人の大沼枕山《ちんざん》らが参加した大掛かりな書画会の様子を、克明に描き出している。画家や書家を取り囲んで客が座り、制作の過程を見守るばかりでなく、両者が丁々発止とやりあうグループ（暁斎自身がまさしくその中心にいる）もある。そうかと思えば、芸者をはべらせて、飲み食いに余念がないグループもある。仕上がった書画は、鴨居《かもい》に掛けて乾かしている。というよりも、墨だけを使って描いたものが多く、十分に仕上がっていないように見える。

この光景が教えてくれるものは、ここは、完成された作品の鑑賞ではなく、客の注文に応じて、作品が生まれてくる様子を見る場所だということだ。実際、書画会では作品は完成しない。その場で素描きにとどめ、後日、彩色したうえで客に納品する場合が普通だった。したがって、作者のパフォーマンスに、書画会の重心が置かれても不思議はない。それなら広義の芸能に属することだから、歌舞伎や相撲同様に、そこに飲み食いが伴って

「暁斎氏戸隠山中院天井に龍を画図」（瓜生政和編『暁斎画談』1887 年より）

も不思議ではない。

飲み食いがあるなしの違いはもちろん、客の注文に応じて、その場で即興で制作するという画家の在り方（いわゆる席画）も、その後に定着する展覧会での作者と作品と鑑賞者の関係とは、どれほど大きく隔たっていることだろう。そして、近代を飛び越して、作者を呼んでのワークショップや、作者と鑑賞者双方向のコミュニケーションを作品に求める現代の展覧会に、むしろどれほど似通っていることだろう。このことは、近年の暁斎再評価と決して無関係ではない。

暁斎の「書画会の図」に描かれた、暁斎にとっては他人の作品（画中画）は、じつはそれぞれ作者自身の筆になるものである。書画会ならではの楽しい合筆だが、これなども近代的な作品概念を揺るがせてしまう。歌舞伎の役者たちが次々と引継ぎながら口にする一連のセリフが、いったいだれの発言なのかわからないことによく似ている。

やがて、画塾ではなく美術学校を、書画会ではなく展覧会を、画人伝ではなく作品中心の美術史やジャーナリズムを建設しようとする。当人たちにそんな自覚はなかったにせよ、日本美術の近代化(私の造語では、演劇改良運動に対して、美術改良運動)を推進することになる人々にとって、こうした美術の在り方は、曖昧模糊《あいまいもこ》とし、旧態依然と映ったに違いない。

耳学問だけで西欧の美術を理解し、中村楼のこの書画会とまさしく同じ一八七六年十月から、自宅で画塾の月例展覧会を始めた洋画家高橋由一は、入場券にこんな注意事項を記さねばならなかった。すなわち、席料も手土産も必要ありません、その代わり酒飯も菓子も出しません。どうぞ勝手にご覧ください。展覧会場では、作品だけが壁に並んで、来客を待っていたはずだ。これは、暁斎が属していた世界の否定といってもよいだろう。

一八八一年の第二回内国勧業博覧会には、わずか十分間で仕上げた「枯木寒鴉図《こぼくかんあ》」に、なんと金百円の値段をつけて出品した。あまりの高額を怪しんだ者に(八年前の書画会では二〇〇枚の絵を描いてこの金額を得た)、暁斎は、笑ってこう答えたという。「これ鴉《からす》の価にあらず、多年苦学の価なり。購ふ者なければ売らざるのみ」(『翁伝』)。展覧会との折り合いを、暁斎流につけたというところだろう。

打てば響くように、「枯木寒鴉図」は、日本橋の菓子商栄太楼主人の細田安兵衛が買い求めた。審査員も妙技二等賞を与えて高く評価したものの、一方では、この作品をきっかけに、暁斎は絵画の正道に戻るべきであり、「一揮《いっき》千紙ノ快筆」で俗眼を喜ばすばかりではいけないという手厳しい批評も残されている(福田敬業『明治十四年第二回内国勧業博覧会第三区報告書』)。これもまた、暁斎が属していた世界の否定であった。

暁斎にとっては、居心地の悪い時代が始まろうとしていた。

坧《こて》を使う者

―― 伊豆の長八

なによりもまず伊豆の長八という名前がいい。どこぞの誰それという名前は、清水の次郎長、森の石松を引き合いに出すまでもなく、風に吹かれて遠くから聞こえてくるような響きがある。

もっとも、長八が伊豆の長八と呼ばれるためには、伊豆を離れる必要があった。一八一五（文化九）年に松崎に生まれた長八は左官の修業を積み、やがて江戸に出た。十九歳の時だという話が伝わっているが確証はない。最初に草鞋を脱いだ先についても、本所亀澤町の左官親方長五郎であったとか、はたまた中橋槇町の左官親方波江野亀次郎（あだ名はカジュカメ）であったとか、こちらもはっきりしない。一方で、喜多武清という狩野派の画家に就いて絵も学んだらしい。

やがて茅場町薬師堂の建立、成田山新勝寺水行場の不動明王像の修繕などの仕事を通して、長八の名は次第に広まった。伊豆の長八、あるいは伊豆長とも呼ばれるようになった。薬師堂は防火に備えての建立だったから土蔵造りとされ、それゆえに左官の腕の見せ所となった。長八は御拝《ごはい》柱を塗り、そこに一対の龍をからませた。

成田山では修繕記念に「臼に鶏の図」を漆喰で造り、奉納している。一八五六（安政三）年のことだ。いわゆる絵馬であるが、当時は単に「額」とも「額面」とも呼ばれた。長八にかぎらず、そのころの職人たちにとって、絵馬は造形表現の重要な形式であり、また奉納は造形を実現させるための重要な動機となった。その画面に、長八は「坧者」と「天祐」という落款を入れた。「坧者」は鏝《こて》を使う者の意、「天祐」は目黒祐天寺にちなんだもの。松崎の浄泉寺祐興上人が祐天寺に転住してから、長八も出入りするようになったという。いずれの号も、一八八九（明治二十二）年に七十四歳で世を去るまで用い続けた。

さて、こんなふうに幕末から明治半ばにかけて広く知られた伊豆の長八の名前も、遠く現代の我々にまで届いたのは、それを忘れさせまいとするふたつの試みがあったからだ。

ひとつは画家結城素明が一九三八年に伝記『伊豆長八』（芸艸堂）をまとめたことである。『東京美術家墓所誌』（一九三六年）も著し、忘れられゆく画家たちの顕彰に務めた素明ならではの仕事であった。序文によれば、一九三四（昭和九）年に伊豆に遊び、たまたま三島神社の宝物殿で長八の漆喰塗額を目にしたことで、それまでに名前のみ知っていた長八の伝記をまとめる気持ちになったという。

もっとも、伝記編纂の実際の作業は、素明が教授を勤める東京美術学校での講師鎌倉芳太郎が行った。素明から調査費三百円をもらい、同年夏に伊豆で調査、それから東京でも調査を重ね、出版までに三年をかけたという話を、鎌倉自身が『伊豆長八』復刊時（一九八〇年）にようやく明かしている。

あとひとつの試みは、一九八四年に松崎町が伊豆長八美術館を開設したことである。松崎では、すでに一九七二年に伊豆長八作品保存会が結成されていた。菩提寺である浄感寺も、長八記念館の名で数多くの長八作品を公開してきた。美術館の開館は長八の名を再び全国版にした。

見世物と展覧会のあいだで

おそらく、このふたつの顕彰がなければ、伊豆の長八の名前は忘れられただろう。もう十年も前のことだが、長八とほぼ同世代の人形師松本喜三郎の足跡を調べていて、「百工競精場」と題された一枚の粗末な絵びらに出会った。右肩に「浅草奥山生人形定小屋ニ於而」とあり、中央にそれらしき小屋の姿が描かれている。そのころの私はまだ江戸時代の見世物事情をよく飲み込んでおらず、一方で、美術史研究者のつもりでいたから、この絵びらの伝える催しが美術展覧会とどう違うのかが皆目わからなかった。

結論を先にいうなら、両者はそれほど違わない。一八

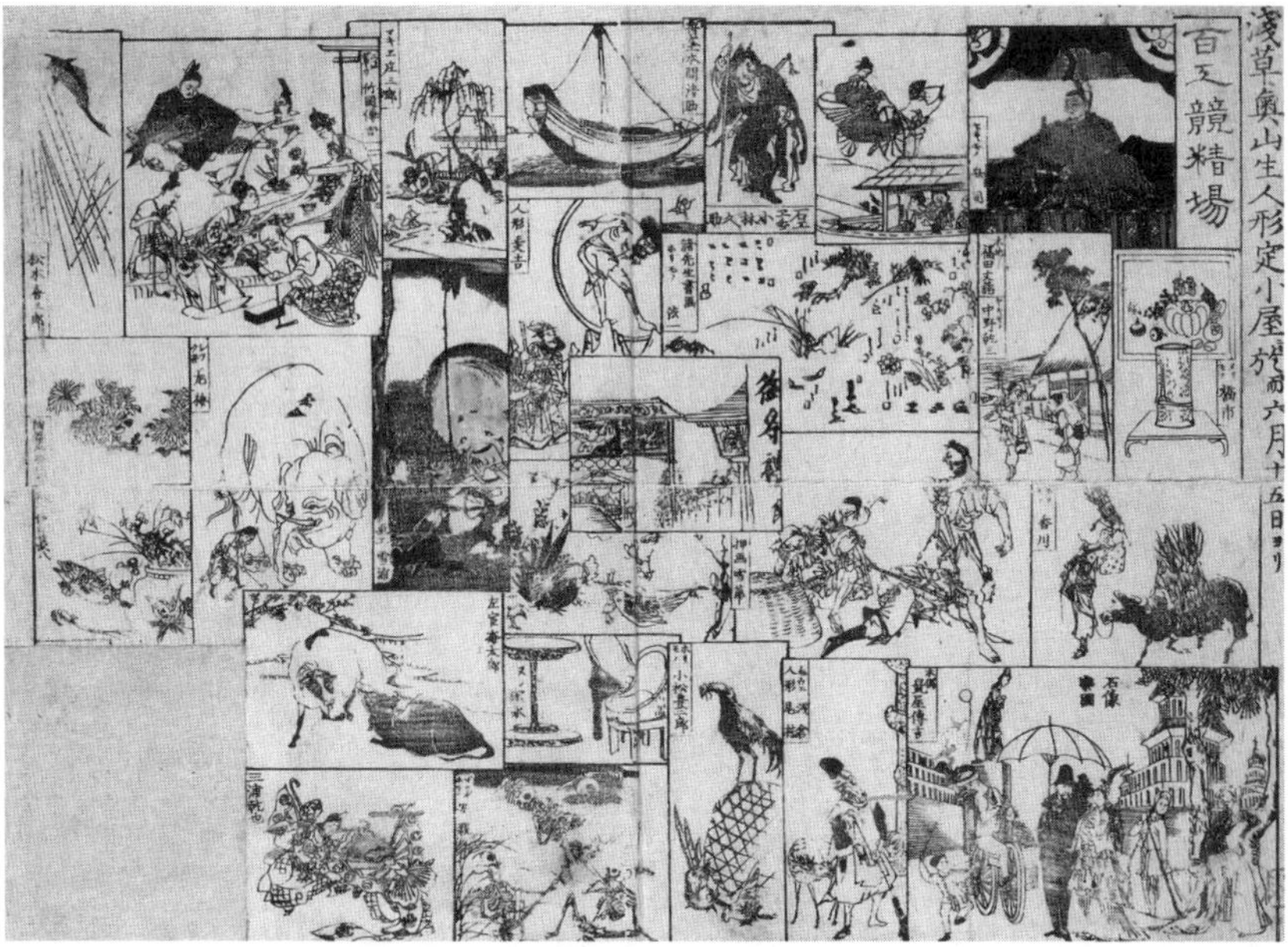

「百工競精場」（国立歴史民俗博物館）

七五年に開かれた百工競精場は美術展覧会の成立前夜の催しであり、江戸時代の見世物と明治時代の美術展覧会とをつなぐ過渡的なものであった。「百人の工人の精華を競う場」とそのまま読めるタイトルは、今の言葉でいえば、「多彩なアーティストによる美術展」となるだろう。

同じこの年、同じ浅草奥山で、「西洋画工」を自称した五姓田《ごせだ》芳柳《ほうりゅう》が「西洋油画」の展覧会を開いたが、中身は当時評判の新聞錦絵を水彩画で油絵風に描いた珍妙なものであり、見世物の雰囲気を濃厚に引きずっていた。

絵びらはむしろ絵番付と呼ぶべきで、出品者たちの作品が一覧できる。現代の展覧会図録にあたるものだ。絵番付には二十六人の作品が紹介されている。「諸先生書画」というひと升があるから、出品者の数はもっと増える。ここに名前を挙げてはみるものの、その大半を、もはや我々は知らないはずだ。

ヤキモノ戸沢弁司、ホリモノ橋市、石工小林久助、
ヤキモノ中野乾三、船大工本間清助、木物田文蔵、

諸先生書画、ホリモノ法一、マキエ庄三郎、人形正吉、ニンギャウ竹岡伝吉、画工雪浦、漆喰本梅、飛鯉松本喜三郎、陶器画杏園、ホリモノ小松豊次郎、石像楽圃木偶鼠屋伝吉、左官杢太郎、左官伊豆長八、ホリモノ香川、人形（毛植エ浅倉、人形尾村）、押絵雪華、塗師閑水、象牙彫安親、ヤキモノ三浦乾也、仏工香川典四郎

これら職人たちのひとりひとりが、というよりも、当時の造形美術の全体像が、きれいさっぱりと忘れ去られた。書画の分野にのみ、「先生」と呼ばれる人がいるという事情もよくわからなくなっている。生人形師松本喜三郎や陶工三浦乾也とともに、伊豆の長八の名前が、かろうじて伝わっているにすぎない。

しかし、当然のことながら、ひとりひとりに人生があった。たとえば鼠屋伝吉。浅草の人形師で、祭礼の人形や芝居の小道具を手掛けた。今でも、千葉県佐原市の祭りで引き回される山車には、鼠屋製の日本武尊と浦島の大人形が飾られている。その伝吉が一八七三年にオーストリアのウィーンにまで出かけて行ったのは、鎌倉大仏を模した大人形を万国博覧会の会場に飾るためであった。惜しくも、現地での開梱時に火事を出し、焼け残った首だけの展示となった。百工競精場における伝吉の出品物、というよりも出し物の方がぴったりくる「石像楽圃」は、おそらくウィーンで目にした公園の様子をハリボテの人形に仕立てたものだろう。絵番付の中で「石像楽圃」がひときわ大きいのは、文明開化にふさわしい内容が話題になったからかもしれない（拙著『美術という見世物』平凡社、一九九三年、のちちくま文庫）。

それに比べれば、伊豆長八は目立たない。いったい何を出品したのか。

実際に百工競精場を見物した高村光雲がつぎのように教えてくれる。「左官の名人に伊豆の長八といふ人は衝立に交肴《まぜざかな》の図を漆喰で色を使って鯛や海老を薄肉に塗り上げ衝立は唐木で実物の通りに結構に出来ました。何しろ皆名人揃ひといふので、一舞台〳〵本当の腕較べだ」

（「名匠逸話〜人形師松本喜三郎の話」一九一一年十一月十三日、国華倶楽部での講演、『光雲懐古談』萬里閣書房、昭和四年）。

すでに還暦を迎えた長八の名が広く聞こえていたことがうかがわれる。また、鯛や海老など魚尽しの絵は長八の十八番でもあった。結城素明の『伊豆長八』は、「魚盡しの塗額」と題して、魚にまつわるさまざまな逸話を紹介する。要約すれば、長八が鯛の絵をつくっていると、出入りの魚屋の小僧から、本物の江戸前の鯛はそんなものじゃないと笑われる。いったんは腹を立てたものの、江戸前の鯛、活鯛（生け簀で飼われたもの）、伊豆の鯛を取り寄せ、その違いを見比べると小僧のいうとおりで、今度は実物そっくりの魚尽しを仕上げたというものだ。

この逸話は教科書にまで取り上げられたという。一種の名人伝説であり、同時に、絵馬から馬が逃げ出す、生人形が夜になると啜り泣くといった類いのリアリズム伝説でもある。百工競精場の魚尽しの衝立もまた、実物そっくりであることへの驚きとともに、観客から眺められたに違いない。

上野公園の博覧会

一八七七年の秋に、上野公園で第一回内国勧業博覧会が開かれた。百工競精場からわずか二年後の催しであるが、その性格と規模は天と地ほども違う。開会式に天皇が出席したように、博覧会は国家を挙げての催しであった。この年は春から夏にかけて西南戦争という内憂を抱えながらも、政府は開催を断行した。全国に向けて勧業をはかることがそれほど急務だと考えたからだ。

それに、浅草奥山が長く見世物のメッカであったのに対し、上野寛永寺は徳川将軍家にとっての聖地であり、それゆえに戊辰戦争で灰燼に帰したあと、今度は公園という文明開化を象徴する場所に生まれ変わったことも対照的である。ちなみに公園とは、まさしく鼠屋伝吉が、「石像楽圃」の名で、ハリボテの人形を使って見せようとした世界に他ならない。

この博覧会にも伊豆の長八は参加した。「第三区美術、第二類書画」という分野に、「灰坭画額《シックイ》、手炉《テアブリ》を出品した。さらに、依田佐二平という人物が、長八の「鏝画額」を出品したとする記録が『明治十年内国勧業博覧会出品解説第三区美術』にある。前者には五十円の価格がついた。後者にはそれがないので、参考出品なのだろう。製法の解説は貴重な記録と思われるので、本稿の末尾に収録しておく(＊註1)。

また、長八の活動は「書画」にとどまっていた訳ではない。「第二区製造物、第五類造家並ニ居家需用ノ什器」と「第三区美術、第六類陶磁器及ヒ玻璃ノ装飾、雑嵌細工及ヒ象眼細工」で、さらに七点の出品が確認できる(＊註2)。

それから、三代広重の錦絵「東京上野公園内国勧業博覧会美術館荘飾之図」に額装の「シックヒ細工」が描かれている。髪に両手をかざした官女の図柄は、足立区内に現存する長八の「官女図」(個人蔵)に瓜ふたつである。『出品解説』にいう「灰泥画額」とは、この作品であったのかもしれない。ちなみに、同じ錦絵には高橋由一の「甲冑図」も描かれ、それはその後靖国神社遊就館に奉納され、現存するものの図柄を正しく写していることから、三代広重の錦絵の正確さは信頼に足る。

長八は褒状を得た。その理由は『明治十年内国勧業博覧会審査評語』によれば、つぎのとおりだ。「鏝ヲ用ヒテ各種ノ泥灰ヲ塗抹シ水彩ノ設色ヲ描写ス衣紋骨格毛筆ヲ用フルニ勝レリ但浮起ノ法欧州ニ倣フ有ラハ更ニ佳妙ニ至ルベシ高橋藤七出品中ニ見ル涼爐モ亦巧ニシテ雅致アリ」。

西洋の浮彫り(いわゆるレリーフ)に学べばもっとよくなるという『審査評語』の先の助言には、勧業の観点から、漆喰画が従来の土蔵や額面ばかりでなく洋風建築の室内装飾にも使えるだろうという期待が込められている。このころ、つぎつぎと建設される洋風建築(この時点では大半がむしろ擬洋風建築ではあったが)をどう装飾するかという課題が大きく浮上してきた。すでにそのための技術者を養成するために、前年には工部省が美術学校を開設し、イタリアから三人の美術教師を招き、そのひとりに建築

三代広重「東京上野公園内国勧業博覧会美術館荘飾之図」。
中央左に伊豆長八「官女図」、右３点目に高橋由一「甲冑図」。1877 年

装飾術を担当させた。彼らがイタリアから持参した石膏製の多種多様な教材も、同じこの勧業博覧会に展示されていた。

伊豆の長八のほかに、村越惣次郎、比留間先之助、平井金太郎、石井太郎吉、吉田鉄次郎、高橋巳之助、松田幸蔵、栗林藤次郎、荒木為次郎、武田三五郎、杉田利平が「灰埿画」を出品している（前掲『出品解説』）。

まさにこうした期待に応えるかのごとく、一八七九年に材木商「信濃伝《しなでん》」こと信濃屋丸山伝右衛門が金に飽かせて建てた四階建ての大邸宅の装飾を、長八は村越惣次郎とともに手掛けた。竣工間もなくグラント将軍の訪問があり、目に止まった長八のおかめの額面が贈られたという話も伝わっている（前掲『伊豆長八』）。この邸宅はその後亀戸から浅草花屋敷に移され、奥山閣と呼ばれて一般に公開され親しまれたが、写真に記録された姿を今見れば奇妙奇天烈な、化け物のような建物というほかない（山本笑月『明治世相百話』中公文庫に写真あり）。

その後も、長八は貴顕紳商の邸宅の装飾に腕をふるい

続けた。しかし、これらの建物は、ことごとく関東大震災で灰燼に帰することになる。おそらく、われわれは伊豆の長八のほんの一部しか知ってはいないのだろう。

【註】

*1 『明治十年内国勧業博覧会出品解説第三区美術』
灰坭《シックイ》画額、手炉《テアブリ》、深川八名川町、入江長八
製法、額ヲ製スルニハ蒿縄ヲ以テ竹ノ細片ヲ扇子ノ如クニ束編シ更ニ麻糸ヲ以テ纒縛シ先ツ其上ニ灰泥ヲ塗リ乾定スル事十回ヨリ二十回ニ至ル次ニ堊土ヲ以テ人物、禽獣、草木、蟲魚等ノ画様ヲ製シ復タ塗ル事十回ヨリ二十回ニ至リ小刀及ヒ鏝ヲ施シテ欠部ヲ補修シ再ヒ堊土ヲ塗リ金銀ノ箔及ヒ各種ノ顔料ヲ粧点ス
手炉ヲ製スルニハ佳土ニ水ヲ注加シ鍬ヲ以テ頻リニ混攪シ数日ヲ経テ砂少許ヲ和シ復タ混攪シ暫ク地上ニ置キ大気ニ曝シ其色灰青ト為ルニ及テ再ヒ鍬ヲ以テ混攪シ之ヲ板上ニ移シ鏝ニテ精煉シ了リ別ニ木盤ノ上ニ一板ヲ横ヘ板面ニテ鏝ヲ用ヒ煉土ヲ捏シ以テ略体ヲ作ル而シテ之ニ灰坭及ヒ堊土ヲ塗リ又各種ノ顔料ヲ煉土ニ和シテ雲紋、坭石紋等ヲ塗ル
原材　灰坭——介類ヲ焼製シタル者ニシテ即チ苛性石灰ナリ之ヲ用フルニハ海藻汁ヲ注加シ麻屑ヲ混合センヲ要ス、東京ノ製、
堊土——水ヲ注加シ石臼ニテ舂キ絹羅ニテ漉過シ水簸シテ之ヲ用フ、豆州天城ノ産

*2 『明治十年内国勧業博覧会出品目録』（以下は出品者とその在所を示す。
第二区第五類
屏風（一）杉、漆喰塗二折鴛鴦寒梅水千羽鶴模様、東京深川柳川町伊津長八、（長谷川町、八木市兵衛
額（一）竹、漆灰塗人物図
火鉢（二）土砂、漆灰蠟石塗、（深川八名川町　入江長八
第三区第六類
圬細工額面（一）伊豆国加茂郡松崎村入江長八
涼炉（二）（同村　高橋藤七
圬細工額面（一）漆喰、美人、伊豆国賀茂郡松崎村
（二）水墨山水、富永継次郎画、（同村　入江長八
なお、最初の屏風には花紋賞牌が与えられ、出品者八木市兵衛、工人入江長八がともに受賞している。「審査評語」が記すその評価はつぎのとおり。
花紋賞牌　圬土屏風　長谷川町　八木勘兵衛
圬土ノ巧ヲ示スニ一折ノ屏風ヲ作ル群鶴翺翔ノ状描クカ如ク鏝痕精密ナリ之ヲ小ニセハ煖炉前ノ歩障ニ適シ之ヲ大ニセハ額面天井ヲ装フ可シ良工ヲ課スルノ効ヲ観ル
同　圬土工　深川八名川町　入江長八
八木勘兵衛出品ノ圬土屏風ハ只其巧ヲ示シテ其用ヲ主トセス群鶴翺翔ノ状鏝痕精密ニシテ筆ヲ以テ描クカ如シ之ヲ小ニセハ煖炉前ノ歩障ニ適シ之ヲ大ニセハ額面天井等ヲ装フ可シ練熟ノ巧ヲ観ルニ足ル

戦争と見世物

戦争と死者たちの記憶

依田学海《よだがっかい》は長い日記を残してくれた。佐倉藩江戸留守居役として奔走した幕末期、新政府に出仕した維新期、官を退いたあと演劇改良運動に深く関わってゆく明治中期の、それぞれに興味深い日常生活がそこには克明に記録されている（『学海日録』岩波書店、一九九一～三年）。

明治三（一八七〇）年四月三日の学海に注目しよう。この日、学海は浅草寺に詣でる母に付き従った。折から浅草観音の開帳が行われており、境内にはたくさんの見世物小屋が並んでいた。

その中に、「木偶の戦死せしを作りたるもの」、すなわち人形による戦争の見世物があった。「創をふもの弐人、首をきられたるもの壱人、婦人の自殺せしもの壱人、首を竹を貫きたるもの、婦人を縛して木枝に倒に吊せしもの壱人、情死のもの弐人あり」と、それはそうとうに残酷な様子である。

それらが、小屋の入り口に飾り立て、それで客を引き付けるいわゆる「招き」の人形群だったのか、それとも小屋の内部に並んだ人形群だったのかは定かでない。当時、学海は三十七歳、五十歳を疾《と》うに過ぎた母親と連れ立って入る見世物とは思えないが、人形の姿をわざわざ日記に記したのは、よほど強い印象を受けたからだろう。ほかに、檻に入れた「獅子」が見世物になっているのを目にした。

気になるのは、それらがいったい何の戦争の死者たちであるかだ。江戸から東京に変わって間もないこの都市の住民にとって、もっとも近い戦争の記憶はいうまでもなく慶応四（一八六八）年五月に起こった上野戦争である。とはいえ、戦争はたった一日で終わった。上野の山に立て籠った彰義隊は大村益次郎率いる官軍の前にあっけなく崩れ、たくさんの死者を出した。「三枚橋の辺から黒門あたりに死屍が累々としている。私も戦争がやんだというので早速出掛けて行きましたが、二つ三つ無惨な死骸を見ると、もう嫌な気がして引っ返しました」と書く「私」とは彫刻家高村光雲である（『幕末維新懐古談』岩波文庫、一九九五年）。

体験者にとっては目を背けたい戦争が回顧され、再現されるにはそれなりの時間を必要とする。上野戦争の場合、衆人環視の中で戦われたにもかかわらず、それを「上野大火」と報じるかわら版が直後に出回った。翌年にかけて、明らかに上野戦争を取り上げた錦絵が何種類も出版されたが（たとえば英斎「春永本能寺合戦」一八六八年や二代国輝「太平記石山合戦」一八六九年）、いずれも遠い昔の戦争に見立てられた。月岡芳年の連作錦絵「魁題百撰相《かいだいひゃくせんそう》」（一八六八〜六九年）もまた、上野戦争を踏まえたものであることを表立っては示さない。

その理由は、第一に同時代の政治的事件はそのまま報道できないという江戸時代のルールがまだ残存していたからであり、第二に彰義隊という賊軍を英雄的に描くことが官軍の支配する東京では許されなかったからである。描くどころか、彼らの死骸はそのまま上野の山に放置された。見かねた箕輪円通寺の住職仏磨と侠客三河屋幸三郎が死骸を引き取り、埋葬したことはよく知られる（東京日日新聞社会部編『戊辰物語』岩波文庫、一九八三年）。

しかし、文明開化によって第一の状況は急速に緩み、新聞の創刊が相次いだ。第二の状況は、一八七四年に彰義隊の死者たちの七回忌が営まれ、上野山王台に墓の建立が許された時点で、劇的に変化した。彼らの活躍ぶりをおおっぴらに語ることが許されるようになったのである。

同じ年に刊行が始まった「東京日日新聞大錦」、いわゆる新聞錦絵が彰義隊を取り上げた。血みどろになって奮戦する天野八郎と中村徳三郎の姿を落合芳幾《よしいく》が描き、その周囲に、七回忌を機に「伝聞たる其時の軍談をかき輯め。松の落葉と題したる。拙き著述」を出したと高《たか》畠藍泉《ばたけらんせん》が書いている。それは藍泉と前田夏繁《なつしげ》の共著『東

上野公園にある彰義隊墓所、2010 年

台戦記、一名松迺落葉』（協力社蔵版、一八七四年）を指す。翌年には、天野八郎の回想録『斃休録』が、やはり藍泉の手で、小林永濯の絵を入れ、『上野戦争実記』（文永堂）と題されて出版された。

興味深いことに、この新聞錦絵をネタにした「油画」の見世物が、一八七五年に五姓田《ごせだ》芳柳《ほうりゅう》によって浅草奥山で開かれている。新聞錦絵さながらに、残酷な殺害場面を油絵風に描いたものが多く、そこには「上野戦争山王台天野八郎奮戦の図」も並んでいた（平木政次『明治初期洋画壇回顧』日本エッチング研究社出版部、一九三六年）。

明治三年四月三日に依田学海が見た人形の見世物が何であったかはわからない。ただ、見世物が客の関心を引かなければ始まらないものである以上、まだ記憶に新しい、しかし公然と名乗ることはできない上野戦争であったと思われる。

それに刺激されたかのように、同月二十五日になって、学海は『斃休録』を手に入れた。「幕士天野八郎忠告が著せる所にして、東台戦争の事を獄中にてしるせしもの也。彰義隊副長たりしといふ。捕られて獄につながれ、獄中に死せしといふ」と、その日の日記に書き付けている。

戦争と見世物の距離

一八七六年に浅草奥山で、やはり「油画」の見世物が、今度は写真師で知られる下岡蓮杖《れんじょう》によって開かれた。目玉は函館戦争と台湾戦争を描いた巨大な油絵（靖国神社遊就館に現存）、その脇を高橋由一、横山松三郎、五姓田義松、国沢新九郎、亀井至一、亀井竹二郎ら美術史に名を残すことになる洋画家の油絵が固めた。前年の五姓田芳柳の見世物よりも、はるかに規模が大きい。「油画茶屋」と呼ばれて評判になった（詳しくは拙著『美術という見世物』）。

函館戦争図は上野戦争からちょうど一年後、明治二（一八六九）年五月十一日に起こった戊辰戦争最後の戦いを描いたものであり、上野戦争同様に、一八七五年には七回忌を機に函館に旧幕軍戦死者たちを慰霊する碧血碑が建立され、その回顧も顕彰も見世物化もすでに解禁されていた。

一方の台湾戦争図は一八七四年に明治政府が台湾に出兵したことに取材、五月二十二日の石門での現地人との戦闘を絵にしたものである。従軍記者岸田吟香《ぎんか》が「東京日日新聞」に送った記事や従軍写真師松崎晋二が帰国後市販した写真などを参考にしたという。

戦争と見世物の時間的距離は、前者が七年であるのに対し、後者は二年とぐんと短くなった。この短さは、台湾戦争が対外戦争であり、始めから見物の誰もが日本軍の立場に立って見世物を眺め得たことを意味する。いわゆる薩長政府下の東京で旧幕派を英雄的にとらえた見世物を開催する際の調整を必要としなかった。

敵は日本の外にあり、敵味方の区別が単純明快だった。その後、明治の日本は、日清戦争、日露戦争という具合に、対外戦争をエスカレートさせる歴史を歩んだ。戦争と見世物の時間的な距離はぐんぐん短くなった。

同じ理由から、逆に日本人同士が戦った一八七七年の西南戦争が見世物となるには時間を要した。天皇に叛旗を翻した西郷隆盛の活躍ぶりを、鹿児島でならともかく、帝都東京で公然と表現するためには、その罪が許される必要がある。西郷の復位は一八八九年の帝国憲法発布を機に実現した。安本亀八の見世物「鹿児島戦争活人形」（梅堂小国政画、一八九三年）が浅草で興行できたのはこのためである。さらに一八九八年になると、上野の山に晴れて銅像も建立された。

戦場と見世物の時間的な距離ばかりでなく、むろんバーチャルではあるが空間的な距離にも注目しよう。むしろ、出し物を内戦から対外戦争へと転換した明治期の戦争見世物は、この空間的距離を短縮する歴史であったともいえるだろう。見世物に戦場の臨場感をもたらす工夫が相次いでなされた。すなわち、パノラマ、幻灯、活動写真などである。さらに、菊人形のようなどちらかといえば静的な見世物でさえ、明治二十年代になるとカラクリや廻り舞台などを仕掛けた戦争ものが目立つようになる（『菊人形今昔』展図録、文京ふるさと歴史館、二〇〇二年）。あるいは、歌舞伎のように昔の戦争は演じても現代の戦争は扱いにくい演劇にさえ、日清戦争を取り上げることが求められた。一八九四年十月末には、歌舞伎座が「海陸連勝日章旗」を興行している。もっとも、それは川上音二郎一座の「壮絶快絶日清戦争」（同年八月に浅草座で興行）、「川上音二郎戦地見聞日記」（同年十二月に市村座で興行）の人気に煽り立てられたからである。

パノラマと活動写真

さて、パノラマとは、円形の建物の内部に壁画と実物によって再現された風景を、観客が中央部から展望する見世物であった。展望台に屋根が付き、建物の天井を観客の視野から外したから、風景はどこまでも広がり、実際にその場所に立っているかのような錯覚をもたらした。当時のパノラマ館内部を撮影した写真からも、臨場感は十分に伝わってくる。

一八九〇年に、東京では上野と浅草にパノラマ館が相次いで開館した。異なる時空間への瞬時の移動がパノラ

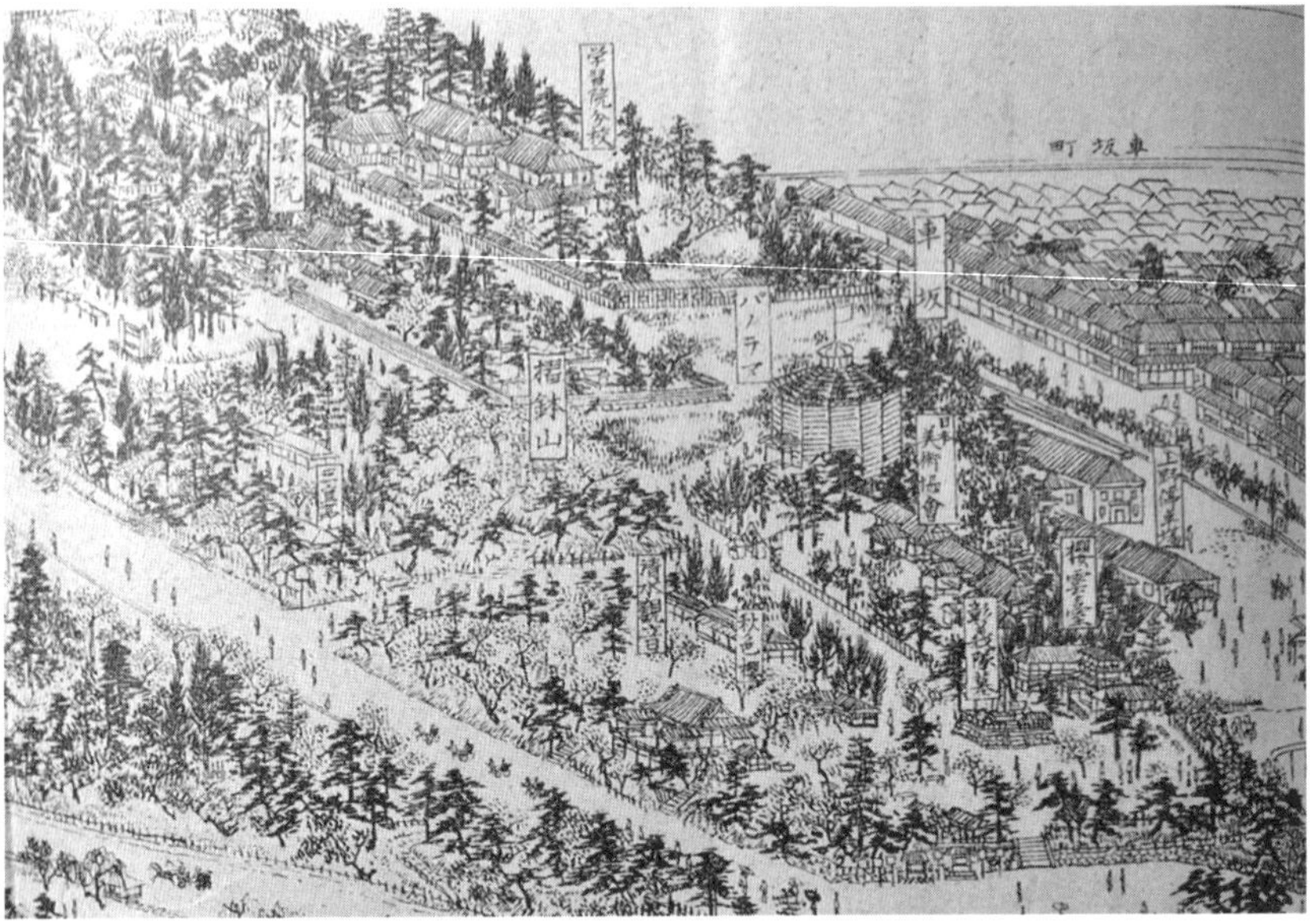

彰義隊墓の背後に上野パノラマ館がそびえ立つ。
（「上野公園之図」『風俗画報臨時増刊 新撰東京名所図会』第 1 編、1896 年より）

マの売り物であり、行き先は上野や浅草の現実を離れるほどよいわけだが、上野パノラマ館は「奥州白川大戦争図」、浅草の日本パノラマ館は「南北戦争図」で柿《こけら》を落した。そろって観客を戦場へと連れ出したのは、戦場ほど非日常的な場所はなく、なおかつ、単なる風景ではなくダイナミックな戦闘場面がそこに展開するからだ。観客はそれを喜んだし、戦争が過去や外国のものではなく、現代の自分たちに関わるものであれば、いっそう身が入るはずであった。

それゆえに、一八九四年になって日清戦争が起こると、上野パノラマ館は「旅順口陥落図」、日本パノラマ館は「日清戦争平壌攻撃図」と出し物を変えた。とはいえ、いずれも一八九六年に入ってからの衣替えで、戦争はすでに一年前に終わっている。パノラマ館は規模が大きく、その内側全面に写実的な壁画を描き、壁画から展望台までの間を生人形や植栽でつなぐのには、大変な準備が必要だったからだ。それに、たくさんの有能な洋画家を必要とした。日本パノラマ館の壁画を担当した画家小山正太郎がその苦心談を書き残している（青木茂編『明治洋画史料懐想篇』中央公論美術出版、一九八五年）。

パノラマは戦争と見世物の空間的距離を限りなくゼロに近付けたが、時間的距離だけは如何ともしがたかった。

幻灯は現代でいうスライドだから、画面はパノラマと比べものにならないぐらい小さく、臨場感は乏しい。明治初期からその教育的効果が注目され、学校での教材に使われてきた。種板と呼ばれるガラス板には、絵を描くばかりでなく写真も焼き付けられたから、たとえ小さくとも、現実の光景が映し出された点はパノラマを超えている。映写は暗闇の中で行われ、そこに丁寧な解説が加わることが幻灯の特色であった。

災害や戦争など国民的な関心事が幻灯に製作され、商品化され、それを用いて各地でさまざまな幻灯会が開かれた。日清戦争、日露戦争の時期にも、幻灯会は盛んに開かれた。戦死者の肖像を焼いた種板なども残されており、戦場の様子がきめ細かく語られたことをうかがわせる。

幻灯の延長線上に活動写真が登場する。その名のとおりに、まさに幻灯の画面が動くものであった。この新技術が欧米から日本に伝わってきたのは明治三十年前後である。一八九九年には吉沢商店が輸入した「米西戦争大活動写真」が東京神田錦輝館で上映された。翌年に北京で北清事変（義和団の乱）が勃発すると、吉沢商店は柴田常吉を派遣し撮影させている。すぐに全国各地で上映されたというが、フィルムは現存しない。ただ、東京国立近代美術館フィルムセンターが所蔵する絵ビラ「世界大一最大最長天然色活動大写真原名ナチュラルカラー、シ子マトグラフ着色入活動大写真」（一九〇三年）には、少なくとも四点の戦争場面が載っており、そのうちの「砲台占領」は城壁を攻める北清事変の通俗的なイメージ（一九〇〇年の菊人形に続出）に極めて近い。

一九〇四年の日露戦争になるとさらに多くの活動写真が撮られ、国民の戦勝気分をいっそう煽った。吉沢商店は、すでに一九〇〇年に、浅草に電気館という活動写真専用の小屋を設けていたが、日露戦争後は寄席や見世物小屋を改築した専用の活動写真館が急増した。

こうして民衆娯楽の大きな流れは、活動写真、すなわち映画にのみ込まれていく。パノラマや幻灯は廃れ、何人もの舞台役者が映画の世界に引っ張られた。

見世物を狭義にとらえれば、映画は見世物とは別世界を築いたともとれるが、映画は姿を変えた見世物だともいうことができるだろう。初期の映画館には絵看板や作り物が溢れんばかりに飾り立てられ、芝居小屋や見世物小屋を彷彿とさせる。そして、戦争ものは、今日もなお映画の主要なジャンルとして生き続けている。

五

靖国神社にて

戦争博物館のはじまり

一　戦争体験者の退場

二〇〇一年八月六日の朝、五六回目の原爆記念日を迎えた広島で、広島市原爆死没者慰霊式並びに平和祈念式に出席した小泉純一郎首相のあいさつは、二〇〇二年度の開館をめざして建設中の国立広島原爆死没者追悼平和祈念館に言及した。その内容はつぎのようなものであった。「原子爆弾による死没者の方々の尊い犠牲を銘記するとともに、永遠の平和を祈念し、原子爆弾の惨禍を全世界に伝えるための施設となるよう努めてまいります」(首相官邸ホームページ)。

すでに広島平和記念資料館を有する広島に、なにゆえに原爆に関する博物館をもうひとつ加えることになったのか、その理由は一九九四年に公布された「原子爆弾被爆者に対する援護に関する法律」(通称、被爆者援護法)に基づく。同法第四一条は「国は、広島市及び長崎市に投下された原子爆弾による死没者の尊い犠牲を銘記し、かつ、恒久の平和を祈念するため、原子爆弾の惨禍に関する国民の理解を深め、その体験の後代の国民への継承を図り、及び原子爆弾による死没者に対する追悼の意を表す事業を行う」とうたっており、そのための有効な手段として(被爆者ひとりひとりへの金銭的補償を行わずに済ませるという意味でも有効な手段として)、博物館の建設が選ばれたからだ。

ところが、新博物館に期待される役割は、広島平和記念資料館のそれとあまり変わらない。いうまでもなく後者は、一九五五年の開館以来、広島の被爆の記憶を伝える中核的な存在として活動を続けてきた。

やはり「広島平和記念都市建設法」という法律(一九四九年公布)の第二条「広島平和記念都市を建設する特別都市計画は、都市計画法第四条第一項に定める都市計画の外、恒久の平和を記念すべき施設その他平和記念都市としてふさわしい文化的施設の計画を含むものとする」に基づき、広島市が建設した。

犠牲となったひとびとの遺品や原爆の威力を伝える資料を数多く収蔵し、それらの資料に写真や模型やジオラマを加えた展示室は、被爆前と被爆後の明暗を鮮やかに示す。とりわけ、最初の展示室に置かれた広島の模型は、原爆が炸裂する寸前の都市の姿とその直後の廃墟と化した姿の二つを並べて雄弁である。観覧者を立ち止まらせ、黙らせる力がある。

新たな博物館を建設したところで、今さら収集するものも展示するものもないのではという心配をよそに、国は被爆者の写真、とりわけ死没者の遺影と証言を収集し保管し展示することを積極的に打ち出した。広島平和記念資料館のコレクションが、遺品や資料などおおむね物質的なものであるのに対し、写真と証言とは非物質的であることが対照的である。

むろん写真の物質性、すなわち映像がどのような媒体に定着されているかという問題は極めて重要だが、おそらく開館後の展示では、そうした側面よりも映像が何を伝えているのかがより重視され、パネルやスクリーンやパンフレットや図録やインターネットなどという具合に媒体をつぎつぎと変えながら、映像を発信し、流通させるに違いない。いうまでもなく、物質性が希薄になるほど情報の操作は容易になる。

国立広島原爆死没者追悼平和祈念館の管理運営は、開館後に財団法人広島平和文化センターに委託されることが決まった。したがって、同財団は、一九九八年より管理運営に携わってきた広島平和記念資料館との差異を(たとえば「平和祈念」と「平和記念」の違いを)、いっそう明確に示すことが求められるだろう。

とはいえ、両者はもともと行政上で設置された戦争に関する博物館(以下戦争博物館と呼ぶ)である。ほかにも、ピースおおさか(一九九一年)、昭和館(一九九九年)、平和祈念展示資料館(二〇〇〇年)、沖縄県平和祈念資料館(二〇〇〇年、ただし旧館の開館は一九七五年)などが、敗戦から半世紀が過ぎた一九九〇年代後半に相次いで開館した。

これら戦争博物館の増加は、戦争体験者の高齢化、減少と反比例している。戦争の記憶を後世に伝えるために、体験者に頼ることはできない時代が訪れつつある。やがて体験者はひとりもいなくなる。行政が博物館に寄せる大きな期待、公的な場での首相のあいさつにまで博物館が登場する事態は、こうした現状を反映している。

それはまた、国による戦後補償の在り方の反映でもあるだろう。「戦傷病者戦没者遺族等援護法」制定（一九五二年）、「恩給法」改正＝軍人恩給の復活（一九五三年）で始まった戦後補償は、個人に対する金銭的補償を原則としたが、対象となる個人は軍人軍属とその遺族に限定されてきた。結果として、多くの「戦争犠牲者」が補償の対象外となった。その対象をようやく拡大してきたことが近年の傾向である。

本土空襲における犠牲者は対象外であるが、その中から広島と長崎における犠牲者をすくいあげたのが、前述の「原子爆弾被爆者に対する援護に関する法律」（一九九四年）にほかならないし、平和祈念展示資料館建設の根拠となった「平和祈念事業特別基金等に関する法律」（一九八八年）は、第一条でその目的をつぎのように明言している。「この法律は、旧軍人軍属であって年金たる恩給又は旧軍人軍属としての在職に関連する年金たる給付を受ける権利を有しない者、戦後強制抑留者、今次の大戦の終戦に伴い本邦以外の地域から引き揚げた者（以下「関係者」という）の戦争犠牲による労苦について国民の理解を深めること等により関係者に対し慰藉の念を示す事業を行う平和祈念事業特別基金の制度を確立し、及び戦後強制抑留者に対する慰労品の贈呈等を行うことに関し必要な事項を規定するものとする」。

むろん、対極には、戦争の記憶を後世に伝える必要などいっさいないという考え方も成り立つ。それならば博物館はまるで必要ないが、いざ博物館を建設するのであれば、誰が何のために誰の記憶を伝えようとするのかが問われねばならないだろう。

二　戦争を展示する

戦争博物館への期待は決して今に始まったことではない。日本博物館協会の前身にあたる博物館事業促進会の機関誌『博物館研究』が第三巻第八号と同九号（一九三〇年八月号、同九月号）にわたって、「公開実物教育機関一覧」という興味深い記事を載せている。

それは全国の博物館の一九二九年度の観覧人員と経費を一覧表にしたもので、東京を例にとれば、二十五館中、観覧人員の順序は、一位、恩賜上野動物園（百二十二万人）、二位、遊就館（三十万八千三百四十人）、三位、東京帝室博物館（二十万六千二百二十五人）となり、遊就館という靖国神社境内に建てられ、今なお存続する戦争博物館が東京帝室博物館（現在の東京国立博物館）の観覧人員を大きく上回っている。遊就館、東京帝室博物館ともに関東大震災による被害（どちらも一八八二年に開館した建物が損壊）から十分に復興していない時点での数字である。

さらにまた、神奈川県では十三館が名を列ね、観覧人員の順序は、第一位、花月園（三十三万千三百四十九人）、第二位、記念艦三笠（十九万八千五百七十八人）、第三位、横浜震災記念館（十五万千九百六十一人）となり、一九二六年以来日露戦争を記念する博物館となっていた戦艦三笠がやはり上位に付ける。

これらの数字は、一義的には戦争博物館に対する観覧者の期待度を示すが、二義的には行政の期待度を示すだろう。ちょうどそのころ、博物館は「公開実物教育機関」（前掲記事）と見なされ、国による教育行政の中にはっきりと居場所を与えられていた。すなわち、一九二九年に、文部省は社会教育課を社会教育局に格上げし、博物館を成人教育課の所管とした。またこの年から、全国の博物館調査を実施し、『常置観覧施設一覧』をまとめた。一九三一年になると博物館事業促進会は日本博物館協会に改組され、翌三二年に事務局を文部省内に移した。

戦争博物館の観覧人員が突出して大きいのは、戦争に関する「実物教育」がそれだけ重視されたからである。『博物館研究』は、たとえば記念艦三笠を「本邦のアウトドアミュージアムとして最も成功したものゝ一であらう」「民衆教育機関として、海事思想の啓発国民精神の涵養上実に偉大な貢献を為しつゝある」（第一巻第四号）と高く評価する。

　これら七十年前の戦争博物館と今日の戦争博物館とでは、それが戦争の何らかの記憶を伝え得る装置であり、また戦死者の追悼と慰霊の場にもなり得るとする前提は変わらないにせよ（この前提がいささかも疑われないという点で一貫している）、期待の中身とそれを実現させる方法に大きな違いがある。一九二九年の戦争博物館に対する期待の多くが軍国日本の賞揚であるのに対し、二〇〇一年のそれは、多くが軍国日本の否定の上に立った平和教育である。実現の方法としては、前者が文字どおり「実物教育」中心であったのに対し、後者では実物への依存度は小さくなっている。

　戦争の実物！　考えるまでもなく、戦争というものの実物があるわけではない。実物として存在するものは、第一に武器であり、武具であり、第二に戦争遂行、あるいは戦争反対のための文書や出版物であり、第三に遺品である。それらは戦争という複合的な事態を進行させるために用いられたり、あるいはその結果生じたものにすぎない。それにもかかわらず、戦争博物館は主に武器を展示するスタイルを貫いてきた。戦争の歴史は武器の進化で示されることが多かった。

　ところが、敗戦を境に、日本社会からは武器そのものが姿を消してしまった。博物館の展示からも武器は後退せざるをえない。分捕品、すなわち敵から奪った武器はほぼ例外なく展示室から撤去された。日本刀は連合軍の徹底的な「刀狩り」にあったが、それが武器ではなく美術工芸品であると主張することで、一部はかろうじて博物館に（というよりもむしろ美術館に）留まることができた。そのために「美術刀剣」という新しい言葉が広まった。日本美術刀剣保存協会の設立は一九四八年二月、当初、事務所を上野の国立博物館内に置いた。同様に、甲冑も鉄砲も今では美術工芸品として展示されることが多

記念艦三笠。神奈川県横須賀市、2010 年

い。

それ自体が巨大な武器である記念艦三笠もまた変貌を余儀なくされた。「本邦のアウトドアミユージアムとして最も成功」という評価を得た三笠の「艦内には伏見宮博恭王殿下御負傷の記念砲塔、敵巨弾命中の大檣、東郷司令長官の身辺近くを冒した弾孔、敵弾命中に砲員が全滅を遂げた十五糎記念砲廓、東郷司令長官奮戦の最上艦橋、千歳不朽のZ信号旗、激戦中甲板上の血糊を洗つた水桶、黄海、日本海両海戦の弾痕図、黄海、日本海両海戦のパノラマ、伏見宮博恭王殿下の記念室、日露戦役記念品室等をはじめ、砲弾炸裂の個所、破壊の範囲、名誉の戦死を遂げた将卒の氏名及びその個所等をも指示し、激戦当時の悲壮なる光景をまのあたり彷彿せしめるものがあつた」（蓼花生「博物館めぐり（湘南の巻）」『博物館研究』第六巻第八号）。

ところが、敗戦後はアメリカ海軍に接収され、甲板上から砲塔が取り外されるなどの武装解除を受けた。三笠は単に現役を引退していたどころか、保存が決まった時点ですでに陸に上げられており（というよりも艦の周囲を埋め立てられており）、軍艦の姿をかろうじてとどめたものにすぎなかったが、それゆえに改造され、教育的効果を剝奪された。武器であったかつての姿を見せることが許されなかったのだった（拙著『世の途中から隠されていること』晶文社、二〇〇二年）。

広島平和記念資料館には、むろん模型ではあるが、広島を襲ったアメリカ軍のたったひとつの武器、リトル・ボーイが展示されている。しかし、展示物の大半は遺品のほか、溶けたガラス瓶や屋根瓦など原爆の被害を示すものである。その意味では「実物教育」の伝統を継承しているのだが（博物館の世界にはものをして語らしめよという金言があり、博物館を名乗る以上それを簡単に手放すわけにはいかない）、被害の展示だけではこの博物館建設の目的を達することはできない。なぜなら被爆と平和は直結しないからだ。

逆に、被爆を報復へとつなぐ展示もまた可能である。少なくとも、アメリカの加害責任を問う展示は、技術的には十分にありえただろう。しかし、それを避けて、被爆体験を平和構築へとつなげるためには、主語を欠いたことで知られる原爆慰霊碑の銘文のように、論理を飛躍、が言い過ぎならば展開させる必要があった。というよりも、この資料館を生み出した「広島平和記念都市建設法」が占領下での制定であり、「平和記念」という性格を当初から与えられており、「論理を飛躍」せざるをえなかったのである。決して「反米」には向かわないように性格付けられていた。

必然的に、被爆の事実を示す実物の展示では足らず、それらを「平和記念」へと関連付けるための解説や写真や模型が必要となる。そこでは、しばしば筋立てにしたがって実物が都合よく配置されるという逆転現象が起こる。さらに、被害者としての記憶を伝えるだけでは不十分、という声が大きくなれば、今度は加害者としての記憶を伝える展示が加わり、「軍都広島」にふさわしい写真が選ばれ配置される。博物館の展示とは、事実の提示というよりは、むしろ解釈の提示なのだということを知っておく必要がある。

戦争の再現と戦場の再現とは違う。後者は前者の一部であり、その時空間は前者よりもはるかに限定されており、したがってより再現し易い。冒頭で戦場の再現の成功例として紹介した広島平和記念資料館のふたつの模型は、空間が円形にはっきりと限定され、戦闘場面を再現する必要もなかった。敵ははるか上空にいて、その攻撃は瞬時に終わったからだ。

しかし、一般には、戦場の再現でさえ、その時空間を限定することは困難だ。どこからどこまでが戦場なのか、いつからいつまでが戦闘なのかは常に流動的で、その再現が視覚的表現をとる以上、再現者はどこかで限定せざるをえない。

戦争の再現となれば、さらなる困難が伴う。戦争は政治の一部でもあるからだ。日清戦争以後、戦場は拡大し、長期化する一方だった。一九三〇年代にずるずると始まった日中戦争がそうであったように、戦争は始まりも終わりもはっきりしない。

一九四五年八月十五日は長く続いた戦争に終止符を打った時として記憶されるが、そうではなく、同年九月二日の連合国に対し大日本帝国が降伏した時を戦争の終わりとする説、一九五二年四月二十八日のサンフランシスコ平和条約発効時を戦争の終わりとする説も成り立つ。ちなみに、最初の戦没者追悼式は、独立回復直後の五二年五月二日に催された。翌年からは八月十五日に行われるようになるが、この日を「戦没者を追悼し平和を祈念する日」と閣議で決定するのは一九八二年になってからのことである。逆に、天皇がポツダム宣言受諾の決定を臣民に向かってラジオで伝えたにすぎない日を、なぜ「終戦の日」と見なしてきたのかを見直すことも必要だろう。

戦争博物館は、このように時空間の輪郭すら曖昧な、全体像の捉え難い戦争を表象する装置として歴史を重ねてきた。その出発点へと、そろそろ向かうことにしよう。それは、何よりも武器の展示に始まった。

三　遊就館の建設

戦争博物館は遊就館を嚆矢とする。西南戦争が終わって間もなく、「読売新聞」が「近々に九段の招魂社の境内へ展観所といふが取建になり、陸軍省より、日本古代よりの武器類を陳列されて諸人へ縦覧を免される」（一八七七年一一月二〇日）と報じた。「展観所」はすぐには実現しなかったが、一八七九年に入ると、建設がにわかに具体化する。まず一月六日付で、陸軍省第一局長であった小沢武雄少将が陸軍卿西郷従道に宛てつぎの伺いを立てた。

招魂社境内へ掲額並武器陳列場御建設相成度伺

招魂社境内別紙図面中朱書ノ箇所へ、掲額並ニ古来ノ武器陳列場一宇新規御建設相成度、其入費ノ儀ハ、一昨年華族会館ヨリ献納ノ金額ヲ以テ仕払候様致度、此段相伺候也。

明治十二年一月六日

陸軍少将　小沢武雄

陸軍卿西郷従道殿

追テ、本文御決定ノ上ハ、其筋へ御達相成度、此段申副候也

（靖国神社編『靖国神社百年史 資料編 中』靖国神社、一九八三年）

伺いはただちに認められ、一月二十日付で「建設ノ儀」が工兵第一方面へ達せられた。これを受けて、工兵第一方面が見積もった建設費は三万円であった。「大砲其他重量ノ物品ヲ陳列スル見込」ゆえに煉瓦石造建築が構想された。建設予定地は本殿に向かって右手である。

その後、西郷従道に代わって陸軍卿に就いた山県有朋と華族会館長岩倉具視との間で交わされた文書からは、華族会館の献納金とは政府軍負傷兵に治療費の名目で贈られた三万円の残金であったことがわかる。山県は岩倉に対し、転用の許可を求めたのだった。この五年前に、「我輩才駑識劣なりといえども、自今発奮勉励して、諸君と共に集会を催し、書籍館を建造し、博学多識実着有名の

人に就き、諸科の学術その他華族の責任とすべき事を講究し、智識を拡充せんと欲す」(霞会館編『華族会館史』鹿島研究所出版会、一九六六年)という趣意書を公にして設立した華族会館にとっても、博物館の建設は望むところであったに違いない。

　このように西南戦争が博物館建設へ弾みをつけた。もともと招魂社は、戊辰戦争以後の官軍戦死者を慰霊する施設として、一八六九年に設けられた。本殿は七二年に竣工した。七五年には「嘉永六年癸丑」にさかのぼって殉難者を合祀することが決まり、一方で、七七年の西南戦争は新たに五千人を超える官軍戦死者を加えることになった。戊辰戦争の副産物であった招魂社は、その前後の殉難者、戦死者を合祀することで、歴史的な視野を一気に広げたことになる。こうした変質は、一八七九年になって招魂社が靖国神社と名を変えることによく表れている。

　一八七七年十一月十三日付「郵便報知新聞」は、「このたび招魂社にて執行さるる臨時大祭は、まつたく西南の役戦死の者のためなれば、その社傍へ高さ一丈二尺余、幅七尺余の石碑が新設になり、一万三千有余名の人名を鋳鏤になる趣き」と報じている。この記念碑は石碑ではなく剣型の金属碑として七九年に実現した。

　ひとりひとりの名前を刻むことで戦死者を鎮魂しようとする新しいタイプの記念碑が西南戦争を機に出現し、各地で建立されたことをすでに羽賀祥二氏が指摘しており(『明治維新と宗教』筑摩書房、一九九四年)、私もその周辺をスケッチしたことがある(『ハリボテの町』朝日新聞社、一九九六年)。創建から十年を経た招魂社は、記念碑とは別に、博物館というさらに新たなタイプの記念施設、記憶装置を必要とした。ちなみに山県有朋は、先の文書でそれを「絵馬堂」と呼んだ。

　建物の設計はイタリア人建築家ジョヴァンニ・カッペッレッティ(Giovanni Cappelletti)が担当した。カッペッレッティは、工部省が開設した美術学校の図学教師として明治政府に雇われ、一八七六年に画家アントーニオ・フォンタネージ(Antonio Fontanesi)、彫刻家ヴィンチェンツォ・

竣工間もない遊就館。（隈元謙次郎『明治初期来朝伊太利亜美術家の研究』八潮書店、1978 年より）

ラグーザ（Vincenzo Ragusa）とともに来日したが、このころには陸軍省の仕事にも携わっていた。来日直後、七七年に起工された参謀本部をすでに設計している。

招魂社境内にやがて建設される建物を、日本側の関係者は「掲額並武器陳列場」とか「絵馬堂」と呼ぶほかなかったが、イタリア人にとっては「ムゼオ＝Museo」以外の何ものでもない。イタリア人建築家を採用することで、西洋風の博物館が一挙に実現した。外観も内部構造も本格的に西洋風を踏まえた。建築費が当初の見積もりよりもふくらんだため、工兵第一方面はたびたび予算を追加請求する一方で、つぎのように設計の変更、装飾の省略も考慮した。しかし、最終的には経費節約よりもデザインが優先された。そこにはカッペッレッティの意向が強く働いたことがうかがわれる。また、後述するように、担当者が中村重遠大佐であったことも有利に働いたようである。

木坤工第五号

靖国神社附属額堂増築ノ儀伺

一　金弐千円

右ハ、靖国神社境内ニ新築相成候額堂ノ結構ハ、初メ工部省御雇教師カヘレチー氏ニ協議、仕様及絵図面請求候処、十分ノ粧飾ニテ費用モ許多ニ相及候間、当署ニ於テ粧飾ヲ廃止シ築造候見込ニテ、伺出御許可ノ上着手候処、該堂ハ随分堅牢ニシテ粧飾モ美ニ有之。然ルニ左右後面ノ飾リヲ廃止候テハ、全備ナササルモノニテ、建築ノ適当ヲ得ス遺憾ノ儀ニテ、教師モ甚タ不得意ニモ有之、且、該地ノ如キハ参拝人モ多キ場所ニテ、些少ノ工作ヲ除キ、観人ニ不備ノ心ヲ起サシムルモ亦遺憾ニ有之候間、左右後面共別紙図面ノ通増築致度。仍テ費用取調候処、前書ノ通相及候。御許可ノ上ハ、費用別途御下附相成候様致度、別紙仕法・経費・図ノ三案相添ヘ、此段相伺候也。

逐テ、教師カヘレチー氏ニモ協議致置候間、為念、此旨申添候也。

明治十二年十二月十日

工兵第一方面提理

陸軍歩兵大佐　中村重遠

陸軍卿　西郷従道殿

(前掲『靖国神社百年史 資料編 中』)

観覧者が展示室をつぎつぎと見て歩き最後にはまた入口に戻る形式の常設展示施設は、当時の日本には、ほぼ同時に上野公園に建設された博物館(のちの帝室博物館)がもうひとつあるだけであった。こちらもまた、工部省が雇った教師イギリス人建築家ジョサイア・コンドル(Josiah Conder)を設計者に採用したがゆえの実現だった。外国人建築家を採用し、まずハード面から整備するという方法を採らなければ、博物館施設の理解と実現と普及はもっとずっと遅れただろう。もっとも、博物館に限らず、同種の飛躍はさまざまな分野で起こった。「お雇い外国人」とは、まさしくそれを可能にしたひとたちのことである。

さて、靖国神社境内の戦争博物館は、一八八一年五月四日に落成し、翌八二年二月二十五日に開館式が行われた。名称を『荀子』の「遊必就士」から採り、遊就館と呼ばれることになった。一方、建物の中身については、陸軍省総務局軍法課によって建設工事と並行して準備が進められていた。陸軍卿大山巌に宛てた八十年十二月の総務局伺書（総水局第七〇九号）から、展示物は三種から成り、開館に向けて漸次収集されていったことがわかる。のちの戦争博物館にとって重要な展示物となる遺品が、ここにはまったく登場しない。

一　額

右在来ノ中掲クルニ足ルモノハ之ヲ用ヒ猶漸次購求之事

一　書籍

右在来ノ兵書図画其他漸次購求ノ事

一　武器

右砲兵工廠ニ有之旧諸藩ノ還納品・分捕品等ノ中同廠不用ノ分ヲ受ケ猶漸次購求ノ事

（『遊就館史』遊就館、一九三八年）

これを受けて、砲兵第二方面の保管する「旧諸藩還納兵器之内目下不用ノ分」が遊就館に回送されたことを示す一八八二年一月十二日付陸軍卿宛て総務局伺書（総水局第四四号）がある。そこに添えられた『靖国神社へ寄附スヘキ古器物目録』では、「各種拳銃」「各種大砲」が大半を占める。

『遊就館史』に収められた平面図は、玄関ホールの両脇が武器の展示室、正面奥が額の展示室、その左手に書籍のための小さな展示室があったことを示す。先の三つの収集方針は展示にそのまま生かされた。また、開館時の目録『明治十五年二月調、遊就館列品目録、巻之一』（遊就館蔵）は、展示物をさらにつぎのように細分類する。刀剣（三三）、薙刀（六）、鎗（八四）、弓矢弩旗幟金鼓帷幕類（一九）、甲冑（一六）、馬具楯類（五）、刀剣薙刀銘属品類（一一）、火砲（六八）、手銃（二九一）、弾丸（一四〇）、砲銃属具（一四）、雑具（七）、書籍（三一）、額（一四）（（　）

内の数字は件数〕。

武器が他を圧倒し、武器では手銃が多くを占める。刀剣や甲冑が在来の古いものであるのに対し、手銃は国産のもののほか、オランダ製、アメリカ製、イギリス製、フランス製、プロシア製、スイス製、ベルギー製と多岐にわたり、幕末期に使用され、まさしく「旧諸藩ノ還納品・分捕品」であったことをうかがわせる。

「額」は額装の絵画を意味する。一四件の絵画はつぎのとおり。大半が油絵である。

額番号	名称	員数	年月	附言
第一	大阪臨時病院図	一	明治十一年十一月五日	明治十年三月卅一日聖上及木戸孝允四條隆調等病者ヲ弔慰スルノ図也、軍医石黒忠悳奉供
第二	難船油絵	一		
第三	夜戦油絵	一		鹿児島城山ノ戦ノ図、奉納教導団明治十年九月廿四日午前第四時
第四	戦争油絵	一		鹿児島城山東北ノ一大塁ヲ抜ク同、明治十年九月廿四日昧爽激戦ノ図
第五	大村氏神道碑銘摺	一		有栖川熾仁親王篆額、陸軍中将山田顕義撰文并書
第六	甲冑図油絵	一	明治十二年十月	奉納人内藤耻叟、安田善次郎、画工高橋由一
第七	夜戦油絵	一		明治十年四月七日黎明肥後熊本安巳橋激戦ノ図
第八	戦争油絵	一		肥後植木坂戦ノ図、奉納教導団明治十年三月廿四日午前第十一時
第九	同	一	明治十年四月廿日	肥後御船ニテ戦争ノ図奉納警視局画工高橋由一
第十	夜戦油絵	一		
第十一	普仏戦争図	一		
第十二	同	一		
第十三	外国貴族肖像	一		
第十四	同	一		

このうち、第一の「大阪臨時病院図」、すなわち五姓田芳柳作「明治天皇大阪臨時病院御慰問図」（一八七八年）、第六の「甲冑図油絵」、すなわち高橋由一作「甲冑図」（一八七七年）などが現存する。大半は関東大震災と戦災によって失われた。

　また、開館時に、陸軍は洋画家中丸精十郎と契約を交わし、現役将官の肖像画を順次制作させた。中丸は「縦四尺横三尺ノ額面」を毎月一点ずつ制作し、一点につき百円の制作費を受け取っている（陸軍小輔小沢武雄から陸軍卿大山巖に宛てた「遊就館へ備付将官真像描写用金額御下附ノ儀ニ付伺」総水局第一五四号、前掲『遊就館史』）。これを裏付けるように、一九三三年ごろの陳列品台帳には、中丸の手になる肖像画が少なくとも三十四点登録されている（『靖国神社と近代美術のあけぼの展出品一覧及び展示解説』靖国神社、一九九二年）。

四　「掲額」

武器と油絵を中心とした展示は、「掲額並ニ古来ノ武器陳列場」という当初の設立方針が忠実に守られたことを示す。武器の多くが過去のもの、実用性を失ったものであるのに対して、油絵の多くは当代の西南戦争を描いたものであることが対照的である。ここには方向を異にするふたつの力が働いている。ひとつは武器の展示を通して戦争の歴史を見せることであり、もうひとつは現代の戦争を視覚的に（だからこそ迫真性にすぐれた油絵を用いて）、再現することである。

　遊就館と命名される以前に、それを「絵馬堂」と呼んだ人がいたことは何ら不思議ではない。そこに期待された油絵は、日本画と異なり、額縁を必要とするがゆえに「額面」と呼ばれることもあった。同様に額縁を必要とする、というよりも奉納者の名前と住所をしばしば記す額縁が本体の一部である絵馬もまた「額面」と呼ばれ、それを掲げる絵馬堂は「額堂」とも呼ばれた。絵馬堂は絵馬を収納する宗教施設であるとともに、それを描いた画家にとっては自らの作品を表明する場であり、庶民には鑑賞の場でもあった。博物館同様に、美術館に関する情報も西洋から幕末の日本に到来したが、それにもっとも近い在来の施設は絵馬堂にほかならない。

高橋由一は誰よりも早く、誰よりも強く、美術館の実現を説いた画家である。招魂社地に展額館を建設せよという提言「招魂社地展額館奉設布告書、掲額寄付定則」（『高橋由一油画史料』（三―一四）東京芸術大学所蔵）は、一八七一年か七二年ごろの文書と推定されている（青木茂編『高橋由一油画史料』中央公論美術出版、一九八四年）。建設の目的は、「今や展額の設は人々霊前江奉掲して一には神霊を奉慰し、一つには衆庶と展見し逸楽を究む、畢竟神人共に和するの義にして、又知覚の端を開くへき」というもので、いわば慰霊と娯楽と啓蒙のための施設であった。

そこに展示されるべき絵画は「高名家の肖像」「義夫節婦の事跡」「遠境僻地の実景」「名物古器の躰載」などであり、展額館構想とは、こうした絵画をとおして歴史と社会を一望させ、ひとびとを啓蒙しようとする極めて教育的なものであった。芸術作品を鑑賞するための美術館でもなければ、戦争の歴史展示を特に重視したものでもない。それにもかかわらず建設地には招魂社がふさわしいと判断した理由は、そこが東京の新たな盛り場として急速に台頭してきたからだ。浅草や両国といった旧来の盛り場では、文明開化をうたう施設の立地にはいかにもふさわしくない。また、この時点で、上野はまだ公園として開発される可能性を示してはいなかった。

計画は緻密であり、賛同者と資金さえ調達できれば、実現の可能性を十分に備えたものであった。掲主が画工に制作を依頼し奉納するというスタイルは絵馬奉納のそれを踏まえたものだ。だからこそ、高橋は「従来社寺等ニ付属セル奉額堂ノ例ニ比較スヘカラス」（前掲「布告書」）と釘をさす必要があった。なぜならスタイルは同じでも、目的がまったく異なるからだ。

当時、この高橋由一の提言に招魂社が応じた形跡はなく、展額館は画餅に帰したとされてきた。しかし、すでに見たように、その五、六年後からにわかに具体化する遊就館の「掲額」という発想には、高橋の構想から戦争博物館にふさわしい一部が取り出され、生かされたといえそうだ。開館時から展示された「甲冑図油絵」は、「名物古器ノ躰載」を実践したものにほかならない。高橋が制作し、内藤耻叟《ちそう》と安田善次郎が奉納するというかたちをとった。

また、「高名家の肖像」は将官の肖像画制作につながった。中丸精十郎がその任に当たったことはすでに述べたとおりだが、高橋制作の肖像画も少なくともつぎの二点が遊就館に展示された。「故陸軍歩兵伍長大久保忠良肖像」と「故陸軍歩兵大尉難波宗明肖像」で、いずれも華族代表醍醐忠敬によって、一八八六年に寄贈された。前者は華族初の戦死者であった。その経緯は、田中光顕の回想にある（「田中光顕伯談話の要旨」前掲『遊就館史』）。将官の肖像画とは別室に展示されたらしい。

『高橋由一油画史料』には「斃義士肖像真写願」（三―一九）という、高橋が大警視川路利良に宛てた一八七七年十月八日付の願書が含まれる。それは、「維新以来斃義死節ノ士ヲ九段坂上招魂社ニ祭り、以テ其霊魂ヲ慰ス」ことは実現したものの、「唯惜ムラクハ、未之ヲ画キ之ヲ彫リ以テ之ヲ後世ニ伝フルノ挙アルヲキカス」であるから、戦死者の肖像画を描き、それをひとびとに公開する場をつくろうという主張であった。すなわち西南戦争を機に、高橋の主張も遊就館により接近したことになる。

実は、高橋由一が展額館構想を打ち出し、その一部が結果として生かされた遊就館の建設が始まる一八七〇年代は、六〇年代までとは異なり、同時代の戦争を描くことが可能になった時期である。一八七七年の西南戦争を描いた絵画は、開館直後の遊就館に少なくとも六点が展示されており、それらとは別に高橋由一も「田原坂の激戦を夢に見た図」、「官軍が火を人吉に放つ図」「鹿児島城山を焼く図」などを描いて、七七年の夏から秋にかけて自らの画塾の展覧会で公表している。木版画（錦絵、絵本）や石版画というメディアでなら、西南戦争の絵画は盛んに出版された。

おそらく、西南戦争は、その社会的な意味を十年前の戊辰戦争のそれとはまったく異にしたのだろう。後世の歴史家は、西南戦争を幕末から続いた内戦の終結、新政府に最終的な勝利をもたらしたものと位置付けるが、徴兵制の有無が両者を決定的に隔てる。そのうえ、戦争を伝えるメディア環境が大きく変わった。新聞の有無が両者を大きく隔てる。戊辰戦争の時のように、戦後招魂祭を催して戦死者を鎮魂するだけではもはやすまない。戦死者を歴史的に位置付けることと、戦死者の姿（肖像画）や名前（記念碑）を目に見えるものにし、彼らの体験を国民が共有することが求められるようになった。だからこそ、それを実現する場として、遊就館の建設が西南戦争を機に具体化したのだった。

五　新たな展示物

その後、遊就館は何度か展示方針を修正し、そのつど新たな展示物を加えた。日清戦争、日露戦争と続く対外戦争での勝利は、大量の分捕品を遊就館に持ち込んだ。

同時に、このふたつの戦争は多くの戦死者を出し、彼らの遺品が展示される道を開くことになった。日清戦争における威海衛の戦で、一八九五年二月九日に戦死した大寺安純陸軍少将の軍服は、遅くとも翌九六年十二月には展示されていたことが確実である。同月付の『遊就館備附雑品目録』（遊就館蔵）に展示のための台が登録されているからだ。

なお、現在の遊就館には、大寺少将よりも早く西南戦争で戦死した大阪鎮台第二中隊長井関千仞の遺品が展示されているが、それはずっと後に、一九三六年になって奉納されたものである。これら遺品の展示とは、本質的には遺族の私的財産にほかならず、遺族にしか意味を持たないものにそれを上回る公共性が与えられたことを意味するだろう。

このような収蔵品の増大に対応して、一九〇八年に展示室が建物の背後に増築された。展示面積は約二百坪から約三百八十四坪へと倍増した。同年十一月の一般公開に向けて、八月二十五日に七人の遊就館整理委員が任命され（陸軍軍医総監森林太郎、海軍大佐村上格一、陸軍歩兵大佐立花小一郎、陸軍省参事官吉村八十三、陸軍一等主計大津留重、遊就館取締今村長賀、遊就館物品陳列事務嘱託関保之助）、六条から成るつぎの展示方針を決定した。

イ　陳列標本の年代は本邦紀元並西暦紀元を用ひて示す

ロ　陳列法は時代を分ち其時代に該当する一切の武器類を陳列して相互に比較研究の便に供す

ハ　時代の現品を得ざるものは模造若くは様式相似たるものを以て補塡す

ニ　本館正面の入口及東入口等には装飾を施し和英両語の館名標札を掲ぐ

ホ　各室入口には其室の番号を附し陳列棚には年代の掲示をなす

へ　一般標本の分類及時代分けをなす

（前掲『遊就館史』）

ちなみに鷗外森林太郎は一九一七年に東京帝室博物館の総長に就任すると、翌一八年に、展示方針を分野別から時代別へと根本的に改めているが、それは、ここでの発想と同じものであった。また、模造品の許容も、歴史展示を優先する結果であり、博物館史上注目すべき判断といってよい。このようにして、「掲額並ニ古来ノ武器陳列場」として出発した遊就館は軍事史博物館へ成長し、年間に三十万八千三百四十人の観客を集めた一九二九年の遊就館へとつながってゆく。

六　「古来ノ武器陳列場」

しかしながら、「掲額並ニ古来ノ武器陳列場」という最初の構想にもうしばらくこだわりたい。開館当初の遊就館は、関係者の努力にもかかわらず、展示物が不足し、建設の目的を達することはなかなかできなかった。当時の日本人に、かくのごとく西洋風にデザインされた展示施設を使いこなすことは容易ではなかった。何をどのように展示すべきかを知る専門職員もまだ育ってはいなかった。先の総務局伺書は、陸軍部内から「陳列整頓」を担当する者を三、四人選ぼうとした動きを伝える。

早くも開館の翌一八八三年四月二十六日付で、宮内省に対してつぎのように兵器の借用を求め、宮内省はこれを快諾した。

宮内省へ照会　土第五六五号

靖国神社境内へ建設相成候遊就館ノ儀ハ、専ラ兵器ヲ聚集シ、汎ク人民ニ縦覧ヲ許シ、内外ノ兵器沿革等ヲ知得セシムルノ趣意ニ有之候処、開館以来日浅キヲ以テ、固ヨリ陳列品充分ノ域ニ至ラス候。就テハ此際御物中ノ兵器類以後三十日間ヲ限リ拝借相成候ハヽ、実ニ該館ノ栄耀ト存候。仍テ可然御執奏ノ上拝借相成候様致度、此段及御照会候也。

（前掲『靖国神社百年史 資料編 中』）

この文書は、広くひとびとに「内外ノ兵器沿革等ヲ知得セシムル」ことが遊就館の目的であることを明記している。そのための手段が「縦覧」、すなわち目に訴えることであった。兵器を兵器としてではなく展示物として扱うことも、「縦覧」が「人民」に対して「汎ク」開かれたことも、ともに近代の発想であった。この考え方は一八七〇年代を通じて急速に身近なものとなった。博覧会が全国各地で盛んに開かれ、その延長線上に博物館が登場したからだ。

一八六〇年代に西洋文化をいち早く紹介した福沢諭吉は、『西洋事情』初編巻之一（一八六六年）において、博覧会と博物館の関係を簡潔に説いている。むしろ登場の順序は博物館が先で、博覧会があとである。それは博覧会が博物館の不備を補う関係にあるからだ。すなわち「博物館ハ世界中ノ物産、古物、珍物ヲ集メテ人ニ示シ、見聞ヲ博クスル為ニ設ルモノ」であるのに対し、「前条ノ如ク各国ニ博物館ヲ設ケテ古来世界中ノ物品ヲ集ムト雖ドモ、諸邦ノ技芸工作、日に闢ケ、諸般ノ発明随テ出、随テ新ナリ。之ガ為メ昔年ハ稀有ノ珍器ト貴重セシモノモ、方今ニ至テハ陳腐ニ属シ、昨日ノ利器ハ今日ノ長物トナルコト、間々少ナカラズ。故ニ西洋ノ大都会ニハ、数年毎ニ産物ノ大会ヲ設ケ、世界中ニ布告シテ各々其国ノ名産、便利ノ器械、古物奇品ヲ集メ、万国ノ人ニ示スコトアリ。之ヲ博覧会ト称ス」。

一八七〇年代に入り、文明開化を標榜した明治政府が、それを実現する手段として博覧会に力を注いだ理由はこれで明白だろう。一八七三年のウィーン万国博覧会への参加は政府挙げての大掛かりなものとなった。万国博覧会を真似た国内版である内国勧業博覧会は一八七七年に始まり、東京、京都、大阪と会場を移しながら一九〇三年まで五回開かれた。さらに小規模な博覧会は各地で数多く開かれた。このように、日本では博物館が博覧会に先行せず、むしろ博覧会の常設展示場というかたちで博物館が登場した。この事情が初期の博物館像を規定した。

明治政府が手掛けた最初の博覧会は、一八七一年に東京九段坂上で開かれた。招魂社での上野戦争と函館戦争の戦死者を祀る五月の祭礼の人出を当て込んだ。大学南校関係者が主催したことから、鉱物、動物、植物の展示を中心とした博物学的な性格の強いものであった。残された会場写真は、建物が木造の平家で、観客は外から縁側に並んだ展示物を眺めるスタイルであったことを伝える。

翌一八七二年の博覧会は文部省の主催となり、規模を大きくした。会期も二十日間の予定をおよそ五十日間に延長し、約十五万人の観客を集めたという。会場は湯島聖堂大成殿である。当時の日本に、不特定多数の観客を収容できる建物は、社寺のほかになかった。神仏分離令は寺院の地位を弱体化したが（寺社から社寺へと呼び方が逆転）、それでも無住になったわけではなかった。一方、幕府の学校であった湯島聖堂はその役割をほぼ終えていた。教育の主導権が儒者から洋学者の手に移ったからだ。孔子を祀った場所に、人骨や動物の剥製さえもが持ち込まれた。皮肉なことだが、文明開化を標榜する博覧会に湯島聖堂ほどふさわしい場所はなかった。

博覧会終了後も、展示物の一部はそのまま保管され、毎月一と六の付く日に限って一般に公開された。これを「博物館」と呼んだ。時代の変遷をさらに象徴するかのように、翌年には、内山下町の旧大名屋敷へと引っ越す。ウィーン万国博覧会をはじめ海外の博覧会で入手したものが運び込まれ、展示された。博物館はそこで十年近く活動を続けたあと、一八八二年になって、すなわち遊就館と同じ年に上野公園の新築の建物へと移転した。

一八七一年と七二年のふたつの博覧会の間に、太政官による「古器旧物保存」の布告がはさまっている。その結果、後者は展示の様相を大きく変えた。鉱物、動物、植物などの自然物も相変わらず展示されたものの、人工物が大量に出品されたからだ。ここでの話題に引き付ければ、これにより武器の保存と展示が可能になった。湯島聖堂という文の聖域に武器が展示されるという、これまた皮肉な光景が現実のものとなった。

太政官はつぎのように「古器旧物保存」を命じるとともに、諸官庁を通じて所在調査を企図した。

御布告

古器物之類ハ古今時勢之変遷制度風俗之沿革ヲ考証シ候為メ其裨益不少候処自然厭旧競新候流弊ヨリ追々遺失毀壊ニ及候テハ実ニ可愛惜事ニ候条各地方ニ於テ歴世蔵貯致居候古器旧物類別紙品目之通細大ヲ不論厚ク保全可致事

但品目並ニ所蔵人名委詰記載シ其官庁ヨリ可差出事

明治四年五月二十三日

(『法令全書』)

「別紙品目」には三十一種の保存すべきものが示されている。そのひとつに「武器之部、刀剣、弓矢、旌旗、甲冑、馬具、戈戟、大小鉄砲、弾丸、戦鼓、哱囉等」がある。いうまでもなく、博物館不在の時代に、「古器旧物」を「宝物」という名でもっとも集積してきた場所は社寺だが、他方、徳川家はじめとする旧大名家もまた有力な所蔵者であった。翌一八七二年、太政官は博覧会事務局を通じて、彼らにも所蔵品の届け出を命じた。それは博物館での展示を想定したもので、もし売り払う意志があれば政府が買い上げることを明示している。

とはいえ、宝物として扱われ、展示に値した武器は由緒正しき銘物である。ほんの数年前までは必需品であり、いわば現役であった一般の武器は、布告にいうとおり、当時の「厭旧競新候流弊ヨリ追々遺失毀壊ニ及候」という状況にあっただろう。武器から実用性を奪い、武器の概念を変えた脱刀勝手の布告(一八七一年)、銃砲取締規則(一八七二年)、廃刀令(一八七六年)など新政府による一連の規制がそれに拍車をかけた。

政府主導の宝物調査と届け出を踏まえて、湯島聖堂に開設された博物館には武器が展示されることになった。当初の展示分類は、まず天造物と人造物に分かれ、前者は植物、動物、鉱物、化石の四部門、後者は四四部門から成る。人造物の種類が多いのは、古器旧物に各地の物産、器械などの新製品を合わせたからである。「武器之部」がその一部門として立てられた。

その後、内山下町を経て上野に移るまで、展示分類は目まぐるしく変わるが、「考証物品、軍防(兵器類)」(一八七四年)、「史伝部、軍防(兵器類)」(一八七五年)、「史伝部、第八区軍器ノ類、但明治已前ニ係ル者ヲ収ム」「軍事部、第一区陸軍兵器、築城防御ノ具、及ヒ其雛形、或ハ病兵ヲ看待スルコトニ係ル物品ノ類、第二区海軍兵器、軍艦ノ具、及ヒ其雛形、或ハ兵器製造所ノ雛形絵図等ノ類」(一八七九年)という具合に、武器は常にその一角を占めていた。

武器展示の制度が次第に整備されてゆくことは、一八七五年七月二七日付で内務卿大久保利通が太政大臣三条実美に上申した「博物館ノ義」に基づいている。そこにはすでに七九年の分類説明とほぼ同一の内容がうたわれている。(『東京国立博物館百年史 資料編』東京国立博物館、一九七三年)。これを受けて、博物館には海陸軍掛が置かれ(一八七六年)、軍事課(一八七七年)、兵器課(一八八一年)と名称を変えたが、最後の兵器課は課長が発令されなかった。博物館の管轄は八一年に内務省から農商務省に移っており、殖産興業のための施設という性格を強めていた。おそらく、この時点で、武器の展示は、陸軍省が用意し、竣工間際だった自前の博物館、すなわち遊就館へと移されることになったのだろう。

ところで、遊就館建設に直接の担当者として携わった中村重遠大佐は、むしろ名古屋城と姫路城保存の功労者として伝わっている。先の古器旧物保存の布告は建物を対象とはしないが、「追々遺失毀壊ニ及候」という風潮は城郭にも及んでいた。それどころか、武家政治のシンボルであり、広義の武器ともいえる城郭は、明治維新後、手のひらを返されたように無用の長物視された。太政官が城郭の存廃を決めた一八七二年以前に、すでに熊本藩知事や名古屋藩知事などから城郭取り壊しの伺いが相次いで提出された。名古屋城の金鯱が天守の屋根から下ろされ、東京に運ばれたのは、鋳潰した金を政府に貢納するためであったが、その直後に出た古器旧物保存の布告はこの金鯱を救い、湯島聖堂での博覧会のもっとも人気を集めた展示物とし、さらに翌年にはウィーン万国博覧会にまで運ぶこととなった。

存続が認められた四三城と一要害の多くは軍隊の駐屯地となった。存続は城郭の保存を意味しなかった。「名古屋城二ノ丸東京分営トナリ元能舞台ハ浴室橋掛ハ厠トナリタリ近日一大隊繰込アルベキ由」（『名古屋新聞』第三号、明治五年正月）という有り様であった。

一八七八年になって保存運動が盛り上がり、いったんは取り外した金鯱が再び天守に取り付けられることとなった。このころ、中村重遠が保存に尽力したといわれる。翌七九年七月には、名古屋城と姫路城の国費による保存が決まった。その後の古器旧物保存が古社寺を中心に制度化されてゆく中で（その完成が一八九七年に制定された「古社寺保存法」）、城郭保存は極めて特異な判断であった。中村の顕彰碑が姫路城内に建っている（拙論「近代日本の城」『近代画説』第九号）。

中村重遠が今でいう文化財の保存に見識を持つ人物であったことは、遊就館の進路に少なからぬ影響を及ぼしただろう。中村は土佐国宿毛の産、家老伊賀家臣、戊辰戦争に参加し、維新後は陸軍に入った。西南戦争後は第四局に所属し、一八七八年十二月より工兵第一方面提理に就いた。遊就館の初代館長今村長賀も土佐山内家臣で、陸軍に所属、刀剣の鑑定家としても知られた。今村が一九一〇年まで二五年にわたって館長を務めたことは、遊就館の展示における刀剣の重視につながった。また、遊就館建設を支援し、今村とともに刀剣を収集し、『遊就館史』巻末に「田中光顕伯談話の要旨」を残した田中光顕も土佐出身であった。田中は西南戦争において陸軍の会計部長という要職を務めた。遊就館を船出させた関係者に土佐人が多いことは、この博物館の性格を分析する上で注目すべきことである。

七　遊就館の現在

　その後一九二三年の関東大震災で、遊就館はカッペッレッティ設計の建物を失った。一九三一年に再建された建物は伊東忠太が設計顧問となり、それまでとは対照的に瓦屋根を持つ東洋風のデザインが強調された。建築面積は約八百五十七坪、地下一階地上三階建てであったから、展示面積はさらに拡大された。

　外観の変更は、遊就館に対する期待の変化を反映しているはずだ。半世紀前には、欧米諸国の博物館と肩を並べることが優先されたが、今度は東洋の盟主たることを明らかに示す博物館でなければならなかった。同じ一八八二年に建設され、同じ地震で崩壊し、少し遅れて一九三八年に再建された東京帝室博物館（現在の東京国立博物館本館で、二〇〇一年に重要文化財に指定された）も、その外観の変更はまったく同様の道をたどっている。

　敗戦後、遊就館は宝物遺品館と名を変えたが、一九八六年になって再び遊就館として活動を始めた。さらに、二〇〇二年には新館を開設する。この建物にはガラス張りの明るいデザインが採用されており、現代における親しみ易い博物館像が演出されている。ここでもまた、一九九九年になって、東京国立博物館がガラス張りの軽快なデザインの法隆寺宝物館を敷地内に加えたことと軌を

現在の遊就館、本館と新館の接続部。2002 年

一にしている。

今日に至って展示面積の拡大を必要とすることは、遊就館もまた、他の戦争博物館と同様に、戦争体験者の退場というのっぴきならない状況にあることを物語っている。武器や遺品の展示のみでは、もはや立ち行かなくなったことを示している。いいかえれば、一八八〇年代に日本社会が手に入れた戦争博物館というメディアに、今また新たな期待が寄せられているのだ。

本稿では戦争に関する博物館をすべて戦争博物館と呼び、平和博物館の名をあえて用いなかった。遊就館のような典型的な戦争博物館の対極に平和博物館というカテゴリーを設定したところで、「平和記念」も「平和祈念」もそれだけでは期待の表明にすぎない。むしろ「平和祈念」の横行にこそ批判的であるべきだろう。なぜなら、「平和祈念」は一種の判断停止であり、博物館を思考の場から祈りの場へと変えてしまうからだ。逆に博物館には、批判と検討の場が常に確保されていなければならない。

再び、二〇〇一年の小泉純一郎首相に登場願おう。

「歴史が好きで、前から行きたいと思っていた。人民抗日戦争記念館も拝見し、改めて戦争の悲惨さを痛感した。侵略によって犠牲になった中国の人々に対し、心からのおわびと哀悼の気持ちを持った。（以下略）」（「盧溝橋訪問後の首相発言（要旨）」『朝日新聞』二〇〇一年十月九日）

小泉首相は広島で国立広島原爆死没者追悼平和祈念館に言及した一週間後に靖国神社を参拝し、それに対して寄せられた中国、韓国政府からの反発を打消すかのごとく十月八日に中国を日帰りで訪問し、わずか半日余りの滞在時間に博物館に足を運んだ。さらにその一週間後には、同じく韓国を日帰りで訪問し、同じく半日余りの滞在時間中に、西大門刑務所歴史館という博物館を見学している。ソウルでは「過去の忌わしい歴史の一部をみせていただいた」と述べた（「小泉首相発言（要旨）」『朝日新聞』同年十月一五日付、傍点木下）。

なるほど、ソウルでのこの発言は正しい。西大門刑務所歴史館は、一九〇八年の京城監獄開設以来一九四五年までの三十七年間の歴史展示を重視する余り、時間の長さではそれを上回る、一九四五年以来一九八七年までの四十二年に及ぶ韓国政府の主に政治犯・思想犯を収容してきた歴史を軽視しているからだ（前掲『世の途中から隠されていること』）。

すでに博物館はこんなふうに利用されている。博物館ほど手軽に歴史にふれた気にさせる場所はない。政治的・外交的難題をたちどころに鎮静させる万能薬の趣きがある。博物館というメディアにおける展示という行為の限界に自覚的でなければ期待はふくれあがるばかりだ。

戦争に酔う国民
——日清戦争と日本人

日清戦争百二十周年

数年ほど前に『戦争という見世物』（二〇一三年）という本を京都のミネルヴァ書房から上梓した。出版社の意向で、タイトルは私の最初の本『美術という見世物』（平凡社、一九九三年、現在は講談社学術文庫でお読みいただける）に引きずられるかたちになった。本当は、サブタイトルの「日清戦争祝捷大会潜入記」を書名にしたかった。しかし、それなら「日清戦争祝捷大会」ではなく「東京市祝捷大会」と、会の正式名称を使うべきかもしれない。

なんでもそうだが、突発的な出来事に名前がつくのはそれが起こったあとであり（もちろん命名の動きは直後に始まり）、つけられた名称にはその出来事に対する解釈や評価が段階的に反映する。戦争と呼ばれる大きくて複雑な出来事の場合はとくにそうだろう。さまざまな呼び名が飛び交う。

したがって、ここで問題にする「日清戦争」という呼び名もまた唯一絶対ではなかった。私たちが「日清戦争」という言葉で、その始まりから終結までをとらえることができるのは、現代の歴史書や歴史事典がそう教えてくれるからである。

当時のひとびとにとって、同時進行形の事態の呼び名は「征清」や「討清」などなどさまざまにあった。いつの間にか始まった戦争がどのように広がり、展開し、いつ終息するのかは誰にもわからなかった。こうした事態をどのように呼ぶべきか、すぐには定まらないのである。

比較的改まった名前では、しばしば「明治二十七八年戦役」と呼ばれた。戦死者慰霊のために建てられた記念碑に、この名前が刻まれることが多かった。参謀本部が編纂した公式戦史は『明治二十七八年日清戦史』（東京印刷会社、一九〇四〜〇七年）、海軍軍令部のそれは『二十七八年海戦史』(春陽堂、一九〇五年)、『征清海戦史稿』(非売品)などと称している。

また、当たり前の話だが、日本で「清日戦争」と呼ばないように、対戦国である清国が「日清戦争」などと呼ぶはずはない。中国では「中東戦争」と呼んだこともあったという。現在の中国では「中日甲午戦争」、あるいは「第一次中日戦争」、韓国では「清日戦争」という言い方がなされる。

最近出版された大谷正『日清戦争』(中公新書、二〇一四年)は、こうした呼称への注意を喚起し、日清戦争の輪郭を描こうとしている。大谷の見解によれば、「広義の日清戦争は三つの戦闘の対象と地域が異なる戦争の複合戦争であり、一八九四年七月二三日の日本軍による朝鮮王宮攻撃をもって始まった」。ここでいう「三つ」とは、朝鮮、清、台湾である。そして、ヴィクトリア朝のイギリスが「little wars」の積み重ねであったことを引き合いに出して、日清戦争は「終期の曖昧な戦争」と結論する。

戦場となった地域の住民にとっては、戦争の輪郭はさらに曖昧だっただろう。なにしろ、自分たちの生活空間に、突如として外国の軍隊が進攻してくるのだから。

二〇一四年は、第一次世界大戦が始まってちょうど百年目にあたったため、欧米各国でさまざまな記念式典が繰り広げられた。日本もまた戦勝国であったのだが、それほど話題にはならなかった。同時にまた開戦百二十周年でもあった日清戦争、開戦百十周年でもあった日露戦争となると、記念行事はほとんど行われなかった。私の身近な場所では、川崎市市民ミュージアムで「日清・日露戦争とメディア」(二〇一四年十月四日~十一月二十四日)が、北海道立函館美術館で「幕末・明治の戦争イメージ」(同年十一月十五日~二〇一五年一月二十一日)が開催されたかぎりである。

そこに現在の日中関係、日露関係への配慮が働いていたとすれば、日清戦争への無関心は、単に戦争が遠い出来事として歴史の遠景と化したというよりは、むしろ逆に、百二十年前の中国とのこの戦争が今もなお生きているととらえることもできるように思うのだ。

東京市祝捷大会当日の池之端（土田政次郎『東京市祝捷大会』非売品、1895 年より）

東京市祝捷大会

　さて、拙著で私が光を当てたものは、戦場からは遠く離れた東京市内で繰り広げられた戦争のほんの一コマである。いや、むしろ暮らしの中の一コマというべきかもしれない。「東京市祝捷大会」は、一八九四年十二月九日、東京上野公園を会場に東京市民有志によって催された戦勝祝賀会であった。主催者はこの日のためだけに、十一月二十二日に組織された東京市祝捷大会である。終了後、翌年五月三日に同会は公式報告書を作成した。これまた書名は『東京市祝捷大会』（土田政次郎、一九〇五年、非売品）と名づけられた。

　この報告書をいくら読んでも、「日清戦争」という言葉は出てこない。大会規程第二条にいわく、「誠実ニ戦捷の祝意ヲ表彰シ兼テ国民ノ一致ヲ表示シ征清ノ軍気ヲ鼓舞スルヲ目的トス」（拙著に抄録）。ここでは、「征清」と呼んでいる。

夏に始まった清国との戦争で、日本軍は陸戦に海戦に勝利を重ねてきたので、このあたりで祝勝大会を開き、軍を激励し、国民の士気も高めようという発想であった。第二回もいずれ開くことになるだろうとも言っている。この戦争がいったいいつまで続くのか参加者の誰ひとりわかっていない。

この戦争が歴史的にどのような意味を持つのか、それもあまりわかっていない。いや、「祝捷大会ヲ発企スルノ趣意」では「歴史アリテヨリ以来。世界ニ於テ未ダ曾テ此ノ如キ名実倶ニ公明正大ナル戦争ヲ見ザルナリ」などと述べているのだから、主催者なりに、歴史的な位置づけを行ってはいる。しかし、「公明正大ナル戦争」とするそれは、今日の評価とは大きくかけ離れている。

とにかく、当時の東京市民は戦地からつぎつぎと伝わる連勝連勝にやたら盛り上がっているのである。そこで拙著では百二十年をタイムスリップし、私も会場に潜入しようと企てた。そして、現地から、日清戦争の結末どころか、一九四五年に迎える軍の破滅や、本書刊行時の尖閣諸島をめぐる日中の軋轢などはおくびにも出さず、寒い冬の一日の熱い興奮を伝えることにした。

この日のプログラムを簡単に紹介しよう。満十五歳以上の男子であれば、五十銭の会費を払って誰もが会員になることができた。予め市内各所に受付を設け、参加者はそこに申し込んで会券、会章、昼餐券を受け取った。

朝七時半に日比谷練兵場跡に集合し、桜田門から宮城前広場に入って万歳三唱（ただし天皇は広島大本営にあって不在）。その後、丸の内から日本橋に抜けて、商家の立ち並ぶ東京の目抜き通りを上野公園に向かって歩いた。団体での参加者は、それぞれに旗や幟を立て、山車を曳き、それはあたかも江戸の祭礼のようだった。

九時に上野公園に到着、旧黒門跡地に建てられた模造玄武門（平壌での激戦地）を抜けて会場に入る。十時より不忍池に臨む旧馬見所を会場に儀式が行われた。天皇皇后の肖像写真に対する拝礼に始まり、東京市長や東京市会議長ら要人の祝文朗読、靖国神社宮司による戦捷祝祭の執行、万歳三唱に終わった。皇太子も臨席した。

その後、参加者は、思い思いに会場内の余興を見て歩くことになる。川上音二郎一座による野外劇、野試合、分捕品陳列、野戦病院の体験、幇間（太鼓持ち）による陸海軍の手踊りなどが、公園のあちらこちらで行われていた。そして、日が暮れるころから、この日最大の余興が始まった。不忍池を黄海に見立て、清国海軍の戦艦定遠と致遠の模造船を焼討ちし、歓声を挙げたのだった。

分捕石鹸

この会場で目にしたものや耳にした言葉は、現代日本のヘイトスピーチに勝るとも劣らない激しい中国蔑視に満ちあふれていた。いや、つぎのような光景を目にすれば、明治の日本人の方がはるかに残酷、冷酷であったと思うに違いない。路上やネット上に罵詈雑言が飛び交う現代の日本でも、さすがに中国人の切り首に見立てた風船や提灯、菓子や石鹸といった商品は売られていないからだ。

そんなものに溢れかえった町の様子は、『戦争という見世物』第九章で「首また首」と題して、つぎのように描写した。しかし、筆を少し抑えている。もっと身近に実感したければ、それぞれの新聞記事にあたってほしい。

岩谷松平と並んで、やたらと張り切っているのが平尾贊平だった。平尾の店が切り首型の「分捕石鹸」で当てたことは、すでに紹介した。行列では、店員に三本の長槍をかつがせているが、三尺もあるその穂先は清国兵の大首を貫いている。

それればかりではない。平尾の発案で、小間物問屋連は清国兵の首級数百を製作し、それを百人の雇い人が沿道に向かって投鞠のように投げ与えながら歩いた（『郵便報知新聞』一八九四年十二月八日）。この人出に当て込んでさまざまな店が出たが、最も売れ行きのよかったものが「清兵の首に擬したる軽焼」であったという（『時事新報』同年十二月十日）。新聞『日本』の附録（十二月十日）は、「群集中の紅毛人」と題し、「支那人の首に擬したる風船数個を小笹につけたる西洋人五六群衆中にもまれ『日本人強い』『私し困ります』『支那人首破れます』と叫ぶ声々可笑しともいさまし」と報じている。

文中の「分捕石鹸」とは、馬喰町の小間物屋平尾賛平商店が彫刻家高村光雲にデザインを依頼したものである。そのころ、光雲は東京美術学校の教授にして帝室技芸員であった。「分捕」とは、本来は倒した敵から切り取った首を意味した。古来、何人の首を討ち取ったかが軍功の証とされたからだ。そうした伝統を踏まえて、光雲がおそらくは木に彫った清国兵の首を原型にして、平尾は石鹸をこしらえた。そして、弁髪に見立てた紐をとりつけた。「分捕しやぼん」とも「吊し石鹸」とも呼ばれたようだ。「売れたの売れないのでない、製造が間に合わないくらいだった」、「その内日本が戦勝国となって、凱旋土産となったから兵隊さんが大層喜んで、国へちゃんちゃんの首を持って帰るンだと、また大変売れたそうです」と篠田鉱造が伝えている(『明治百話』四条書房、一九三一年)。

拙著には、『平尾賛平商店五十年史』(平尾賛平商店、一九二九年)に収録されている「明治二十七、八年頃の主要発売品」という図版を掲載した。もともとは色刷りの商品広告だったと思われるその画面には、「分捕しやぼん」がはっきりと描かれているからだ。

実は、篠田鉱造『明治百話』にも「ぶんどり石鹸の雛形」という図版が掲載された。同書のために光雲自ら描き、篠田はそれに対する謝辞を序文に書いている。ところが一九九六年に刊行された岩波文庫『明治百話』では、謝辞はそのままあっても、肝心の「ぶんどり石鹸の雛形」はどこにも見当らない。巻末に「岩波文庫編集部」の名前で「本文中に、さまざまな差別や偏見にもとづく表現が見られるが、本書の歴史性を考慮してそのままとした」と断り書きをしているにもかかわらず、挿絵だけが削除された。こんなふうにして、歴史の細部が忘れられてゆく。

中国人の切り首を石鹸に仕立てるまでに明治の日本人は残酷だった、冷酷だった。と書けば、ひと昔前に流行った「自虐史観」という言葉がよみがえってくる。そこまで祖先を貶め、自虐的にならなくてもよいではないかと。あの言葉がひとしきり使われたころ、日清戦争期の急速に高まる中国人蔑視を考えるならば、「自虐」はまだまだ足りないと私は思った。しかし、一方で、現代人が現代の基準で明治のひとびとを一方的に断罪するのもまた違うだろうとも考えた。

切り首の模造品に興じることが、本当に残酷なことなのかという問い直しが必要である。東京市祝捷大会に集まったひとびとは、なぜ切り首にかくも熱狂したのか。その答えを得るためには、今度は切り首というものについても知らなければならない。

大江山凱陣

東京市祝捷大会には、個人参加ばかりでなく、町会や会社や学校などさまざまな団体が参加している。思い思いの旗や幟を立てて、手作りの山車や作り物を曳いて練り歩いた。その中に、大きな龍の首を車に載せて歩いた団体があった。都新聞社である。龍は新聞の紙型を用いてつくられた。目玉がぐるぐると動いた。いっしょに音楽隊が乗り込み、軍歌「鎌倉男児あり」（作詞作曲永井建子）を演奏し続けた。それを、日本兵に扮した数十人の社員が引っ張った。

いうまでもなく、龍は中国皇帝を象徴し、切り落とされた首はそれが倒されたことを意味した。首を台車に載せて運ぶイメージは、江戸時代の神田祭で曳き回された鬼の切り首に直結している。江戸の祭礼といえば神田祭（神田明神）と山王祭（日枝神社）が双璧で、隔年で交互に執り行われた。その様子は、浮世絵や絵巻、『江戸名所図会』や『東都歳事記』などの版本で目にすることができる。神田祭に毎回出たわけではないが、『江戸名所図会』には巨大な鬼の切り首を曳き回す「大江山凱陣」の仮装行列が描かれている。この絵は幕末に来日したスイス使節エーメ・アンベールの『幕末日本図絵』にも収録され（ヨーロッパの画家によってはるかにリアルに描き直され）、広く知られることになる。

もともと「大江山凱陣」は京都を舞台にした伝説であり、行列が再現したものは鬼退治を成し遂げた武者たちの都への凱旋の場面である。舞台を江戸に移し、江戸の町の繁栄を讃えるという趣向になっている。こうした都市を挙げての祝祭は、江戸が東京と名前を変えたあとも続く。神田祭、山王祭ともに、明治維新の混乱期には少し低調となったものの、少しずつスタイルを変えながらも継続し、今日にいたっている。

これに加えて、明治の東京には新たな祝祭が加わった。それは国家や皇室の慶事を祝うもので、一八六八年の東幸、一八七九年のグラント将軍（第十八代アメリカ大統領）来日、一八八九年の憲法発布、一八九四年の明治天皇成婚二十五周年などの慶事に、江戸時代さながらに山車やつくりものが曳き出され、仮装行列が練り歩いた。

一八九四年十二月九日の東京市祝捷大会がこの延長線上にあることはいうまでもなく、古くから伝わる馴染み深い方法で参加者は喜びを表現したのである。そうであるなら、沿道や会場で目にした中国人の切り首のイメージだけを取り出し、そこに強い光を当てて、断罪することには慎重であらねばならない。手法ではなく、そもそもなぜ中国人に対する蔑視が育ったのかを考える必要がある。

油絵茶屋

神田祭と山王祭には町人たちの仮装行列が出た。その多くは唐人行列であり、江戸のひとびとが考え、想像する異国人に扮したものであった。そこに強く影響を与えたものは、間違いなく朝鮮通信使一行の姿だった。こぞって朝鮮人の格好をして、楽しんだからだ。朝鮮国王が徳川将軍に向けて派遣した通信使は、江戸時代を通じて十二回江戸を訪れた。江戸の祭礼ばかりでなく、対馬から瀬戸内海を通って東海道を下る沿道の町にも、現代もなおその面影を残している祭りがある。遠い異国から訪れる彼らは、決して侵入者でも侵略者でもなく、儒教の国から文化をもたらすひとびとであった。そうした彼らがわざわざ訪れる江戸は偉大なる都市であるというレトリックで、町人自ら朝鮮通信使を演じ、実は我が町、我が国、我が世の春を讃えたのだった。

そのようなイメージでとらえていた中国や朝鮮のひとびとを、日本人はいつから蔑むようになるのか。おそらく、文化よりも先に風俗や習俗への蔑視が始まる。

冒頭で紹介した拙著『美術という見世物』サブタイトルは「油絵茶屋の時代」である。油絵茶屋とは浅草寺境内、奥山と呼ばれた本堂の背後に数多くあった水茶屋のひとつで、一八七六年に油絵の見世物を催したために、新聞でそう称された。茶屋が主催したわけではなく、写真師で知られる、というよりも写真師としか知られていない、実は多芸多彩な下岡蓮杖が自らの油絵とともに、高橋由一や横山松三郎といった仲間の画家にも出品を呼びかけて開いた催しである。

その時、一番の話題になった油絵は、函館戦争と台湾戦争を描いた二枚の大作である。それぞれに、およそ縦二メートル・幅六メートルという大きさだから、明治の油絵としては間違いなく大作と言ってよい。見世物にされた油絵など行方不明になって当たり前なのだが、奇跡的に靖国神社遊就館に現存する。近年修復成った「函館戦争図」はいつ訪れても見ることができる。

拙著を公刊した二十二年前には、これらふたつの油絵の紹介に精一杯だったが、最近になって、一八七四年の台湾出兵の際の石門での戦闘の様子を描いた絵が、二年後に浅草という東京有数の盛り場で見世物になったことの意味をあらためて考えた。それは、明治国家にとって最後の内戦（この時点でまだ西南戦争は起こっていない）というべき函館戦争と最初の対外戦争というべき台湾出兵の絵が対で並んだことの意味を考えることである。

これについては、拙稿「台湾戦争図再々考」（『近代画説』第二〇号、二〇一一年）にまとめた。結論からいえば、台湾戦争図に描き出されたものは近代化された日本軍と敗走する原住民「牡丹生蕃」、いわば文明と野蛮に属するひとびととの極端な対比である。日本軍の近代化は、統一された軍服と武器、負傷兵を介助する救護兵の存在などに示されている。

画面左手に大きく描かれた岸田吟香は、東京日日新聞の記者として非公式に従軍した。現地から東京に送ったレポート「台湾信報」が紙面に載り（一八七四年四月十三日から十月七日まで断続的に掲載）、その情報はさらに錦絵や版本（たとえば『明治太平記』延寿堂、一八七四〜一八八〇年）とメディアを替えて広まった。

台湾出兵は、台湾に漂着した琉球漁民の殺害事件（一八七一年）に端を発する。琉球と台湾の支配をめぐる日本と清国の間での紛争である。清国は台湾の原住民を「化外の民」（中華文明の及ばぬ土地の民）ととらえ、日本軍と「牡丹生蕃」の戦いを傍観した。とはいえ、清国も軍隊を派遣しており、六月二十二日には清国使節が西郷従道台湾蕃地事務都督に日本軍の撤兵と休戦を求めている。この時の清国軍の規律の乱れについて岸田は報じている（『東京日日新聞』七月三十日）。記事は、清国使節警護にあたっているはずの清国兵士に日本軍の炊夫が沢庵大根の切れ端を与えたところむさぼるように喰ったというもので、この逸話は『明治太平記』（九編巻之二、一八七六年）に絵入りで描かれることになる。台湾戦争の油絵が浅草で公開されたころ、近代化する日本軍とは対照的に規律に欠ける清国軍のイメージが語られ出したといえるだろう。

長崎清国水兵暴行事件

その清国海軍が日本国民の前に姿を現したのは一八八七年八月のことである。ドイツで建造され、一八八五年に北洋艦隊に配備されたばかりの最新鋭の軍艦定遠と鎮遠が長崎港に入った。壬午軍乱（一八八二年）、甲申政変（一八八四年）、天津条約締結（一八八五年）という具合に、朝鮮をめぐって日本と清国は政治的にも軍事的にも緊張を高めていた。北洋艦隊の長崎寄港は明らかな示威行動であった。この時、上陸した水兵らが市内で暴行事件を起こし、警察との衝突に発展、双方に死者が出た。一気に清国に対する反感が高まった。

こうした反清感情を増幅させることになる人物が、当時福岡警察署の署長を務めていた湯地丈雄である。湯地は職を擲《なげう》って元寇記念碑建設運動に邁進する。モンゴルの襲来を撃退した故事を思い起こそうという提言だった。そのための資金を得るために、湯地は矢《や》田《だ》一嘯《いっしょう》という画家に依頼して掛け軸の油絵「蒙古襲来絵図」全十四図を描かせ、全国を行脚した。これまた靖国神社遊就館に収蔵されている。

肝心の元寇記念碑はなかなか実現しなかったが、一九〇四年になってようやく福岡市東公園に竣工した。「敵国降伏」の文字を刻んだ高い台座の上に亀山上皇像（高村光雲の弟子山崎朝雲の作）が載る。玄界灘を睨んで立っているのだが、今は福岡県庁の巨大な庁舎に視野を遮られている。ちなみに木造原型は近くの箱崎宮に祀られている。矢田一嘯については、つぎの二冊の展覧会図録で参照されたい。「よみがえる明治絵画―修復された矢田一嘯『蒙古襲来絵図』」展図録（福岡県立美術館、二〇〇五年）、「神風そのふきゆくかなたへ」展図録（靖国神社遊就館、二〇一〇年）。

定遠と鎮遠は、「神風」を想起させるほどに脅威だった。当時の日本海軍には太刀打ちできる軍艦はなかった。日清戦争が始まってもなおこの力関係は変わらず、北洋艦隊旗艦定遠の排水量七三五五トンに対し、聯合艦隊旗艦松島は四二一七トンしかなかった。

一八九四年九月十七日、両艦隊は黄海で激突した。定遠以下十四隻に対する松島以下十二隻の戦いは四時間余りで終わった。北洋艦隊は致遠以下四隻を失い、定遠も大火災を起こして大破した。一方の聯合艦隊は沈没艦を出さなかったものの激しく被弾している。日本側の戦死者は、将校十人、下士卒六十九人に及んだ。その戦闘の凄まじさは、水雷長であった木村浩吉大尉が戦後出版した『黄海海戦ニ於ケル松嶋艦内ノ状況』（内田芳兵衛、一八九六年）の挿絵に示されている。内田老鶴の筆になる戦闘図は肉片と化す水兵たちの姿を描いてあまりにも生々しかったため、発禁処分を受けた。

海戦から三ケ月後に、東京で再び「黄海海戦」が行われた。すでに海の藻屑と化した致遠と未だなお脅威であり続けている定遠とが不忍池に浮かんだ。夕闇が迫る中で始まった野外劇は、火を放って二隻の船を沈めることで、致遠の過去と定遠の未来を描いたことになる。実際、定遠は年が明けて二月九日に威海衛湾で仕留められた。東京市祝捷大会の公式報告書は五月三日の発行だったから、「我大会の余興は実に之れが前兆」であったと誇らしげに語っている。しかし、あの日池畔に詰めかけ、喝采を叫んだ観客の誰ひとりとして、『黄海海戦ニ於ケル松嶋艦内ノ状況』に描かれた海戦の現実を知らなかった。

定遠のその後

湾内で撃沈された定遠は、引揚げが可能と思われた。福岡県出身の元代議士小野隆助が名乗りを挙げた。しかし、実際には引揚げは技術的に困難で実現せず、やむを得ず、小野は部材を取り出し九州に送った。それを用いて建てた建物が太宰府天満宮に残っている。名づけて「定遠館」という。そこに至る門の扉には砲撃で蜂の巣にされた定遠の鉄板が使われている。いうまでもなく戦勝記念の建物であったが、今はそうした由緒の説明もないままひっそりと境内にたたずんでいる。

一方、中国では、山東省威海市に、二〇〇五年になって定遠が復元された。威海北洋水師旅遊発展有限公司の所有というから、観光資源としての復元だろう。さらに、二〇一四年には、遼寧省丹東港で致遠までもが復元された。

こうした動きの背景には、中国政府が海軍の増強に力を入れ始めたことがあるに違いない。軍艦の派遣にはいたらないまでも、近年、中国政府の巡視船が尖閣諸島をしきりと脅かしている。それに応じて、日本国内でのヘイトスピーチは一段と激しさを増してきた。

今から百二十年ほど前に東京市祝捷大会という催しが開かれ、そこに集まったひとびとが不忍池の海戦に酔いしれたことをもう一度思い出すことも、決して無駄ではない。

先の戦争の中の先の戦争の記憶
――戦利品はどこへ消えた

戦争の呼び名

この奇妙なタイトルの説明から始めよう。一九三〇年代から四〇年代前半にかけて日本が戦った戦争を指して、「先の戦争」という言葉がしばしば使われてきた。このことは、何よりもまず、この戦争を呼ぶ言葉を日本社会が共有していないという事態を示している。

むろん、それぞれに同時代の呼び名はあった。「満州事変」、「支那事変」、「大東亜戦争」などは、戦争遂行の当事者たる政府が使い、軍が使い、メディアが使い、国民もまた普通に口にした。敗戦後は占領軍から「大東亜戦争」の使用を禁じられ、代わりに「太平洋戦争」という用語を与えられた。対戦相手を明示する「日中戦争」、「日米戦争」という呼び名もある。「第二次世界大戦」という世界史的視野で使われる言葉もある。遅れて、「十五年戦争」、「アジア太平洋戦争」といった呼び名も登場した。そしていうまでもなく、対戦国では、それらとは異なる呼び名が使われてきた。

戦争にどのような名前を与えるかは、9・11後のアメリカによる“War against Terrorism”を引き合いに出すまでもなく、すぐれて政治的な行為である。まさかアメリカ軍に攻撃される側までもが、それを“War against Terrorism”と呼ぶはずはない。また、日本のメディアも、「 」付きで「反テロリズム戦争」と呼んだり、単に「アフガン攻撃」「アフガン侵攻」と呼んで、揺れている。

命名とは戦争を性格付けることであり、評価を下すことである。ただ日本では、上述の呼び名のいずれもが不十分だという認識があり、したがって未だに統一できないでいる。

では、「先の戦争」という一見して曖昧な呼び名は、それが示す戦争をどのように評価する言葉なのだろうか。

単に、歴史的事実から目を背けさせるための政治的用語だろうか。

なぜこの言葉が気になるのかを自問してみると、現在の天皇が、毎年八月十五日に開催される全国戦没者追悼式をはじめ戦争に言及するさまざまな機会に、戦争を「先の戦争」、あるいは「先の大戦」と呼ぶことが耳に残っているからだ(＊註1)。

同じように曖昧でよく似た呼び名に「あの戦争」があるが、こちらの使用者には戦争体験者が多いはずだ。なぜなら、「あの」を口にしたとたんに、それぞれの個人的な体験が甦るからだ。したがって、体験者の退場はこの呼び名を死語と化してしまう。ちなみに、「先の天皇」、すなわち昭和天皇は、一九七五年の訪米時にホワイトハウスで行われたスピーチで、「私が深く悲しみとするあの不幸な戦争」と表現している。

「あの戦争」に比べると、「先の戦争」は、戦争を時間軸の中で語る言葉であることが明らかとなる。さらにいえば、戦後から戦争を語る言葉であり、そこから戦争と戦後の関係を読み解くことが可能である。ただし、この時間軸上に新たな戦争が加われば、「先の戦争」は「先の戦争のさらに先の戦争」という具合に過去へとひとつ送り込まれ、順番が繰り上がる。

それでもなお、この言葉はある有効性を保っているだろう。なぜなら、時間的に先行する戦争がその後の戦争にどのように関与しているか(たとえば“War against Terrorism”に対する湾岸戦争の関係、湾岸戦争に対するベトナム戦争の関係)、あるいは、ある戦争の戦後は順番の繰り上がった「先の戦争のさらに先の戦争」の評価をどう変えるかなどを考える手掛かりとなるからだ。

さて、私はこの報告の準備を、一九三〇年代における一九〇四〜〇五年の日露戦争がどう記憶されていたかを考えることから始めた。しかし、準備を進めるうちに、それが一九四五年の敗戦を境にどうなったか、あるものは忘れられ、あるものは意図的に隠され、その他方では、あるものが強い光を浴びてしまうという事態に関心が向かった。敗戦は、「先の戦争のさらに先の戦争」の記憶にどのような変更を迫ったかについて、これから報告しよう。

日露戦争の記憶

日露戦争は一九〇四年から〇五年にかけて行われた戦争だから、戦争中に生まれた人でさえ今では百歳はとうに越えている。したがって、体験者はもはや誰もいないといってよいだろう。われわれに残されているものは、言葉（記録や体験談や小説）とイメージ（写真やフィルムや絵画）とオブジェクト（遺品や兵器や戦跡や記念碑）である。

そして、日露戦争を記憶するために、それらの素材を用いたさまざまな試みが行われてきた。歴史書や歴史教科書は、言葉とイメージを用いた効果的な方法だと信じられている。記念事業やミュージアムも、この三種類の素材を組み合わせることで機能する記憶装置である。

命名、すなわちあるものに対して日露戦争に因んだ言葉を与えることも、そうした試みのひとつである。はじめに、東京の町からふたつの場所を紹介しよう。

一九四五年のアメリカ軍による爆撃でいったん焼け野原とされた東京の再建設は、戦争の記憶を消すことに努めてきたようなところがある。したがって、凱旋濠ほどストレートに戦争の記憶を伝える地名はめずらしい。凱旋濠は、皇居の日比谷濠と桜田濠の間に位置する小さな濠である。日露戦争当時、戦勝会会場は皇居前広場と日比谷公園を重要な拠点としたが、その両者をつないだ凱旋道路が新設され、そのために日比谷濠が二分されたのである（＊註2）。おそらく現在では誰からも注目されない場所ではあるが、あらためて現地に立ち、その名前を眺めると、勝利に湧いた東京の町の記憶が生々しく甦ってくる。

凱旋濠から、銀座、築地を抜けた先にある勝鬨《かちどき》橋も興味深いものだ。「勝鬨」とは、もともと勝利を祝して戦争の神に向かって兵士たちがあげる喜びの声を意味する古い言葉である。日露戦争における旅順陥落を祝って、一九〇五年に隅田川に渡し船が架けられた。それが「か

凱旋濠、皇居の日比谷濠と桜田濠の間に位置する。2013 年

ちどきのわたし」だ。一九四〇年になって、そこに橋が架けられた時、あらためて勝関橋と名付けられた。勝関橋はいわゆるはね橋であり、大型船の通行時に橋が上がってゆく光景は、天に向かって叫ぶ勝関にふさわしいものであっただろう。橋のたもとに「勝関橋之記」という記念碑が今も立っており、建設工事中に「日支事変」が勃発したが、「橋を名付くるに亦勝関を以てし長く皇軍戦勝の記念となす」と結ばれている（＊註3）。

この説明では、一九四〇年現在に進行中の戦争とその三十五年前の戦争とが結び付けられている。戦後三十五年間に日露戦争の記憶が確実に継承されたかというと、決してそうではなかった。むしろ、一九二〇年代の軍縮の時代に、その記憶は急速に色褪せた。その反動が一九三〇年代に起こる。一九三〇年代の相次ぐ戦争が、「先の戦争」の記憶を必要としたからだ。

日露戦争における日本海海戦で連合艦隊指令長官を務め、一躍英雄となった海軍の東郷平八郎は一九三四年に世を去る。その神格化は最晩年に当たる一九三〇年代前半に集中的に進行したとされる（＊註4）。没後すぐに、全国各地で神社建立の話が起こった。人を神として祭る習俗の中に受け止められたからだ。神社には祭神、つまりそこに祭られた人の遺品やゆかりのオブジェクトが納められ、それらはしばしば公開され、宝物館へと発展するから、一種のミュージアムとしても機能することになる。

こうして東京では、一九四〇年に明治神宮（これまた明治天皇の記憶装置である）に寄り添うように原宿駅前に建設されたのが東郷神社である（＊註5）。隣接して、遺品展示を目的とした海軍館も建設された。現在は原宿という町の喧噪の中にあるが、それはそれで、現代日本人の戦争の記憶のひとつの継承スタイルを語っているに違いない。

さて、一九四一年十二月に日米戦争が始まると、三越百貨店本店入口に飾られていた二頭のライオン像が東郷神社に運び込まれた。ライオン像は、三越百貨店が一九一四年に新館を建設した際に、屋上にロンドンのトラファルガー広場を模造する目的でイギリスに製作を発注したものであった。言うまでもなく、東郷平八郎がイギリス海軍のネルソン提督に重ね合わされたからである。ほかに東郷の銅像と、日本海海戦で東郷が指揮を執った戦艦三笠の後部復元が本物の廃材を用いて計画されたが、こちらは実現に至らなかった。

ちなみに、廃材は実業家藤山雷太の手に渡り、三笠亭という名の茶室に姿を変えたが、やはり東郷神社が建立されると、息子藤山愛一郎によって境内に移築され、ライオン像がそのすぐそばに置かれた。一九四五年の空襲で三笠亭は焼失し、一方のライオン像は、翌一九四六年に三越百貨店に返還され、その玄関を今も守っている。

こんなふうに、東京に今もなお残る日露戦争の記憶を、思い付くままに拾い上げてきたが、最後に戦艦三笠の名前が挙がったところで、話題を本格的な記憶装置たるミュージアムへと転ずることにしよう。

陸にあがった三笠

三笠は一九〇五年の日本海海戦で活躍した戦艦として

知られるが、軍縮の流れの中で、早くも一九二二年に廃艦が決まり、一九二六年からは横須賀で記念艦三笠という名のミュージアムになった。以後、戦後の中断を除いて、一貫してミュージアムとして機能し、今日に至っている。一九二九年度には約二十万人の見学者を集めた（＊註6）。これは同じ年度の東京帝室博物館の入館者に匹敵する。そのころの『博物館研究 Museum Studies』という雑誌が、「本邦のアウトドアミュージアムとして最も成功したもの〻一であらう」と高く評価している（＊註7）。

記念艦三笠に求められた役割は日露戦争の記憶の伝承と軍国教育であったから、当然のごとく、敗戦後は占領軍からその存在を否定される。甲板から武器である砲塔が撤去された。しかし、三笠の否定は占領軍以上に日本人によって行われた。一九五二年に占領が終わったあと、管理会社によって三笠は一段と破壊され、水族館とダンスホールに姿を変えてしまう。しかし、今現地を訪れると、一九六一年に復元された三笠は新鋭艦のようにピカピカで、今にも港を出てゆきそうだ（＊註8）。

先にふれた一九二九年度の統計で、三笠よりも東京帝室博物館よりも入館者が十万人も上回っていたのが、靖国神社境内にあったミュージアム、遊就館である。疑いなく、そこは日露戦争の記憶を伝えるもっとも中核的な施設であった（＊註9）。そして、展示のさらに中核が、敵から奪った戦利品であった。遊就館も、三笠同様に戦後の中断をはさんで、現在もなおミュージアムとして存続しているものの、かつての展示と決定的に異なる点がこの戦利品の不在である（＊註10）。

戦利品を見せる

さて、これから紹介する施設をミュージアムと呼ぶことには、あるいは異論があるかもしれない。私もはじめは戦利品の倉庫だと考えてきた。一九三六年に神宮外苑に開館した明治神宮聖徳記念絵画館は、フランスのヴェルサイユ宮殿の戦争の間をモデルにしたといわれ、明治天皇の一代記が八十点の絵画で飾られている（＊註11）。

その中の一点に、川村清雄という画家の手になる「振天府」という絵がある（＊註12）。振天府は、日露戦争のちょうど十年前、一八九四年から九五年にかけて起こった日清戦争の戦利品を納める倉庫として、皇居内の吹上御苑と呼ばれる一角に建設された（＊註13）。靖国神社の遊就館に収蔵された戦利品が教材の性格を有していたのに対し、こちらは天皇に献上された一級の戦利品であった。併せて、戦死将校の肖像写真と下士官以下の名簿とが納められた。「振天」は「武名を天下にあげること、武名がすみずみにまでひろがること」を意味し、「府」は倉庫、「特に朝廷の文書、財物などを納めておく所」である。川村清雄は、手前に戦利品、奥にそれが運び込まれている場面を描いている。これにならい、その後は戦争ごとに倉庫が建設されてゆく。北清事変のそれは「懐遠府」、日露戦争のそれは「建安府」、シベリア出兵のそれは「惇明府」、満州事変と上海事変のそれは「顕忠府」と呼ばれた。全部を併せて「御府」という。

アメリカ軍は皇居には爆弾を投下しなかった。しかし、一九四五年五月二十五日の空襲で、飛び火から宮殿が全焼した。敗戦直後にアメリカ軍が撮影したとされる航空写真には、焼け落ちた宮殿跡と焼け残った御府とが映っている。

さて、御府が一種のミュージアムであると考えうるのは、一九一一年十月二十一日付で宮内省は文部省に対し、振天府見学の資格条件を通牒しているからだ。続いて一九一八年には建安府、一九二七年には惇明府、一九三三年には懐遠府、一九三七年には顕忠府の見学が許されることになった。また、一九二三年には、全国の青年団員、中学校最上級生、小学校最上級生に皇居内の見学を許した。見学順路に振天府と建安府が入っている。ただし、青年団員および学生たちは建物の前を通過するだけであった（＊註14）。

御府が単なる倉庫ではなく、陳列場、すなわち戦利品が展示された場所であったことはいくつかの資料から明らかだが、その様子を克明に記した記録『振天府拝観記』（宮川鉄次郎、『振天府拝観記』（陸軍幼年学校、一九〇〇年、非売品）、保成堂、一九〇二年）などがある（＊註15）。後者はもともと『都新聞』に連載された新聞記事であることからも明らかなように、振天府の存在は広く知られていた。その証拠に、戦前の東京のガイドブック（たとえば武藤忠義『帝都案内』中興館書店、一九一四年）にも紹介されている（＊註16）。

そもそも皇居内に戦利品の倉庫を設け、そこに戦死者の肖像写真と名簿とを併せて納めるという発想はどこからもたらされたものなのか。大変興味深い問題だが、別の機会に譲りたい（＊註17）。

いまも存在する御府

さてうかつにも、私はこれら戦利品の倉庫群、すなわち御府が今はもうないものとばかり思っていた。すべては過去の出来事であり、それが今はどうなっているのかという疑問は意識にまるで上ってこなかった。それは戦争を体験していない私が、戦争を「あの戦争」ではなく、「先の戦争」ととらえていることと関係がある。知識と

振天府の内部（『皇居（賢所、御府、吹上）写真帳／大正・昭和』より、
宮内庁ホームページ：http://toshoryo.kunaicho.go.jp/Viewer?contentId=7371&iid=52294&t=1）

して知る戦争がそれで完結しており、現在の日本に、私の生活に連続しているという認識を持ち難いのだ。いうまでもなく、体験者でない以上は、知識はメディアによって形成される。

先に紹介した皇居の航空写真は、御府が焼け残ったことを示していた。撮影年を特定できないものの、一九六八年に完成した新宮殿の姿が見える絵葉書にも、御府がはっきりとその姿を映している（＊註18）。

ここでふたつの問題を指摘する。第一に、御府と呼ばれた倉庫群はこのように今も存在しているものの、戦後はそれについてメディアがほとんど何ひとつ伝えないこと。伝えなければ、存在しないと同じことになる。第二は、それらが御府として相変わらず同じ役割を果たしているのかどうかが明らかではないこと。いいかえれば、第一点はメディア上で、第二点は実際に、これら倉庫群がどう処分されたのかを知りたいと思う。

戦後になると、メディアはむしろ積極的に皇居の内部を伝え始めた。これはまだ占領下の一九四九年に写真集『皇居』（トッパン）が出版された。実は、これまで「皇居」（Imperial Palace）と呼んできたこの場所の正式名称は、一八八八年十月二十七日以来ずっと「宮城」（Imperial Castle）であった（＊註19）。城という軍事色を排除して、「皇居」に名称変更したのがその前年、一九四八年七月のことである。ちなみに、明治天皇が居を定めた当初は天皇の城の意味で、「東京城」、次いで「皇城」と呼ばれた。さらにその前は徳川将軍の城であり、単に「御城」と呼ばれた。

侍従次長を務めた木下道雄の『側近日誌』（文藝春秋、一九九〇年）は、すでに一九四五年秋から四六年にかけて、皇居が城内にあることの不当性が、移転問題も含めて協議されていたことを伝える。とくに一九四六年一月三十日条には、木下が天皇と相談の上で作成した「皇居の位置」という文書が紹介されており、そこには、宮城を皇居と定めざるをえないが、「本丸を開放して皇居が濠を廻らす城の感を減ず」という興味深い一節がある。いわば、開かれた皇室と皇居を皇室自らが求めており、当然ながら、それは皇室の民主化を求めたGHQ、占領軍総指令部の強い意向に沿うものであったはずである。

写真集『皇居』は、望ましい皇室、望ましい皇居に与えられたイメージにほかならない。一九四六年秋から皇太子の家庭教師となったElizabeth Gray Viningが“The Emperor as I know him”を語り、小説家の大仏次郎が「御苑の記」というエッセイを寄せている。大仏のそれは、あくまでも皇居の平和でのどかな感じを伝えるためのエッセイであり、間違っても、戦利品の倉庫が建ち並んでいる様子を語るわけにはいかなかった。

十年後の一九五九年に出版された写真集になると、そのタイトルはさらにストレートに出版の意図を語っている。題して『わたくしたちの皇室と皇居』（清文堂出版）。その中にも、「皇居見学〝すみからすみまで〟」というエッセイが収録されているが、タイトルどおりに「すみからすみまで」が語られているわけではもちろんない。出版それ自体がこの年に執り行われた皇太子の結婚に当て込んだものであり、開かれた皇室と皇居がいっそう強く求められている。

皇居を開こうとする力と閉ざそうとする力のふたつが働いていたといえる。開こうとする力は、一九六八年の本丸と三の丸の開放をもたらす（＊註20）。すでに指摘したように、それは一九四六年正月には検討されていたことだった。それが東御苑であり、現在はその中に三の丸尚蔵館という名のミュージアムが公開されている。一方で、御府のある吹上御苑はいっそう閉ざされ、武蔵野の自然が手付かずのままに残っている場所としてのみ語られるようになった。

こうした力学は地図というメディアに歴然と表れている。そこには記入されるものと空白のまま残されるものとの選別が政治的に働くからだ。敗戦以前の地図では、皇居は空白のまま表現され、単に「宮城」という名前が記されるのみであった。それは江戸時代から変わらなかった。一九〇七年発行の「東京鳥瞰図」は、鳥瞰図であるがゆえに、例外的に皇居内の建物の姿を描く。そこには振天府の建物も見える。

では敗戦を境に、振天府をはじめとする御府がぶっつりと姿を消したかというと、必ずしもそうではなかった。ある時期まで、一般の日本人の記憶には、その残像があったといえるかもしれない。一九六〇年代の東京の姿を伝えると思われる観光絵葉書にも、なぜか皇居のみ写真ではなく絵であるが、振天府の名前がある(＊註21)。

しかし、現在では、ほとんどの地図から御府はその姿を消してしまった(＊註22)。皇居周辺を歩くと、いたるところに親切に案内地図が設置されているが、たぶんそこに描かれているものは、皇居の現実ではなく、望ましい皇居の姿なのだろう。日本政府が見てほしいと願う皇居は、宮内庁ホームページで簡単に覗くことができる。

第二の問題は、一九四五年秋に占領軍の指示で始まる皇室財産処分と関係がある。財閥解体同様に、皇室財産もまた解体を厳しく迫られた(＊註23)。皇室財産の解体とは、Imperial Property を National Property に変更することであり、東京と京都と奈良の三つの都市にあった帝室博物館 Imperial Museum を国立博物館 National Museum に変えることと連動している。象徴的なことだが、National Museum は一九四七年五月三日、新しい憲法が施行された日にスタートした。しかし、皇居内にあった戦利品がどう扱われたかという問題は十分に解明されたとはいい難い(＊註24)。

ここでは、戦利品の処分に携わった徳川義寛侍従の証言を紹介するにとどめよう。徳川は、最晩年の回想記『侍従長の遺言』(朝日新聞社、一九九七年)で、「日清・日露戦争や大戦中の戦利品なども戦後にどんどん返しました。ジャワ原人の模型は戦時中に現地に返しました」と語っている。同書の解説は御府に言及し、「現在は宮内庁の物置として利用されている」と述べる。

なるほど、徳川の没後に公刊された日記『徳川義寛終戦日記』(朝日新聞社、一九九九年)には、それを裏付ける記述がある。一九四六年四月二十日に、徳川侍従は日本鋼管に「御府の武器処理の件」を依頼する。二十二日に日本鋼管の担当者が打ち合わせに訪れ、御府を案内する。作業開始は六月十二日か十三日、七月四日には「御府古兵器搬出」を天皇が見学している。

こうした処分と、先の「どんどん返しました」という発言とはかならずしも一致しない。むしろ、日本鋼管の関与は、武器が鋳潰されたことをうかがわせる。いつの時代でも戦利品の返還が容易でないのは、返還先を特定することが極めて困難であるからだし、また、しばしば当事者は略奪の事実を認めたがらないからだ。それは一九六五年に日本と韓国の間で交わされた基本条約締結時に顕在化した(*註25)。

さらに、徳川義寛の証言は武器に言及するのみであり、武器以外の宝物(川村清雄の絵画には豪華な椅子が大きく描かれている)がどう処分されたかを明らかにしない。「ジャワ原人の模型」とは頭骨のことのようだが、これについても、いくつかの証言の間に矛盾がある(*註26)。

そして何よりも、戦利品と並んで重要なコンテンツであった戦死者の肖像写真と名簿の行方とが明かされていない。それらは必ずどこかに大切に保管されているはずである。


こうして、「先の戦争のさらに先の戦争の記憶」を伝えるための場所の記憶が消されてしまった。今も残っているものは、建物だけかもしれない。しかし、そこで大切に管理されていたオブジェクトの行方が気になるのは、オブジェクトが見えなくなると、勝手な言説がまかりとおるからである。「先の戦争」と「さらに先の戦争」の連続面が見えなくなり、前者の全面的否定は、後者の評価を相対的に高めるということが起こってしまう。戦争の細部に目を向ける必要がある。

【註】
*1 宮内庁編『道、天皇陛下御即位十年記念記録集』NHK出版、一九九九年
*2 前島康彦『皇居外苑』郷学舎、一九八一年
*3 勝鬨橋の築地側たもとに立つ「勝鬨橋之記」の全文はつぎのとおり。
「明治三十七八年の戦役に於て皇軍大捷す京橋区民は之が戦勝を記念し此処に渡船場を設け勝鬨の渡と名付け東京市に寄付す。昭和八年六月東京市は新に双葉可動橋の架設に着手し偶日支事変勃発せるも今年六月功を竣ふ即ち橋に名付くるに亦勝鬨を以てし長く皇軍戦勝の記念となす。昭和十五年十二月、東京市長、大久保

留次郎撰并書」

＊4　田中宏巳『東郷平八郎』ちくま新書、一九九九年

＊5　『東郷神社誌』東郷神社、一九八四年

＊6　「公開実物教育機関一覧」（『博物館研究』一九三〇年八月号）

＊7　「戸外博物館三笠の盛況」（『博物館研究』一九二八年三月号）

＊8　拙著『世の途中から隠されていること』晶文社、二〇〇二年。なお、『黄金』という雑誌が一九五五年十一月号で「白昼の大怪事、軍艦〝三笠〟盗まる」という特集を組み、管理会社の内幕を暴露している。

＊9　本書「戦争博物館のはじまり」

＊10　戦利品に関する研究にはつぎのようなものがある。
鈴木智夫・水野明「正眼寺所蔵清軍「戦衣」の研究〜日清戦争の「戦利品」をめぐる諸問題」（『日本史研究』三一二、一九八八年）
籠谷次郎「日清戦争の「戦利品」と学校・社寺」（『社会科学』五六、一九九六年）
籠谷次郎「日清戦争の「戦利品」と東京府〜その配付について」（東アジア近代史学会編『日清戦争と東アジア世界の変容』下巻、ゆまに書房、一九九七年）

＊11　林洋子「明治神宮聖徳記念絵画館について」（『明治聖徳記念学会紀要』復刊第一一号）

＊12　一九九〇年三月十七日の明治美術学会三月例会で、清雄の孫にあたる清衛氏が「振天府と晩年の川村清雄」と題した報告を行い、制作時の思い出を語った（『明治美術学会第四十六回研究報告』）。なお、明治神宮聖徳記念絵画館で現在販売されている図録『明治神宮聖徳記念絵画館壁画』（明治神宮外苑、一九九二年）では、つぎのような説明が付されている。

「振天府（戦利品記念館）

時　明治三十年三月（一八九七年）

所　吹上御苑（皇居内）

奉納者　公爵徳川家達、画家　川村清雄

日清戦争の帰還将兵から数々の戦利品が皇室に献上されました。天皇は、永くその武勲を伝えるため、吹上御苑に陳列庫を建造し、これを振天府と名づけられました。振天府には、戦利品のほか、戦死した将校以上は写真を、下士官以下は名簿を保存し、永くその功をたたえられました。なお、日露戦争後同じ目的で建安府が造営されました。絵の中央下段は戦利品、中央上部は振天府、上部右端は戦場の幻想を描いたものです。」

＊13　表紙に「秘」と印刷された『壁画画題資料』（明治神宮奉賛会、一九三七年）が「六五、振天府資料」の項を立て、その建築的情報をもっとも詳しく伝える。

＊14　佐藤秀夫編『教育、御真影と教育勅語2』（続・現代史資料九、みすず書房、一九九五年）宮内省からの文部省宛通牒（一九一一年十月二十一日）に示された振天府の「拝観資格」はつぎのとおり。「親任官、同待遇。勅任官、同待遇。公、侯、伯、子、男爵。貴衆両院議長、同副議長。麝香間祇候、錦鶏間祇候。以上ノ者ノ夫人。二等官、勲三等及従四位以上ノ者ノ夫人。勲六等以上有勲者。従六位以上有位者。貴衆両院議員。神仏各宗派管長。九等官以上。奏任待遇ノ神職。門跡寺院住職。宮内省奏任待遇。」

＊15 『振天府拝観記』は戦利品ばかりでなく、戦死者の肖像写真と名簿がどのように保管されていたかをつぎの一節は伝えて興味深い。「仰ぎ見れば故有栖川大将宮、故北白川中将宮、故大寺、福原、山根の三少将を始め陣歿将校の真影生けるが如し、就中故有栖川、北白川両宮殿下の御真影は大形にして鮮明、余は右の方咫尺に拝見したるを以て有難さに涙溢るゝ思ありき、此御真影の直下、壁に接して三段の棚あり上段中央に一巻中段及下段に十数の巻物を袱紗の上に安置す皆金襴の表装軸は光りまばゆき水晶を以てす是れ実に戦歿せる将校及相当官以下下士兵卒等の姓名録なり」

＊16 『帝都案内』はつぎのように案内する。「其南詰の三角矢来には振天府・懐遠府等があつて、明治二十七八年同三十七八年戦役の記念物戦死者の写真・姓名帳などが蔵せられてあつて、先帝の御仁恵の偲ばれる建物である」

＊17 東京帝国大学における戦死者の肖像写真と名簿の管理については『UP』二〇〇二年八月号で紹介した。

＊18 敗戦後、近衛師団に代わって設置された禁衛府は、御府も警備の対象としていたことが、臨時皇宮衛士教習所で用いられた一九四六年一月十四日付『禁闕守護教科書』巻三（藤井徳行『禁衛府の研究——幻の皇宮衛士總隊』慶応義塾大学出版会、一九九八年）で詳細に示されている。たとえば「第十七章第六節振天府」では、「特別守則及注意事項」のひとつに「御府拝観及兵器手入等アリタルトキハ火気ニ注意ス」とあり、この時点で御府が現役であったことがわかる。

＊19 宮内省告示第六号（一八八八年十月二十七日）「皇居御造営落成ニ付、自今宮城ト称セラル」

＊20 皇居開放は新宮殿と連動していた。皇居造営審議会答申を受けて、一九六〇年一月二十九日に閣議決定した「皇居造営について」は、第四項で、「皇居東側地区は、皇居造営の実施に照応して、皇居附属庭園として、整備の上、宮中行事に支障のない限り原則として公開する」とうたう。新宮殿の落成は一九六八年十一月、詳しくは『宮殿造営記録』（宮内庁、一九七二年）、および高尾亮一『宮殿をつくる』（求龍堂、一九八〇年）を見よ。また、一般参賀や皇居勤労奉仕も戦後の皇居開放政策の一環ととらえることができる。詳しくは宮内庁ホームページを見よ。

＊21 岩田尭雄編『皇居の面影』（宮城県引揚者団体連合会、一九五五年）は、焼失以前の明治宮殿の写真を数多く掲載する。ほかに振天府、建安府、惇明府の外観写真を含む。近年では、岡田精司「町なかの京都御所から、「神聖不可侵」の宮城へ！」（『別冊宝島、シリーズ［歴史の発見］帝都東京』宝島社、一九九五年）が御府を紹介している。

＊22 例外的に、皇居内の売店で販売されているガイドブック『地図のしおり』（菊葉文化協会、一九九九年）は、付録地図に御府を明記している。また、編集者のいたずらとしか思えないのだが、『ニューエスト13、東京都区分地図』（昭文社、二〇〇一年）の皇居には、「建安府」が示されている。

＊23 占領軍による皇室財産処理はつぎのように実施された。GHQは一九四五年九月二十二日に「降伏後に於ける米国の初期の対日方針」を示し、そこで皇室財産を占領政策措置の例外としないこと

を言明した。十月に宮内省はGHQの求めに応じて皇室財産の全リストを提出、十一月三日に全皇室財産の封鎖、十一月十八日には皇室財産の凍結が命じられた。十二月に入って、宮内省内に皇室財産処理委員会が設置され、さらに再調査が行われた。最終的に皇室財産総額は三十七億四千七百十二万五千八百三十五円と認定され、一九四七年三月末までに三十三億四千二百六十八万千二百九十円が財産税として国庫に納入された。

伊藤悟・奥平晋編『占領期皇室財産処理』（現代史研究叢書5、東出版株式会社、一九九五年）が参考になる。

*24 占領軍による戦利品、略奪品管理はつぎのように実施された。GHQは一九四五年九月二十二日に「降伏後に於ける米国の初期の対日方針」を示し、「一切の識別し得る掠奪財産は之を完全且速に返還するを要す」ことを言明した。これを受けて、一九四六年四月十九日に「略奪財産の没収および報告」に関する覚書(SCAPIN-885)、次いで同年七月二十五日に「略奪された財産の保管、集積および貯蔵」に関する覚書（SCAPIN-1083）が出され、略奪財産の所在地確定、没収、保管、所有権の確定という手続きを経て、返還が行われた。なお、前掲『占領期皇室財産処理』には、一九四六年十月二十五日付で宮内省が提出したリスト（The lists include all the articles brought back from China or the South Seas and presented to the Imperial Household or purchased by it during the wartime since 1937）の一部が紹介されている。

松本剛『略奪した文化――戦争と図書』（岩波書店、一九九三年）、竹前栄治・中村隆英『GHQ日本占領史第二十六巻、外国人財産の管理』（日本図書センター、一九九八年）が参考になる。

*25 日韓基本条約のほかに、「文化財及び文化協力に関する日本国と大韓民国との間の協定」が結ばれ、国有財産であった陶磁器など四百三十四点、書籍八百五十二冊、通信資料二十点が日本から韓国に引渡された。日本政府は「返還」という表現を用いようとしなかった。

高崎宗司『検証日韓会談』（岩波新書、一九九六年）が参考になる。

*26 『徳川義寛終戦日記』の一九四六年十月九日条にはつぎの記述がある。「指令部より南支献上品の調べが来た。又ソロ人頭骨（模型）を見に来た帝大人類学教室の須貝助教授を案内す」。

これも、『侍従長の遺言』の「戦時中に現地に返しました」という発言と矛盾する。前掲の木下道雄『側近日誌』には、一九四六年二月二十八日条に、「Schenck 拝謁の際、南方より献上の人骨（Java）標本類の事、言及さるることの可否。右は大臣に協議の事」という一節がある。また、神戸商船大学海事資料館は、建安府旧蔵品であった朝顔丸船首像（同船はこの像を取り外して日露戦争旅順港閉塞作戦に従事し自沈した）を所蔵していることから、戦利品以外のものも処分されたことがうかがわれる。

死者がよみがえる場所

ロンドンにて

ＵＣＬことロンドン大学のひとつUniversity College of Londonを訪れたのは、哲学者ジェレミー・ベンサム(Jeremy Bentham)のミイラ(正しくはオート・アイコンAuto-Icon)を見るためだった。ベンサムはその設立に関わったわけではないが、ＵＣＬの前身London University建学の父とされる。一八三二年に亡くなる直前の遺言で、自らを医学研究のために献体し、遺体の永久保存を命じた。こうしてベンサムは生前と変わらぬ服を身につけ、帽子を被り、愛用のステッキを床についてＵＣＬ構内の一隅に座っている。もっとも、頭部は傷んでしまったので、現在では臘の人形に差し替えられている。

そして、今なお大学評議会に出席し、「ベンサム先生ご出席、だが賛否には加わらなかった」と議事録に記録される。あるいは他の評議員の票が同数であった場合のみベンサム先生は評決に加わる。あるいはベンサム先生はつねに賛成票しか投じないなど、逸話は尽きない(ＵＣＬのウェブサイト参照)。いきなり死者がよみがえるような話だが、これがここでの本題ではない。

オックスフォード大学やケンブリッジ大学のような中世以来の長い歴史を持ち、貴族階級の子弟に対する高等教育を中心としてきた大学とは対照的に、ＵＣＬが広く庶民にも開かれた大学たらんとした姿勢は(それこそが「最大多数の最大幸福(the greatest happiness of the greatest number)」で知られるベンサムの功利主義に通じる)、その建築にも示されている。すなわち、正門を入った真正面の大学図書館は荘厳なゴシック様式を採らず、明るいギリシャ神殿を思わせる古典様式の列柱を構える(一八二七年着工、一九八五年竣工)。それは身分を超えた、国籍を超えた、人種を超えた学問の普遍性への期待と言ってよいだろう。

UCL本部前には多くの学生が集まる。正面の壁に同大学出身戦没者追悼の碑文が刻まれている。2012年

その発想は、同じロンドン市内の大英博物館（一八五〇年代建設）の正面デザインによく似ている。大英博物館もまた人類の文明を示すために広く公衆に開かれた場だからだ。

　ベンサム先生に会おうと構内に足を踏み入れた私は、列柱の前の階段にぎっしりと腰をおろし、談笑し、昼食を食べている学生の姿に圧倒された。そして、瞬時に、私が勤める東京大学にはこんなふうに和気藹々と学生が集う場所があるだろうかと思った。かろうじて総合図書館前の階段に座る学生たちの姿が浮かんだものの、それはいつも数えるほどに少なかったなと思い返した。

　つづいて、学生たちが座っている壁に刻まれたこんな文字が目に入ってきた。

THIS INSCRIPTION PLACED HERE TO
PERPETUATE THE MEMORY OF THE
MEMBERS OF THE COLLEGE AND THE
MEDICAL SCHOOL WHO DIED IN THE
SERVICE OF THEIR COUNTRY DURING THE

YEARS 1914-1919

この碑文は、一九一四年から一九一九年の間に国のために戦い死んだ大学と医学校の仲間たちを忘れないためにここに刻まれた。

第一次世界大戦の戦死者を悼む言葉だった。あえて「仲間」と訳してみたTHE MEMBERSも意味深長で、おそらくは大学職員と学生、さらにその他の関係者が含まれているのだろう。実は、先に建物のスタイルを論じて引き合いに出した大英博物館の玄関の壁にも、こんな碑文が刻まれている。

TO THE MEMORY OF THE MEN WHO WENT
FROM THIS MUSEUM AND FOUGHT AND
FELL IN THE WAR 1914-1918

一九一四年から一九一八年の戦争に、この博物館から出かけ、戦い、死んでいった男たちを永遠に忘れないために

そして十一人の名前を刻んだあとに、さらに大英博物館東洋版画素描部門の学芸員で、詩人としても名高いローレンス・ビニョン（Laurence Binyon）の「追悼賦（Ode of Remembrance）」（詩集『死者のために（For the Fallen）』、一九一四年より）を次のように刻む。

THEY SHALL GROW NOT OLD
AS WE THAT ARE LEFT GROW OLD
AGE SHALL NOT WEARY THEM
NOR THE YEARS CONDEMN
AT THE GOINGDOWN OF THE SUN
AND IN THE MORNING
WE WILL REMEMBER THEM

彼らは歳をとらない
残された私たちと違って
年齢を重ねて苦しむこともない
歳月に苦しめられることもない

日が暮れても
夜が明けても
私たちは彼らを忘れない

イギリスを歩くと、このような第一次世界大戦の追悼碑にいたるところで出会う。それは独立した追悼碑であったり、壁に刻まれた言葉であったりと多種多様である。そして、この戦争を「第一次世界大戦」と呼ぶことに再考を迫られる。いうまでもないことだが、第一次と称するのは、のちに第二次と称するべき世界大戦が再び起こったからで、それらはあくまでも後世から見た歴史的用語に過ぎない。むしろ、イギリス人が一九一四年に始まった戦争を「大戦 Great War」と呼んだことに注目すべきである。なぜ、そこに great を被せざるをえなかったかと。

この時から戦争が様相をすっかり変えたことが大きな理由だった。戦場には飛行機や戦車や機関銃が導入され、大量破壊、大量殺戮が可能となり、戦域は拡大し、持久戦となり、戦争は銃後を巻き込んだ総力戦へと変わった。それは、もはや軍人だけが戦争を行うのではなく、市民が戦場へと駆り出されることを意味した。こうして大学からも博物館からも、多くのひとびとが研究を中断し、ペンを銃に持ち替えて、戦場へと送り出された。それゆえに、そのまま二度と還らなかった者を悼む言葉が社会のいたるところに刻まれるようになったのである。

東大図書館前広場にて

東京へ戻ることにしよう。実は、東京大学にあって、図書館前広場は戦争を振り返る数少ない場所である。一九二三年に起こった関東大震災で図書館が焼失したあと、そこから少し下がったところに、アメリカのロックフェラーの支援を受けて新たな図書館が建てられた。設計は内田祥三教授（建築学）、竣工は一九二八年十二月、広場の中心には岸田日出刀助教授（建築学）の設計になる円形の噴水も建設された。噴水の深さは四メートルもあり、防火のための貯水槽を兼ねた。中央には仏塔の屋根を飾る九輪が置かれたが、これまた火災の際には水を吐いて建物を守るという象徴的な防火装置であった。一九三五年には現在の法文二号館と法学部三号館が完成して広場の南北が定まったものの、東西は広く空いたまま半世紀が過ぎた。

一九八〇年代半ばになって、広場の東西に校舎を建設する仕事が大谷幸夫教授(都市工学)に任された。大谷は一九二四年生まれ、東京帝国大学工学部建築学科に学び、敗戦直後の一九四六年に卒業した。多くの先輩・同級生を戦場に送り出した世代であった。大谷は、広場の構想図を「広場の曼荼羅」(一九八六年)と題して発表、「広場の中心に在る九輪の池と左右の楠の古木を手掛かりに、戦没した先輩、同輩を迎えたいと思った」と書いている(大谷幸夫『都市的なるものへ――大谷幸夫作品集』建築資料研究社、二〇〇六年)。東に文学部三号館、西に法学部四号館が立ち上がることで広場は閉ざされた空間となり、九輪の池への求心性をぐんと増した。

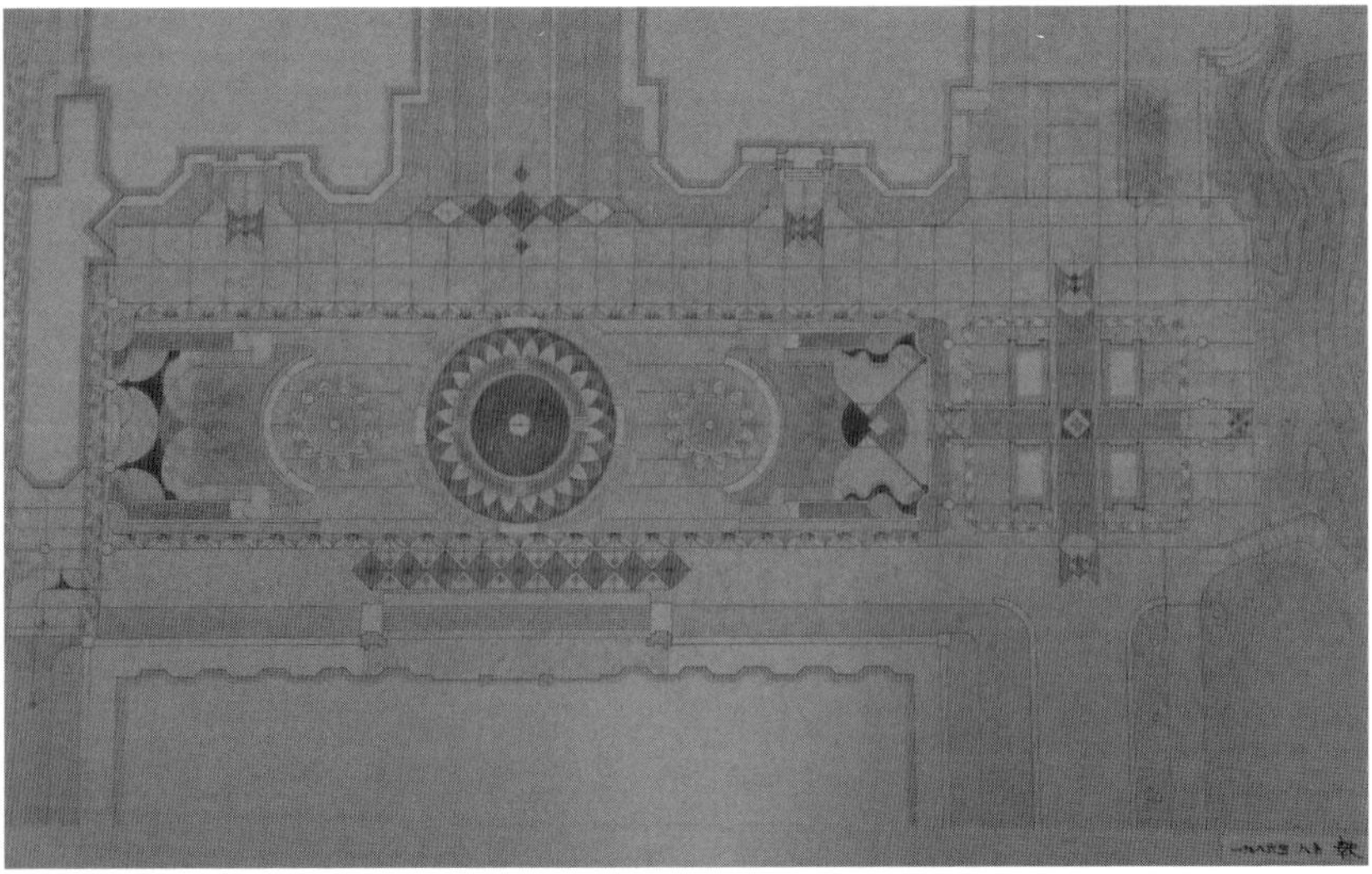

大谷幸夫「広場の曼荼羅」1986 年(東京大学大学院人文社会系研究科)

大谷の描く「広場の曼荼羅」は、はるか上空から広場を見下ろしたものである。それを目にする者はあたかも宙に浮かんでいるような錯覚に、そしてそこから地上へと舞い降りてゆきたくなるような誘惑にかられる。噴水の周りの装飾が、ふたつの建物のサンクンガーデン、さらに文学部三号館の十字路へと展開するから、地上に立つだけでは全体像がわからない。残念ながら、構想のすべてが実現したわけではないが、曼荼羅を構成する幾何学模様がモザイクによって随所に施された。

大谷は竣工した文学部三号館の壁面に言葉を刻もうと考えた。文学部に伝わる話では、第一次世界大戦で戦死したあるドイツ人学生が遺した言葉を提案したという。それはヴィットコップ『ドイツ戦歿学生の手紙』（高橋健二訳、岩波新書、一九三八年）からの引用だろうか。大谷のいう「戦没した先輩、同輩」たちの声を集めた『きけわだつみのこえ』（東大協同組合出版部、一九四九年十月）には、こんな一節がある。「再び『ドイツ戦歿学生の手紙』を読む。何回繰り返して読むも良い。ここにいて読むと殊に良い。彼らは真摯だ。（中略）ここに読んだ書翰が総て、それが書かれてから若干の後に雄々しく戦死した者のものであることは、考えれば考えるほど胸を打つものがある」（中村徳郎日記、一九四四年二月十四日条）。その四ケ月後に、中村徳郎もまたフィリピン方面に向かったまま消息を絶った。

大谷の提案を受けて文学部は委員会を設置し議論を重ねたものの、結局、それを受け入れなかった。広場に向かって、何もない、しかし何かを訴えかけるかのようにデザインされた壁だけが立っている。したがって、よほど注意深く見ないと、この広場に刻まれた戦没者への思いは読み取ることができない。いや、地上にいてはわからず、高みから見下ろす必要がある。

さらに時間をさかのぼってみよう。一九四三年四月に噴水から九輪が撤去された。前月に「銅像等ノ非常回収実施要綱」が閣議決定されたことを受けての措置と見られる。「噴水塔から一千貫、金属製品を自発的に取りはづし、本学今は供出令を待つのみ」と『帝国大学新聞』（同年四月十二日付）が報じている。代わって、コンクリート製の噴水塔が設置された（同五月三日）。しかし九輪は供出されずに保管され、一九五一年十月に復旧するのだが（『東京大学学生新聞』同年十月四日）、敗戦後もしばらくは代用品が置かれたままだった。

そこに平和記念像（のちに「きけわだつみの像」「わだつみの像」「わだつみ像」とも呼ばれる）を建てようという声は、『きけわだつみのこえ』の出版を機に上がった。編集の中心にいた中村克郎（徳郎の弟）が提案し、編集顧問だった小田切秀雄が彫刻家・本郷新の名前を出した。年が明けた一九五〇年一月に、ふたりは本郷を訪ね、制作を依頼した（中村克郎「わだつみ像縁起」私家版、本郷淳『おやじとせがれ』求龍堂、一九九四年所収）。

本郷は、戦前からモニュメンタルな彫刻に関心を示し、一九三九年に「白妙　赤十字記念碑」（国画会出品）と「十勝岳ホロカメトック遭難碑　氷雪」（新制作協会第一回展出品、いずれも屋外設置は実現せず）を制作していた。依頼を快諾した本郷は、春から制作に取りかかった。美術評論家・匠秀夫のインタビューに答えて、「自分でいうのもおかしいけれども、僕にうってつけだと思いました。とにかく徹底的に軍部が嫌いだったから。だから僕にはいちばん気持の合うテーマだったわけですよ」という発言を残している（本郷新『本郷新』現代彫刻センター、一九七五年）。朝鮮戦争が六月に勃発、本郷はいっそう平和記念像制作の意義を感じた。八月に入ってブロンズに鋳造し、完成作を九月の新制作派協会展に発表した。

その後、日本戦没学生記念会（略称「わだつみ会」、一九五〇年四月結成）は南原繁総長に平和記念像の寄附、図書館前への建立、十二月八日に除幕式と併せて慰霊祭を執り行いたいと申し入れた。広場の噴水が像の立つ台座にふさわしいと考えたからだ。これを受けて、評議会は二度にわたって審議を行い、申し出を却下した。ここに「評議会議事要旨」を正確に記しておく。

四、その他

総長より、日本戦没《ママ》学生記念会理事長より戦歿《ママ》学生記念像寄附の申込があったが、その趣旨が全国一般の学生及び大衆を対照《ママ》としていると思われるので考慮中であるとの話があった（「昭和二十五年十一月二八日評議会議事要旨」）。

一、平和記念像寄附の件

総長より、十二月三十日附で日本戦没学生記念会理事長より平和記念像の寄附と共に、図書館前に建立し十二月八日に除幕式並びに慰霊祭を挙行したいとの申込があったが、本学としては学術上及び教育上本学に対し特に顕著なる功労のあった者で、本学関係者によって企てられたものに限る従来の取扱いによって、この申込を遠慮したい、従来この例外をなすものは市川紀元二氏像があったが、戦後は再建しないことになっていると述べられ、寄附の申込は断ることに異議なく可決し、局長より回答文案が朗読された。又、これに伴う集会の願出に対する扱は学生委員長に一任された（「昭和二十五年十二月四日評議会議事要旨」）。

こうして大学の最高議決機関である評議会は平和記念像の設置を認めなかった。わずかに翌年の五月祭にだけそれは設置され、終了後に撤去された。『読売新聞』（一九五一年五月二十六日・二十八日）によれば、それはこのような経緯をたどった。

五月祭二日目の二十六日朝九時半に、正門からオートバイに乗せた「きけわだつみの像」が「平和を守る五月祭」のアーケードをくぐって運び込まれた。用意された展示の場は法文経二十八番教室（現在の法文一号館）だったが、「一部左翼学生が『明るい屋外に建てさせろ、平和の象徴である像をうすぐらい所に建てるのは日本を帝国主義者に売渡すというものだ』とアジリ始めひとさわぎ起った」。

翌二十七日午後三時ごろ、像は学生たちによって屋外アーケード脇に持ち出された。前日から屋外公開を求めて署名活動が行われたが、大学当局が応じなかったため、「わだつみの像の下に全学生よ結集せよ」というビラを散布しながらの強行設置となった。午後七時に、像は大学側が用意したトラックに積まれ、本郷新の下へ返された。

それから間もなくして、図書館前広場の噴水に九輪が復旧した。『東京大学学生新聞』(同年十月四日)は、コラム「無視」に「同一の空間は同時に二物によって占有出来ないという公理がありますので、もうここに『わだつみ』の像が立つことはありません」と書いている。もし平和記念像がそのまま立ちつづけていたならば、大谷幸夫の「広場の曼荼羅」構想に三十年以上も先駆けて、図書館前広場は戦没者追悼の場と化していただろう。

それが男性裸体像であっただけに、「東大にも今は女子学生が入ってくる。これはそういう女子学生の教育上もよろしくない」という事務官の発言が日本戦没学生記念会に対しあったという(保阪正康『「きけわだつみのこえ」の戦後史』文藝春秋、一九九九年)。本郷新は、「とにかく学生の悲惨な状況を作るか、つまりボロボロの軍服をまとって折れた鉄砲でも持ってね、さもなければ健康な肉体を作るか。とにかく素裸で若々しい青春の肉体を持った人間ということでいこうとしてモデルを探した」と先のインタビューで語っている(前掲『本郷新』)。また、「なぜ東大は自らが戦場に送りだした学生の魂を迎え入れようとしないのか」とも語った(前掲『おやじとせがれ』)。

「わだつみの像」が全裸であることについては、拙著『股間若衆――男の裸は芸術か』(新潮社、二〇一二年)で考察した。要するに、本郷は戦没者からボロボロの軍服を脱がせ、ひとりの人間に戻したのである。後述する彫刻家朝倉文夫も菊池一雄も同じ思いで男性裸体像に取り組んでいる。

対照的に、南原総長が評議会の席上で言及した「市川紀元二氏像」は軍服に身を固め、抜き身の軍刀を突き出し、敵陣に向かって斬り込む勇姿を御殿下運動場の傍らに示していた。市川紀元二《きげんじ》は一八九七年に東京帝国大学工科大学電気工学科を卒業、日露戦争に出征し、一九〇五年に戦死した。三年後の一九〇八年に、故郷静岡県磐田郡中泉町に、ついで東京帝国大学構内に銅像が建立された。

日露戦争三十周年を迎えた一九三五年には銅像前で追悼祭が行われ（『読売新聞』同年三月四日）、いわゆる学徒出陣を目前に控えた一九四三年九月六日付の『帝国大学新聞』は銅像の写真を大きく掲載し、「出陣の日ちかく、仰ぐ先輩の教へひとしほ」と題し、「新卒業生諸君、来り而して仰げ、こゝに出陣の前のひとゝきひとしほ諸君の胸うつ諸君の典型がある」と訴えたほどだから、南原総長の意図とは少し異なるものの、市川が「教育上本学に対し特に顕著なる功労のあった者」であったことは間違いない。写真の説明には「医学部附属病院前、御殿下運動場南傍」とあるから、その場所は、今はベルツ像とスクリバ像が並んで建っているあたりだろう。

さらにいえば、文部省が東京帝国大学に銅像の非常回収を求めた際に（文部省総務局長から総長宛て通牒「昭和十八年度銅像等ノ非常回収実施ニ関スル件」同年六月十九日）、総長は七月三十日付で実施要綱第一ノ三（除外条項）に該当する四体の銅像（浜尾新像、古市公威像、市川紀元二像、加藤弘之像）は回収から除外したい旨を伝え、それぞれの存置理由を付している。そこでは、市川「中尉ノ如キ一旦緩急アル場合筆ヲ捨テ剣ヲ執リテ忠君愛国ノ誠ヲ致セル精神ハ以テ学徒ノ範トスベキモノトシテ建設セラレタリ」と説明している。いったんは回収を免れた四体の銅像についても、文部省は翌一九四四年一月十日付で総長に対し例外扱いを認めないと通牒した。もはや回収を受け入れざるをえないという方向での決裁文書も残されている（いずれも簿冊『銅像回収関係』東京大学文書館蔵）。

文部省からの要請に抵抗してまで残したかった市川紀元二像と平和祈念像のそれぞれの行方については、拙稿「追われたふたり――肖像のある風景補遺」（『世の途中から隠されていること』晶文社、二〇〇二年）を参照されたい。

三田の丘にて

慶應義塾大学三田キャンパスには、朝倉文夫の手になる「平和来」が建っている。本郷新の平和祈念像同様に一糸も身にまとっていない。そして台座の正面には、小泉信三のつぎの言葉が刻まれている。

丘の上の平和なる日々に
征きて還らぬ人々を思ふ

この銅像は一九五二年の第八回日展に「平和来」の名で出品されたものだが、一九五七年になって卒業生有志から戦没塾員を追悼するために贈られた。小泉は一九三三年から一九四七年までの長きにわたって塾長を務めた。その大半が戦時下だった。白井厚『大学における戦没者追悼を考える』(慶應義塾大学出版会、二〇一二年)によれば、慶應義塾大学は二千二百二十三名の戦没者を出したという(数える範囲によって人数は変動するので注意を要する)。彼らを戦場へと送り出した最高責任者が小泉ということになる。小泉自身、一人息子の信吉を戦争で失っている(小泉信三『海軍主計大尉小泉信吉』私家版、一九四六年、のち文藝春秋より公刊)。

一九三六年にハーヴァード大学創立三百年記念の式典に参列した小泉信三は、構内の戦没者追悼教会(Memorial Church)を訪れている。教会は一九三二年に卒業生から贈られたものだから、小泉は創建間もない時期に訪れたことになる。内部の大理石の壁面には、一九一四年以降に戦没した大学関係者の名前が刻まれていた。教会は図書館(Widener Library)と向かい合い、その間の広場(Tercentenary Theatre)では、教会に向かって卒業式が執り行われるという。この教会にいたく感動した小泉は、帰国後、一九三八年十一月十二日に開かれた連合三田会の講演で、つぎのような所感を述べる。

「戦死者の名前が列挙してあります。総べて装飾は極めて簡素で、室内には厳粛な空気が漂っており、そこに入る者をして自ら襟を正さしめるのでありました。(中略)我々に代って戦死してくれた人々の名誉ある氏名を、この三田の山の上のいずれかの地点に金石に刻んで永久に残し、我々もこれを見て感謝の心を新たにし、また後に来るところの青年塾生の鑑にしたい」(「我等死者を忘れず——所感」『小泉信三全集』第十三巻、文藝春秋、一九六八年)。

白井厚によれば、その後も小泉はハーヴァード大学のような記念堂の建設、記念塔の建設、記念碑の建設をたびたび口にしたが実現せず、わずかに一九四三年十一月二十日に、三田の大ホールの壇上に並べた多数の戦没者の遺影の前で慶應義塾関係戦歿将兵合同慰霊祭が催され、『戦歿者英名録』が発行されただけだった。以後半世紀以上、学校が積極的に主催した追悼行事は開かれなかった（前掲『大学における戦没者追悼を考える』）。

白井を中心とした戦没者名簿作成（白井ゼミナール『共同研究 太平洋戦争と慶応義塾』慶應義塾出版会、一九九九年、白井厚編『アジア太平洋戦争における慶応義塾関係戦没者名簿』慶應義塾福澤研究センター、二〇〇七年などに結実）を機に、ようやく一九九八年になって、「平和来」のすぐそばに、「還らざる学友の碑」が大学によって建立された。この碑は書物を開いたかたちをし、表面につぎの言葉が鳥居泰彦塾長の筆で刻まれている。

還らざる友よ
君の志はわれらが胸に生き
君の足音はわれらが学び舎に響き続けている

三田キャンパスにはもう一体、裸体男性像が立っている。「青年」と題されたこの像は、菊池一雄が一九四八年の新制作派協会展に出品したものだった。当時、キャンパスの建築を手掛けていた建築家谷口吉郎の目にとまり、一九四九年に竣工した旧四号館の前庭に設置された。『記念碑散歩』（文藝春秋、一九七九年）という著作もある谷口は、若いころから記念碑や彫刻に関心を有し、自ら設計の建物に気に入った彫刻を配置することを好んだ。「青年」の傍らに立つ解説板には「応召中に喉を潰した声楽家志望の青年をモデルとする像」とある。ここにも戦争の影がさしている。

朝倉文夫、菊池一雄ともに、本郷新ほどモニュメンタルな彫刻を志向していたわけではない。朝倉は一八八三年生まれ、菊池は一九〇八年生まれ、本郷は一九〇五年生まれと、朝倉だけが一世代上である。早くから男女問わず裸体像の制作を粘り強く続けてきたが、あくまでも美術館展示室内での発表にとどまり、それらが屋外に建つことは戦争が終わるまでは皆無だった。敗戦は、戦没者追悼を名目に、男性裸体像の屋外設置を許したといえそうである。その最たるものが、長崎の平和祈念像（北村西望作、一九五五年）にほかならない。

戦没者記念室にて

小泉信三のいう「我等死者を忘れず」の思いは、もちろん東京帝国大学関係者にもあった。図書館内に戦没学生記念室を設けようとする動きは、一九四〇年秋に始まる。十一月二十六日に開催された評議会で穂積重遠法学部長から「戦病死シタ本学学生ニ何等カ慰霊方法ヲ講ゼラレ度キ旨」の報告があった（『評議会議事録』）。そして、翌年四月十二日の創立記念日に、平賀譲総長が「附属図書館内の一室に本学関係戦没者の英霊を祀り、忠魂を永へに伝へ遺烈を亀鑑に留めんと」することを公表し（『帝国大学新聞』同年四月十四日）、四月二十二日開催の評議会で承認された。その後、具体的な方法として、戦没者の肖像写真を安置し、事変記念日に毎年慰霊祭を挙行することが決まった。写真は学生に閲覧させるかあるいは定時に陳列するか思案中とある（『帝国大学新聞』同年六月三十日）。九月に入って戦没者記念室が完成した。『帝国大学新聞』同年九月二十二日は写真を納めた木箱が安置された室内の写真を掲載し、つぎのように説明する。

> 記念設備は簡素、清浄、丁重を主旨として設計せられ上掲写真の如く白絹を掛けた壇上に白木の箱を設けて戦没者諸氏の記念写真を収め、その側らに之また白木に記した名簿を備へる、壇の背後に絹張り□色の屏風を繞らし、壇前には簡素な絨毯を布く、屏風背後の外部に面した窓には白いカーテンを引いて黒幕と調和せしめる等、簡素とは云ふもの、深甚な考慮が到る所に払はれてゐる、尚此設備は平常は白絹で覆はれる（□は判読不明）。

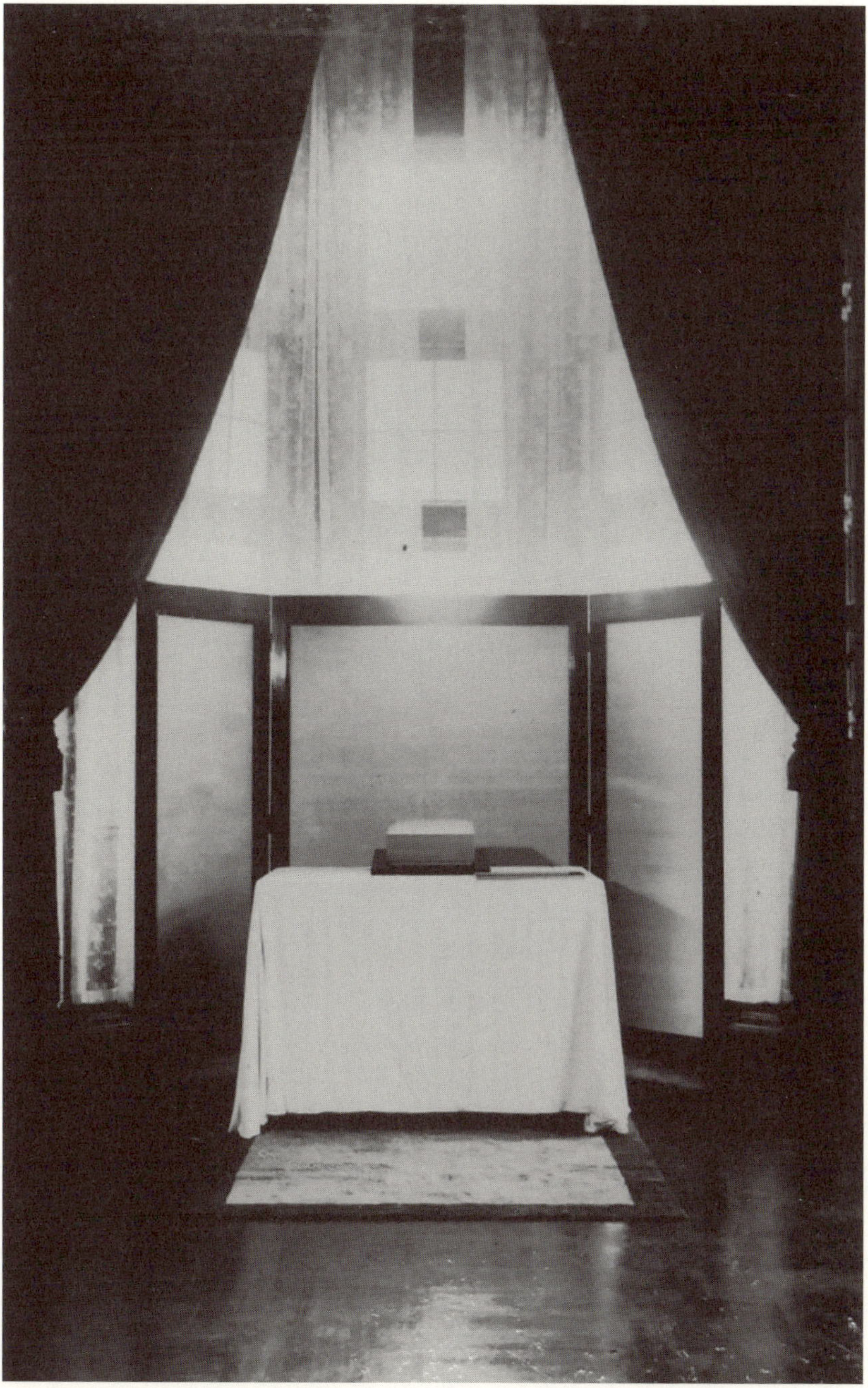

戦没者記念室、遺影を納めた白木の箱が置かれている（東京大学文書館）

場所は現在の総合図書館の洋雑誌閲覧室と呼ばれている部屋にあたり、祭壇はその北東隅に設けられた。常設されたことがわかる。それゆえに記念室の名が与えられたのだろう。なるほど、一九四三年六月十九日に大学を訪問したビルマ訪日視察団一行は記念室へと案内され、拝礼を行っている(『帝国大学新聞』同年六月二十一日)。

最初の「東京帝国大学職員学生生徒支那事変戦歿者慰霊祭」は一九四一年十月十日に、二回目になる「東京帝国大学職員学生生徒大東亜戦争戦歿者慰霊祭」は一九四三年十月二十日に執り行われた。これらに関しては、総合図書館に資料各十点が「東京大学図書館史資料」として残されており(『東京大学図書館史資料目録』同館、一九八三年)、大学文書館には関連文書をまとめた簿冊『支那事変戦歿者慰霊祭関係』(以下「簿冊」と表記)が所蔵されている。また『帝国大学新聞』は、前者については一九四一年九月二十九日、十月六日、十月十三日と三度にわたって、後者については一九四三年五月二十四日、十月四日、十月十八日、十月二十五日と四度にわたって慰霊祭執行の様子を報じた。

神道式による前者の式次第は以下のとおり、後者はそれをほぼそっくり踏襲している。違いは戦没者の数で、前者は十八人(職員九人・学生八人・生徒一人)、後者は新たに二十一人(職員十六人・学生五人)を加えた三十九人であった。なおここでいう職員の大半は医学部を卒業したあと、附属病院の副手を勤め、軍医として戦地に派遣され戦死した者である。

一、修祓　一同起立敬礼
一、献饌　着席
一、祝詞奏上　一同起立敬礼
一、総長玉串奉奠　職員学生生徒一同起立敬礼
一、遺族玉串奉奠
一、職員総代玉串奉奠　職員一同起立列拝
一、学生生徒総代玉串奉奠　学生生徒一同起立列拝
一、撤饌

簿冊の冒頭に収められた「東京帝国大学職員学生生徒支那事変戦歿者慰霊祭（案）」によれば、大学は斎主を根津神社社司に任せ（実際には日枝神社宮司・宮岡保治が務めた）、準備事項として「祭式作製方ヲ斎主ニ依頼スルコト」としている。

これとは別に一九四三年十二月八日に、医学部が独自の「鉄門倶楽部慰霊祭」（『帝国大学新聞』同年十月二十五日・十二月十三日の記事では「戦歿先輩慰霊祭」）を催しているが、祀られた戦没者は四十一人であった。大学主催の慰霊祭に祀られた死者と重なりがある。ちなみに、こちらの斎主は神田神社宮司・平田盛胤が務めた。

のちに東京大学によって調査された戦没者の数と比べると（東京大学史史料室編『東京大学の学徒動員・学徒出陣』東京大学出版会、一九九八年は千六百五十二名を把握、さらに二千百人から二千五百人はいただろうと推定）、あまりにも少ない。第二回慰霊祭に向けて、一九四三年三月二十六日付で庶務課長から各部局長宛てに戦没者があれば速やかに通報するよう依頼している。その結果がわずかに二十一人の合祀であった。当時でさえ、大学が戦没者を把握することは容易ではなかった。

簿冊からわかることは、慰霊祭を機に遺族に肖像写真の提供を求め、それを複写拡大して、戦没者記念室の中心に置いたことである。庶務課長より発せられた提供依頼書には「本学に於て今次支那事変に従軍名誉の戦死を遂げられたる各位の御写真を本学図書館記念室に安置仕り英霊を祀り忠魂遺烈を永遠に伝へ度存し候」とある。写真に添えられたある遺族の手紙（簿冊）には、「記念室に安置させていたゞき故人もさぞかし本望の事と存じます、又家内一同、この光栄に感激いたして居ります」とも記されている。慰霊祭のあと、安置された写真と同一のものが遺族にも贈られた。

現在、文書館には、四十一点の写真が所蔵されている。上部に「大学」の校章、下部に「東京帝国大学」、を刻印した同じ大きさ（写真＝縦十九・八×横十四・八センチメートル、台紙＝縦四十一・四×横三十五センチメートル）同じスタイルの台紙に貼られ、桐箱に収められている。それは、先に引用した『帝国大学新聞』掲載の祭壇写真に写っている木箱と同じものだろう。今日、残念ながら「御写真を本学図書館記念室に安置仕り英霊を祀り忠魂遺烈を永遠に伝へ度」という大学の意思は途絶、遺族の期待も大きく裏切ったものの、保存し後世に伝えることで、文書館はかろうじて「死者がよみがえる場所」たりえている。

このような写真安置、すなわち写真が祭壇の中心に置かれるという発想は、そもそも何に基づくものだろうか。靖国神社がそうであるように、一般には紙に記された名簿が祭祀の中心に置かれてきた。広島と長崎の原爆死没者もまた、名簿がつねに祭祀の中心にある。前者は広島平和記念公園の原爆死没者記念碑(広島平和都市記念碑)の中に、後者は国立長崎原爆死没者追悼平和祈念館のガラス張りの祭壇に安置されている。

ただし、『帝国大学新聞』(同前)が伝える「白木に記した名簿」はあったようで、前掲「慰霊祭(案)」には準備事項として「氏名版用意ノコト」とある。これらに該当すると思われる二枚の名簿がやはり文書館に所蔵されている。新聞記事が「その側に」と説明したように、あくまでも肖像写真の附属品の扱いだった。支那事変慰霊祭と大東亜戦争慰霊祭、それぞれの氏名版の大きさはつぎのとおりである。縦十九・三×横四十八・五×厚一・四センチメートル、縦十九・三×横四十八・八×厚一・七センチメートル。

すでに欧米の大学における戦没者追悼のあり方は伝わっていただろうに、図書館の壁面に死者の名前を刻むことはまったく想定していない。日本の木造建築に言葉を刻む伝統はなく、ここには建物の壁面に対する文化の違いがある。

明治維新から敗戦まで、国家による戦没者祭祀の中心は靖国神社(前身は招魂社)であり、祭神名簿は霊璽簿と呼ばれる。その靖国神社が祭神の肖像写真の収集・展示に力を入れるようになったのは近年の顕著な傾向で、それは境内の展示施設、遊就館の増築(二〇〇〇年に新館開館)が転機だったと考察したことがある(本書「戦争博物館のはじまり」)。そして、ほぼ同時期に開設された国立広島原爆死没者追悼平和祈念館（二〇〇二年開館）が死没者の肖像写真を精力的に収集・公開してよく似た動きを見せた。これは、公開展示施設における戦争の記憶の継承が、死者の名前よりも肖像により重きが置かれたことを意味している。

肖像写真の展示は、大量虐殺をテーマにした博物館で開発されてきた技法だった。突然断ち切られたそれぞれの人生に思いをはせるには名前よりも顔が有効で、かつ現代では、それら視覚情報は加工されながらさまざまなメディアを乗り換えることが容易だ。二十一世紀を迎えて、戦争を知らない世代には言葉よりも視覚資料がより効果的、より感情移入し易いとする判断が働いているに違いない。

このような東京帝国大学における戦没者の肖像写真の重視には、どのような背景があったのか。一九〇九年から一九一二年まで東京帝国大学工科大学講師の職にあった平賀譲がどこまで承知していたかは不明だが、実は一九〇七年三月一日の帝国大学令公布紀念式に際して、「明治三十七八年戦役東京帝国大学出身忠死者肖像」が披露されている。これは日露戦争における戦没者二十八人の肖像写真を、学士十三人、学生及び卒業生十五人をそれぞれ二点の木製額に分けて貼り付けたもので、この日に図書館に掲示された。塚本靖教授（建築学）の図案になる額面は、『学士会月報』（一九〇七年五月二十日発行）にその写真図版が掲載されている。

浜尾新総長の挨拶を要約した同記事「東京帝国大学出身忠死者肖像」によれば、この企ては前年二月の評議会で決まった。遺族や友人から写真の提供を受け、それを写真家小川一真が調整した。「忠死者の英名偉蹟は青史に載せて朽ちざるへく、其精神は後世に伝へて滅せさるへく、其肖像は永く館内に存置して追敬せらるへきを疑はぬ」とまとめている。およそ四十年後の肖像写真安置とは、額面掲示のスタイルを異にするだけである。

もちろん、翌年には銅像が建つことになる市川紀元二も顔を並べている。ちなみに、塚本は市川像の台座を設計した。日露戦争によって社会的需要を増したこれら記念碑のデザインに塚本が積極的に関与した建築家であったことについては、拙著『銅像時代——もうひとつの日本彫刻史』（岩波書店、二〇一四年）を参照されたい。

すでに述べたとおり、披露から十六年後に襲った関東大震災で図書館は焼失した。『東京帝国大学五十年史』（東京帝国大学、一九三二年）は、火災の際に自らの生死を顧みずに「御真影」を救い出したある図書館員の行動を美談として伝えるのみで、忠死者の肖像を掲げた二枚の額面の行方はわからないままだ。

浜尾総長の「其肖像は永く館内に存置して追敬せらるへきを疑はぬ」という発言は、ここでもむなしく響く。平賀総長が再び同様の言葉を口にするまでの四十年間に、戦争の記憶の風化は避けられなかった。戦前期だからといって、戦争の記憶、戦没者の追悼が一様に継承されていたわけではないからだ。

市川紀元二像の評価の変遷は、それを知る手掛かりになる。肖像写真がおそらく焼失したあとも、銅像は御殿下運動場の傍らに立ち続けていた。横山英『市川紀元二中尉伝』（市川紀元二中尉伝刊行会、一九四一年）には、「大正の終から昭和の始頃、左翼思想は横行し帝大などをもその淵叢であるかの観を世人に与へたやうな時代であつた。その頃或る教授等は『軍国主義の遺物』と称して中尉の銅像を講壇から非難し、その軍刀は折れてゐるのに、その銅像の管理者が明でないとの理由で、大学当局も敢て修繕しようとしなかつた」、さらに「昭和五年三月、近衛歩兵第三聯隊の野田中尉が幹部候補生を連れて大学を訪れた時、学生にその銅像の所在を尋ねても知つてゐる者はなかつたといふ有様であつた」、「沼田徳重中将が昭和七年大佐の折東京帝大配属将校として赴任せられ、その銅像の荒廃をなげいて修理を企図し慰霊祭を発起されたが、時の総長は主催は固より出席すらも応ぜず、僅かの有志によつてさゝやかなる営みが行はれたにすぎなかつたといふ」という件がある。市川像復権のきっかけは、すでにふれた一九三五年に迎えた日露戦争三十周年だった。

沼田大佐赴任時の総長は小野塚喜平次（法学部）である。

翌一九三四年に長与又郎（医学部）に変わり、一九三八年から平賀譲が務めた。戦没者記念室設置は学徒出陣へとつながってゆく。それは、軍事教練の全員参加、修業年限の短縮、徴集延長の短縮、繰り上げ卒業など時代の要請であるとともに、歴代総長の中ではただひとり軍人でもあり、就任直後にいわゆる「平賀粛学」を実行し、「家族的大学」の建設を唱えた平賀海軍造船中将の個人的な資質に帰せられる面もあったに違いない。

安田講堂にて

戦後最初の「東大戦歿並に殉職者慰霊祭」は、一九四六年三月三十日に安田講堂で挙行された。戦時下での二度の慰霊祭が神道式であり、いずれも日枝神社秋岡保治宮司が斎主を務めたのに対し、「南原総長祭主となり」、「当日の祭典はなんらの宗教的儀式もなく純一無雑の簡素の中におごそかに行はれ、白布の祭壇をかこんで教職員並に学生生徒から贈られた二つの花輪が眼を射るのみであつた」（『大学新聞』同年四月一日）。

同記事から式次第を抜粋すると以下のとおりとなる。

一、音楽部によるショパン葬送曲の奏楽
一、庶務課長の先導で英霊入場、一同起立
一、事務局長が英霊一四二柱の氏名誦読
一、祭主総長の告文
一、教職員代表の悼辞
一、学生生徒代表の悼辞
一、音楽部によるベートーヴェンのエロイカの奏楽に合わせ英霊退場

ところで、ここでいう「英霊入場」とは、いったいどのような行為を指すのか。敗戦後の混乱の中で、遺族から戦没者の肖像写真を集めたとはとうてい思われないので、庶務課長の先導で入場してきたものは名簿であっただろう。すぐに事務局長が戦没者ひとりひとりの名前を読み上げ、それを受けて総長が告文を述べたからだ。死

者に呼びかけた部分のみ引用する。

「諸君の嘗て幾たびか集つた思出多き講堂、別しても先年全学の壮行会を開いて此処から出で征いたその同じ場所に於て、今日追悼記念の式を挙ぐるに当り、諸君の霊は必ずや帰り来つて此処に在るであらう。その英霊を囲んで、学園にふさはしく何の宗教的儀式をも持たぬ純一無雑な慰霊祭に於て、不肖ながら自ら祭主ともなつて執り行つた我等の衷情を諸君は屹度酌んで呉れるであらう」(『大学新聞』一九四六年四月一日)。

南原総長の言葉は、先に引いた大谷幸夫が「広場の曼荼羅」に寄せた言葉を思い出させる。

「学園に還る英霊一四二柱」(同前、見出し)には、記念室に祀られてきた三十九人も含まれているから、新たに百三人が合祀されたことになる。いや、慰霊祭はこの日限りの催しであり、死者に向かって、生者が語りかけただけであれば、「合祀」と呼ぶのは適切ではない。しかも、南原総長は慰霊祭が「学園にふさはしく何の宗教的儀式をも持たぬ純一無雑」とし、神道式で挙行された前二回の慰霊祭との断絶を強調しているからだ。それにもかかわらず「英霊」という呼び名を用いることには何の躊躇も見せていない。すでにふれたとおり、東京帝国大学において日露戦争の戦没者は「忠死者」と呼ばれた。「英霊」を口にしたのは平賀譲総長が早い。儀式の中心に呼び出された死者の呼び名に関しては、三度の慰霊祭に断絶がない。この呼び名は、東京大学においていつまで有効であっただろうか。一方で、慰霊祭当日、図書館内の戦没者記念室はどのような状態にあったのか。そして、いつ閉室されたのか。その中核にあったはずの肖像写真はどう扱われたのか。どのような経緯で現在は文書館に収まっているのか。これらの疑問を明らかにするためには、必ずや学内に保管されているはずの文書簿冊『東大戦歿並に殉職者慰霊祭関係』なるものの発見を待たねばなるまい。

それからおよそ七十年の歳月が過ぎた今日、安田講堂改修への支援を求める「安田講堂改修寄附事業」(二〇一四〜二〇一六年、東京大学ウェブサイト参照)が進行中である。そして、寄附者にはつぎの特典が用意されている。

> 一、一万円以上ご寄附いただいた方のお名前を寄付《ママ》者銘板に残し、末永く顕彰させていただきます。
> 一、一〇万円以上のご寄付いただいた個人・法人の方を対象に、安田講堂の「椅子」にお名前を刻印したプレートを残し、末永く顕彰させていただきます。先着順となります。
> 一、一〇〇万円以上ご寄附頂いた方には別途特典をご用意させて頂く予定です。

安田講堂に末永くその名前を刻まれるひとびとは、慰霊祭が開かれたあの日に名前を読み上げられた戦没者ではない。命ではなく金を差出した者たちである。

門前にて

安田講堂は正門を入った真正面に建つ。一九二三年の関東大震災が起こった時にはすでに建設工事中だったが大きな被害は免れた。一九二五年に竣工、そのころから始まる本郷キャンパスの震災復興事業は、正門と安田講堂を結ぶ線を基軸とした。一九九六年には講堂と両側の校舎群が登録有形文化財となり、構内のもっとも重要な歴史的景観地区として保全されている。

この軸線上に、石に「天上大風」と刻んだ「東京大学戦没同窓生之碑」が建つのは二〇〇〇年のことである。五月祭に合わせて執り行われた五月二十七日の除幕式にはおよそ七十人の関係者が参列したが、建立に寄附金を寄せた者はさらにその十倍、約六百四十人に及んだという（『読売新聞』同年五月二十八日）。

しかし、その日、七十人が集うにはあまりに式場は狭かった。碑が建った場所は、大学構内ではなく、正門前のマンションの敷地内だったからだ。碑に寄せた説明文は、「大学正門前のこの地にお住みの方々から温かいお心をいただいて建立が可能となり、同窓生あい集って建立するものである」と控え目で、なぜ構内に建立しなかっ

「天上大風」と刻まれた東京大学戦没同窓生之碑。東京大学正門前、2011 年

たのかを詳しく語らない。

「天上大風」は良寛が村の子どもにせがまれ、凧に書いた言葉だと伝わる。天の上には大きな風がいつも吹いていて、地上のひとびとを見守ってくれる意味だという。風をはらんだ凧が大空に舞い上がった様子が浮かんでくる。三たび、大谷幸夫の「広場の曼荼羅」の高見からの眺望を思わざるをえない。それはこの世に向けた死者たちのまなざしにほかならない。

翌二〇〇一年には、今度は弥生門のすぐ外に「東京大学医学部戦没同窓生之碑」が建立された。民家の塀にぴたり張り付いて建つのは、「天上大風」碑同様に、私有地の提供を受けてはじめて実現したからである。その経緯は、関係者が公刊した、二宮陸夫ほか編『春来たり花は咲けども』(東京大学医学部戦没同窓生追悼基金、二〇〇一年)巻末に収められた二宮陸夫「東京大学医学部戦没同窓生の碑を建てて――東京大学医学部戦没同窓生追悼基金事業報告」に詳しい。

正門と弥生門のいずれも門前に建立された追悼碑は、

私有地を借りて建つ東京大学医学部戦没同窓生之碑。東京大学弥生門前、2011 年

東京大学医学部戦没同窓生追悼基金によるものである。前者は前掲『東京大学の学徒動員・学徒出陣』がまとめた東京大学戦没者千六百五十二名を対象に、後者は医学部出身の戦没者二百九人を対象としたという違いがある。後者を構内に建立する運動が先行した。基金の設立は一九九九年、この年のうちに医学部同窓会である鉄門倶楽部の事業とすることが認められた。しかし、同倶楽部会頭である医学部長が地上への建立に難色を示し、実現には教授会の全会一致を条件とした。すなわち、たったひとりの反対があれば実現はしない。そして、そのとおりとなった。

妥協策として、同倶楽部が寄附する記念講堂の入口ホール壁面への設置が検討されたが、「戦争」の文字にも戦没者の刻名にも反対意見が出たという。基金は「還らざる学友の碑　一九三一―一九四五」と名を改め、戦争名を外し、戦争期間の年号のみの表示として妥協を重ねたが、「講堂が戦没講堂になってしまう」という強い反対意見に遭ったという。その経緯は、医学部長自らが同窓会誌『鉄門だより』（二〇〇一年一月十日）で説明している。

冒頭で紹介したUCL、大英博物館、ハーヴァード大学（Memorial Church）などの追悼のあり方に思いを巡らせば、「戦没講堂になってしまう」ことの何がいけないのかと不思議でならない。

弥生門外の追悼碑設置にあたり、基金（乙）が土地提供者（甲）と交わした契約書には「乙は、右建碑を本来甲所有宅地に隣接する東大敷地内の医学部関係建物所在敷地（以下敷地という）に設置すべきものであるところ、学内諸般の事情から暫定的に甲所有地を使用借用することになったものであり、その故に、左記基準により使用するものであることを相互に確認する。記（一）乙の暫定的使用期間は一〇年を目処とし、その間に乙はできる限り速かに敷地内に移設することができるように努めること。（以下略）」という一文がある（前掲『春来たり花は咲けども』）。追悼碑は今なお健在だから、契約は二期目に入ったことになる。

門前のふたつの慰霊碑は、学内に迎えられる日をこんなふうにじっと待っている。「医学部関係建物所在敷地」などではなく、図書館広場へ移しさえすれば、そこは「死者がよみがえる場所」に変わるだろう。

初出一覧

一　近くても遠い場所

＊「近くて遠い旅」『時事通信』の配信記事、二〇一三年年五月十三日～九月二十七日、時事通信社

＊「ある死刑囚の絵」藝術文化雑誌『紫明』二一號、二〇〇七年、紫明の会

二　ひょんなことから　一八五〇～一九五〇年代ニッポンへの旅

＊「ひょんなことから　一八五〇年～一九五〇年代のニッポンへの旅」『ifeel』二〇〇一年～二〇〇四年、紀伊國屋書店出版部

三　ひょんなことから　一八五〇～一九五〇年代ニッポンへの旅のつづき

＊「開港場横浜の祭礼」久留島浩『描かれた行列』二〇一五年、東京大学出版会

＊「横浜開港から戦後まで 異なる古都案内」『芸術新潮』二〇一〇年一一月号、新潮社

＊「前田公爵家の西洋館」『加賀殿再訪』二〇〇〇年、東京大学総合研究博物館

＊「トランプのジャックと人間の服を着たチンパンジーの間で」書き下ろし

四　見世物小屋にて

＊「いま見世物を見ることについて」「INAX GALLERY OSAKA NEWS」No.4、一九九二年、INAXギャラリー大阪

＊「仏像を拝まなくていいの？」『芸術の生まれる場』二〇〇九年、東信堂

＊「こんぴら賛江」『芸術新潮』二〇〇二年一〇月、新潮社

＊「一揮千紙快筆の画家」『河鍋暁斎』一九九六年、新潮社

＊「坊を使う者」『伊豆長八の世界』二〇〇二年、木蓮社

＊「戦争と見世物」『別冊太陽 見世物はおもしろい』二〇〇三年、平凡社

五　靖国神社にて

＊「戦争博物館のはじまり」『感性の近代』岩波講座近代日本の文化史4、二〇〇二年、岩波書店

＊「戦争に酔う国民―日清戦争と日本人」『じっきょう』No.80、二〇一五年三月、実教出版

＊「先の戦争の中の先の戦争の記憶―戦利品はどこへ消えた」『現代思想』二〇〇二年七月号、青土社

＊「死者がよみがえる場所」秋山聰・野崎歓編『人文知2 死者との対話』二〇一四年、東京大学出版会

あとがき

この本には五十歳の前後に書いたものを集めた。

あのころ、「ひょんなことから」という言葉をひどく気に入っていた。ひょんなことから誰かと出会う。ひょんなことから何かがはじまる。ひょんなことから何かが気になってしかたがない。人生はその繰り返し、そして積み重ねだと思った。

人生を五十年生きた時点での正直な感想だったのだと思う。そこで紀伊國屋書店の ifeel 誌から連載の話をいただいた時、躊躇せず、「ひょんなことから」をタイトルに掲げた。

「ひょんな」というぐらいだから、「ひょん」というものがあるはずだ。これがどうにもよくわからない。そこで、安原貞室という俳人が書いた『かたこと』という江戸時代の古い本を引っ張り出したことを思い出す。そこには、「ひょんな」がこんなふうに説かれていた。

「ひょんといふ木の実のえもしれぬ物なるよりいへること葉歟。又瓢のなりのおかしう侍るより、しれぬことの上になぞらへて、ひょうげたことと云初たるか。又は、へんなことと云こと歟」

(『かたこと』一六五〇年)

そうではなくて「ひょん」は「凶」という言葉の唐音、「凶なこと」の意だと伝える辞書が多いが、わたしは貞室の定義を気に入った。凶なことで人生が変わったというよりは、えもしれぬこと、おかしなこと、ひょうげたこと、へんなことから、あっちこっちに首を突っ込み、足を踏み入れてきたからだ。祭り、見世物、絵馬堂、美術館、動物園、お城、戦争……。

とはいえ、かならずしも遠出をしたわけではない。むしろ近場をめぐるうちに考えたことが多い。いつもノートを持ち歩いた。第一冊の表紙には、「1」という数字を鼻毛を集めて書いた、ように見えるように描いた。鼻毛を抜きながら、それを一本一本原稿用紙に植え付けたという夏目漱石にあやかりたかったわけではない。その話が、というよりもそんな鼻毛好きの漱石が好きだったからだ。

　第三十五冊あたりから、ノートの表紙は鼻毛絵から息子の描く絵に変わった。七歳だった息子は二十六歳になり、画料は五百円から一万円に上がって、今なお続いている。第百十六冊目が終わろうとしている。

　編集者の足立恵美さんが面白がって、「この本をノート風にしましょう」と言ってくれた。それがうまくいくとよいのだが。第七十六冊にあったわたしの絵を入れてもらうことにした。髪はボサボサ、無精髭、読んでいる本は『うんこのすべて』、「2003.1.16 Baku」という息子のサインが入っているから、まさしく「ひょんなことから」を書いていたころだ。

　足立さんには前著『世の途中から隠されていること』出版の時からお世話になった。こんなかたちで続編『近くても遠い場所』をまとめてくださり、本当にありがとう。ノートがさらに百冊ほどたまったら、つぎの本を出しましょう。その時は、さて何を追いかけているのだろうか。

二〇一六年の暑い夏

木下直之

木下麦「父ちゃん」2003年

木下直之

きのした・なおゆき

一九五四年静岡県浜松市生まれ。東京藝術大学大学院中退。
兵庫県立近代美術館学芸員をへて、
東京大学大学院教授（文化資源学）。
見世物、祭り、銅像、記念碑、博物館、動物園、
城に戦争などを通して日本の近代について考えてきた。
著書に『世の途中から隠されていること
——近代日本の記憶』（晶文社）、
『わたしの城下町——天守閣からみえる戦後の日本』
（筑摩書房、芸術選奨文部科学大臣賞）、
『美術という見世物——油絵茶屋の時代』
（平凡社、サントリー学芸賞）、
『戦争という見世物——日清戦争祝捷大会潜入記』
（ミネルヴァ書房）、
『銅像時代——もうひとつの日本彫刻史』（岩波書店）、
『股間若衆——男の裸は芸術か』（新潮社）など。
二〇一五年春の紫綬褒章。

近《ちか》くても遠《とお》い場《ば》所《しょ》
——一八五〇年から二〇〇〇年のニッポンへ

二〇一六年九月三〇日　初版

著　者　木下直之

発行者　株式会社晶文社
東京都千代田区神田神保町一—一一　〒一〇一—〇〇五一
電　話　〇三—三五一八—四九四〇（代表）・四九四二（編集）
URL　http://www.shobunsha.co.jp
印刷・製本　ベクトル印刷株式会社

ISBN978-4-7949-6934-7 Printed in Japan

紀州藩邸を
増改築したもの

逓信中央局
井川...

電信系統
郵便系統
国郵便為替協定に加入
電信条例改定

発布
と
公布の
違いは、

国宝物取調局
編年史編纂掛設置
帝国憲法発布　皇室典範
徴兵令
...全通
...博覧会
...議会
...選挙

→ 万歳三唱の
→ 洋服屋繁盛
→ 風俗画報創刊

...寺、極楽神宮
...
...、赤坂離宮、木曽林野を世伝御料地に
帝室博物館
帝室博物館

1883 洋風 ——→ 和風 (p.29)

1890年代